A. E. Rozen

Aus den Memoiren eines russischen Dekabristen

Beiträge zur Geschichte des St. Petersburger Militäraufstandes

A. E. Rozen

Aus den Memoiren eines russischen Dekabristen
Beiträge zur Geschichte des St. Petersburger Militäraufstandes

ISBN/EAN: 9783743445932

Hergestellt in Europa, USA, Kanada, Australien, Japan

Cover: Foto ©ninafisch / pixelio.de

Manufactured and distributed by brebook publishing software (www.brebook.com)

A. E. Rozen

Aus den Memoiren eines russischen Dekabristen

Aus den Memoiren

eines

russischen Dekabristen.

Beiträge

zur

Geschichte des St. Petersburger Militäraufstandes
vom 14. (26.) December 1825

und

seiner Theilnehmer.

Zweite Auflage.

Leipzig
Verlag von S. Hirzel.
1874.

Aus den Memoiren

eines

russischen Dekabristen.

––––––

Beiträge

zur

Geschichte des St. Petersburger Militäraufstandes
vom 14. (26.) December 1825

und

seiner Theilnehmer.

Zweite Auflage.

––––––

Leipzig
Verlag von S. Hirzel.
1874.

Seinen geliebten Gefährten in Kerker, Elend und Verbannung

gewidmet

vom Verfasser.

Vorwort zur ersten Auflage.

(1869).

Der Titel dieses Buches wird einen großen Theil der Leser desselben fremd anmuthen: der Petersburger Militäraufstand von 1825 ist wenig bekannt und längst vergessen worden und viele Leute wissen kaum mehr, daß man in Rußland „Dekabristen" die Theilnehmer des Aufstandes nennt, welcher im December*) des Jahres 1825 ausbrach und den vergeblichen Versuch machte, den damals erfolgten Thronwechsel zu einer eingreifenden Staatsveränderung zu benutzen.

Als diese Aufzeichnungen niedergeschrieben wurden, hatte der Verfasser nicht an ein größeres Publikum, sondern zunächst nur an seine Kinder, seine nächsten Verwandten und die Gefährten gedacht, mit denen er den merkwürdigsten Theil seines Lebens, die Jahre des Gefängnisses und des Aufenthaltes in Sibirien und Kaukasien, getheilt hatte. Inzwischen haben Zeiten und Verhältnisse sich so rasch und so vollständig verändert, daß diese Blätter für weitere Kreise Interesse gewonnen haben dürften: nicht nur die Männer, welche unsere Richter waren, sind zum größten Theil gestorben, von den 121 Kameraden, welche wegen der Verschwörung von 1825 verurtheilt wurden, sind nur noch 14 am Leben, und unter diesen nur drei, welche an den Ereignissen der

---

*) Der Monat December heißt russisch „Dekaber"; daher die Bezeichnung „Dekabrist" (Decembermann).

verhängnißvollen Decembertage Theil nahmen. Jenes Ereigniß selbst hat ein rein historisches Interesse gewonnen und eine Erinnerung an dasselbe kann weder der Regierung noch dem Publikum für staatsgefährlich oder revolutionär gelten. Heute kann es sich nur noch darum handeln, den Thatbestand eines geschichtlichen Factums der Wahrheit gemäß festzustellen und denen, welche an den Geschicken der Dekabristen Antheil nehmen, sichere Kunde von dem Charakter und Lebensgang derselben zu geben.

Freilich fehlt es nicht an Schriften über den December 1825: von meinen Kameraden haben mehrere einzelne Bruchstücke über jene Zeit in russischer Sprache herausgegeben*), Baron Korff hat eine officielle Darstellung veröffentlicht, Kowalewski in seinem Werk über den Grafen Bludow dessen Theilnahme an der Untersuchungskommission erörtert, endlich J. H. Schnitzler sehr ausführliche und zum allergrößten Theil zuverlässige Mittheilungen gemacht, anderer Schriftsteller wie Ancelot, Lesure, Dupré de St. Maure und Custine zu geschweigen.

Ich weiß auch, daß viele meiner Gefährten, wenn sie gewollt hätten, sehr viel geeignetere Darsteller unserer

---

*) E. Obolensky: „Ueber K. Ryléjew", desgl. Bestushew. J. Puschtschin: „Das Lyceum und A. Puschkin". J. J. Kuschkin: „Das Verhör der Untersuchungskommission". N. Murawjew: „Das Verfahren der Untersuchungskommission". Lunin: „Die Geheime Gesellschaft". Bassargin: „Die Schule der Kolonnenführer". N. Turgenjew: „La Russie et les Russes".

Erlebnisse gewesen wären, als ich es bin. Eine vollständige
Darstellung aller jener Vorgänge hat aber bis jetzt gefehlt,
namentlich ist über unsere sibirischen Schicksale so gut
wie Nichts bekannt geworden — außerdem sind manche
der erwähnten Schriften auf das russische Publikum beschränkt geblieben. — Von denen, die noch nicht hinge-
gangen sind, ist schwerlich zu erwarten, daß sie noch mit
Darstellungen hervortreten werden. So hat es mich,
einen der wenigen Ueberlebenden, getrieben, den Rest
meiner irdischen Tage zu einem einfachen, aber gewissen-
haften Bericht darüber zu verwenden, was ich selbst er-
lebt, gesehen und gehört.

Auf diese eigenen Erlebnisse habe ich mich fast ausschließlich beschränkt, nur hie und da hinzugefügt, was
mir aus authentischer Quelle und von sichern Gewährs-
männern bekannt geworden. Daß ich der Wahrheit in
allen Stücken treu geblieben bin und jede Parteilichkeit
gemieden habe, werden mir nicht nur alle Diejenigen,
welche um den hier behandelten Gegenstand wissen, sondern auch die Leser bezeugen, die sich mit meinem Buch
bekannt gemacht und aus demselben ersehen haben, daß
von Bitterkeit und Groll über erlittene Prüfungen Nichts
in mir übrig geblieben ist, wohl aber Dank und An-
erkennung für alles Gute, das mir und meinen Kameraden in schwerer Zeit zu Theil geworden und an dem
es keineswegs gefehlt hat. Ich weiß zu genau, daß
Charakter und Handlungsweise der meisten Menschen
durch den Zeitgeist und die Verhältnisse, unter denen sie
sich entwickeln, bestimmt werden, um auch nur für Die-

jenigen ein strenges Urtheil übrig zu haben, welche uns
mit Härte und Ungerechtigkeit begegnet sind. Ja ich
möchte meine Leser und namentlich diejenigen unter ihnen,
welche der eine oder der andere von mir berichtete Umstand mit Unwillen oder Schmerz erfüllen wird, bitten,
die Verhältnisse, unter denen wir verurtheilt und bestraft
wurden, immer wieder in Erwägung ziehen und festhalten zu wollen: sie werden dann Erklärungs- und Entschul-
digungsgründe genug dafür in Händen haben, daß so und
nicht anders mit uns verfahren worden. Dasselbe gilt
für Diejenigen, die den einen oder den andern ihnen
theuren Namen mit Handlungen verknüpft sehen, die
heute wahrscheinlich ungeschehen geblieben wären.

Weiter brauche ich diesen Erinnerungen aus meinem
und meiner theuren Gefährten Leben und Leiden Nichts
vorauszuschicken — die Wahrheit und Nichts als die
Wahrheit sollte gesagt werden, nachdem manches falsche
und ungerechte Urtheil über uns Dekabristen, wie über
unsere Gegner in die Welt gesandt worden ist. Grade in
unserer Zeit, der Zeugin der großen Reformen, welche
sich in Rußland vollzogen haben, wird es nicht ohne Interesse sein, einen merkwürdigen Abschnitt aus der Geschichte der Vergangenheit in all' seinen Einzelheiten
dargestellt zu sehen, und sind alle Zweifel daran ausgeschlossen, daß es dem Verfasser um etwas anderes zu
thun gewesen, als um getreue Kunde von seinen und
seiner Freunde Erlebnissen und Bestrebungen.

Memoiren eines russischen Dekabristen.

———

Vorbericht über die
geheimen Gesellschaften in Rußland
(1815—1825).

Politische geheime Gesellschaften bestanden in Rußland schon vor der Regierungszeit Alexanders I., indem
sie sich gewöhnlich hinter vorgeblichen religiösen Zwecken
verbargen. Gebildete Männer, die für ihre geistigen
Fähigkeiten keine Verwendung finden zu können meinten, in den Dienst nicht paßten, wegen der Allmacht der
Staatsmaschine zu vollständiger Unthätigkeit verurtheilt
waren, ließen sich mit Vorliebe in die Freimaurerlogen
aufnehmen, in denen sie eine Art Beschäftigung fanden,
die einen besonderen Reiz durch das Geheimnißvolle ihrer
äußerlichen Formalitäten übten. Unter die einflußreichsten Freimaurer in Rußland zählte man zuerst den
Grafen Z. G. Tschernytschew, J. W. Lopuchin, Nowikow, Radischtschew, Gamaleja, lauter Personen von
vornehmer Geburt und angesehener socialer Position.

1*

Als die Freimaurerei durch den Zutritt intelligenter und politisch strebsamer Männer aufhörte eine bloße Spielerei und Formalität zu sein, und auf weitere Kreise ihren Einfluß übte, war die Regierung zu Folge der französischen Revolution bereits mißtrauisch geworden. Schon im letzten Regierungsjahre Catharina's wurden die Freimaurer und Martinisten als Jacobiner und Revolutionäre scheel angesehen; es kamen bereits Unterdrückungen und Untersuchungen vor, von welchen Nowikow am meisten zu tragen und zu leiden hatte*).

Kaiser Paul, der in Allem das Gegentheil von dem that, was seine Mutter gewollt, begünstigte und unterstützte die Freimaurerei; dasselbe that Alexander I. bis zu dem großen Umschlag, der sich um die Zeit des Aachener Congresses vollzog. Im Jahre 1822 (13. April) erließ er einen an den Minister des Innern, W. P. Kotschubey, gerichteten Ukas, in welchem vorgeschrieben war, alle Freimaurerlogen zu schließen und allen Militär- und Civilbeamten schriftliche Reverse darüber abzunehmen, daß sie sich verpflichteten, nie einer Loge oder einem geheimen Verein zuzutreten.

---

*) Man vgl. „Die moskauischen Martinisten und Nowikow" von M. N. Longinow. — Die russische Freimaurerei im XVIII. Jahrhundert, von A. Pypin.

Aber schon früher waren neben den Logen andere
Vereine gegründet worden und zwar solche, welche zu
viel Lebenskraft besaßen, um sich ohne Weiteres ver=
wischen zu lassen und auf einen bloßen kaiserlichen
Wink hin zu verschwinden. Im Jahre 1815 war die
literarische Gesellschaft „Arsamaß" entstanden, deren
Gründer der spätere Minister Bludow, Daschkow und
der Dichter Shukowsky waren. Dieser Verein hatte
seinen Namen von einem Aufsatze Bludow's: „Die
Erscheinung in Arsamaß." — Dieser Artikel war bei
Gelegenheit der Abreise des Künstlers Stupin in die
Stadt Arsamaß entstanden. Stupin hatte die Absicht,
die stümperhafte Malerei, welche von Alters her in
Arsamaß getrieben wurde, mit Hilfe eines Vereins zur
Kunst zu erheben und daselbst eine Akademie zu bilden;
daher stammen die Bezeichnungen „Arsamaß'sche Aka=
demie", — „Arsamaß'sche Gesellschaft"*). — Diese
Gesellschaft hörte 1818 auf, fand aber in den Stiftern
der Gesellschaft „der Nacheiferer der Aufklärung und
Wohlthätigkeit" Nachahmer.

Die erregte Stimmung jener Zeit, der große Ein=

---

*) Siehe „Graf Bludow und seine Zeit" von E. Kowalewsky.
1866. Seite 108.

fluß, den der jahrelange Aufenthalt zahlreicher Beam=
ten und Offiziere der russischen Armee im Auslande,
namentlich in Frankreich geübt hatte, steigerte das Mit=
theilungsbedürfniß der gebildeten Klassen in so außer=
ordentlichem Grade, daß das Vereinswesen rasch in
Mode kam und daß das von den erwähnten Gesellschaften
gegebene Beispiel unwillführlich zahlreiche Nachahmer
fand. Es galt in der That, durch dieselben einem tief
gefühlten Bedürfniß zu entsprechen. Namentlich unter
den Offizieren der Garde=Regimenter bildeten sich in
kurzer Zeit mehrere literarische Gesellschaften, kleine
Kreise, die sich zu Abendunterhaltungen und Vorlesun=
gen versammelten. Von den Gesprächen über Litera=
tur, über Gedichte und Romane ging man unwillführlich
und unversehens zu Unterhaltungen über Jacobiner und
Girondisten, Carbonaris und Tugendbundgenossen
über. Die jüngeren Offiziere zeigten für diese Dinge
besonderes Interesse und suchten auf jegliche Weise in
diese literarische Kreise Eingang zu finden.

Den literarischen Gesellschaften folgten die politi=
schen auf dem Fuße. Im Jahre 1816 gründeten der
Obrist des Garde=Generalstabes A. N. Murawjew,
der Kapitän N. M. Murawjew und der Obrist Fürst
S. P. Trubetzkoy die erste politische Gesellschaft. An
den ersten Verabredungen nahmen die Brüder Matthäus

und Sergius Murawjew=Apostol und Jakuschkin, Ka=
pitän des Semenow'schen Garde=Regiments, besonders
lebhaften Antheil.

Im Jahre 1817 verband sich der Obrist Paul
Pestel mit ihnen zur Gründung der ersten gehei=
men Gesellschaft, welche den Namen „Verein des
Heils" oder der „würdigen Söhne des Vaterlandes" an=
nahm. — Die Statuten waren von Pestel verfaßt und
theilten die Mitglieder in drei Grade ein: Brüder —
Männer — Bojaren. — Die Männer hatten das
Recht, neue Brüder aufzunehmen; die Gründer der
Gesellschaft nannten sich Bojaren; aus ihrer Mitte
wurden die Leiter und Sekretäre gewählt. — Den ge=
nannten Gründern gesellten sich bald der Fürst Scha=
chowskoy, F. Glinka, Nowikow, Lunin u. A. hinzu.
Für den Eintritt in die Gesellschaft waren Formalitä=
ten und Eide vorgeschrieben. — Vereine dieser Art schie=
nen in der Luft zu liegen. Fast gleichzeitig wurde über
eine andere geheime Verbindung verhandelt. M. Or=
low, Graf Maronow und Nicolay Turgenjew wollten
eine Gesellschaft „der Russischen Ritter" gründen, wur=
den nach einigen Berathungen aber bewogen, dem Ver=
ein des Heils zuzutreten. Als neue Mitglieder traten
Michail Nicolaijewitsch Murawjew, Burzow, P. Kokosch=
kin und von Wisin hinzu, nachdem auf ihren Wunsch

die Paragraphen über Eidesleistung, blinden Gehor=
sam, Zwang, Dolch und Gift aus den Statuten ge=
strichen und diese durch Alexander Murawjew, Tru=
betzkoy und Kokoschkin neu redigirt worden waren. Der
„Verein des Heils" wurde in einen „Verein der öffent=
lichen Wohlfahrt" umbenannt, die Mitglieder fortan
in vier Klassen getheilt. Die erste Klasse war ver=
pflichtet, sämmtliche Wohlthätigkeitsanstalten im Gehei=
men zu überwachen; die zweite Klasse hatte für geistige
und sittliche Erziehung zu sorgen, beim Unterricht der
Jugend mitzuwirken durch ihr Beispiel, sowie durch
Vorträge und Schriften auf die Jugend zu wirken; die
dritte Klasse sollte den Gang der Rechtspflege beobach=
ten; die vierte Klasse hatte sich besonders mit der poli=
tischen Oeconomie zu beschäftigen, Mittel zur Erhöhung
des Nationalreichthums aufzusuchen, die Volksindustrie
und den Credit zu heben, gegen die Monopole zu
agitiren u. s. w.

Die Gründer der Gesellschaft und die ersten Mit=
glieder bildeten den Centralverein, aus diesem
wurde das aus einem Leiter und fünf Beisitzern be=
stehende Centralconseil gewählt. Der Leiter oder
Präsident führte den Titel Bundeshaupt. — Die
Mitglieder des Centralvereins mit den Mitgliedern
des Centralconseils vereinigt, bildeten die Central=

direktion. Das Centralconseil hatte die vollzie=
hende, die Centraldirektion die gesetzgebende Gewalt,
und die Ausübung der obersten Rechtspflege im Ver=
ein. Alle wichtigen Verfügungen blieben in den Hän=
den der Stifter der Gesellschaft. Die Direktionen ver=
mehrten sich mit dem Zuwachse der Mitglieder und jede
Direktion hatte ihren Leiter. Die Angelegenheiten
wurden nach Stimmenmehrheit entschieden. Jedes
Mitglied hatte das Recht auszutreten, aber mit der
Verpflichtung, das Geheimniß zu bewahren. Bei Auf=
nahme neuer Mitglieder waren keine Formalitäten be=
obachtet, sie gaben nur unterschriebene Reverse, welche
ohne ihr Vorwissen verbrannt wurden.

Der erste Theil der Statuten des „Vereins der
öffentlichen Wohlfahrt" wurde, nach der Farbe des Ein=
bandes, das grüne Buch genannt; der zweite
Theil, von dem Fürsten Trubetzkoy verfaßt, wurde vom
Centralverein verworfen, und 1822 mit anderen Pa=
pieren des Obrist Alexander Murawjew verbrannt.

In Moskau befanden sich zwei Direktionen: unter
dem Vorsitz Alexander Murawjews, und des Fürsten
Schachowskoy.

Ebenso waren in Petersburg auch zwei Direktio=
nen: unter Leitung Semenows, eines Lieutenants vom
Gardejäger=Regimente, und des Obristen Burzow.

Außerdem gab es in Petersburg noch zwei freie, von diesen Direktionen unabhängige Gesellschaften, die eine von Obolensky, Tolstoy und Tokarew geleitet, die andere von Semenow. Von den übrigen Direktionen ist die in der südrussischen Stadt Tultschin residirende besonderer Erwähnung werth, weil Pestel zu ihr gehörte.

In den Versammlungen der Mitglieder des zuerst gestifteten „Vereins des Heils" hörte man nur von der constitutionellen Regierungsform und von monarchischen Institutionen verhandeln. Den ersten Vorschlag zur Gründung einer Republik machte Nowikow durch Ueberreichung seines Constitutionsprojekts. In einer Versammlung der Centraldirektion erklärte dann Pestel, daß er unter allen bestehenden Regierungsformen der Republik den Vorzug gebe. Die dabei anwesenden Mitglieder haben größtentheils hinterher behauptet, daß die Berathungen zu Nichts geführt hätten und daß keine Beschlüsse gefaßt worden seien. — In den darauf folgenden Berathungen wurde die Einführung der republikanischen Regierungsform dagegen angenommen. — Der Bericht der nach dem 14. December niedergesetzten Untersuchungs-Commission sagt, daß in dieser Sitzung der Gedanke an den Kaisermord aufgetaucht sei, und gründet darauf die Beschuldigungen und Verurtheilungen, welche das oberste Criminalgericht im

Jahre 1826 über die Theilnehmer der Gesellschaft fällte. Es sei gleich hier bemerkt, daß diese Anschuldigung eine grundlose war.

Die Zahl der neuen Mitglieder dieser Gesellschaft war fortwährend in der Zunahme begriffen; von den Gründern fingen dagegen einige an, an der Ausführbarkeit der Pläne zu zweifeln, um welche man sich gesammelt hatte, und demgemäß ihre Verbindung mit der geheimen Gesellschaft abzubrechen. Zu diesen Männern gehörte einer der ersten Stifter, der Obrist Alexander Murawjew. Da gleichzeitig andere Meinungsverschiedenheiten eintraten, machte Pestel den Vorschlag, eine Versammlung von Bevollmächtigten aus dem Vereine zu berufen und diesen die Entscheidung über die Zukunft desselben anheim zu geben; die Centraldirektion willigte in diesen Vorschlag ein; aus Petersburg wurden Nicolay Turgenjew und Theodor Glinka, aus Tultschin (Südrußland) die Obristen Burzow und Komarew zu der nach Moskau ausgeschriebenen Deputirtenversammlung abgeordnet. Außerdem erschienen in der Versammlung die Brüder Michael und Iwan von Wisin, M. Orlow, P. Grabbe, J. Jakuschkin, Michail N. Murawjew und Ochotnikow. Nicolay Turgenjew präsidirte. Die Verhandlungen enthüllten die Meinungsverschiedenheiten, welche man

gefürchtet hatte, so deutlich, daß Orlow, Grabbe, Fürst
Dolgoruky und einige Andere schriftlich ihren Austritt
aus dem Vereine erklärten. Die Mehrzahl der übri=
gen Mitglieder sah die Unmöglichkeit ein, die Sitzungen
der Versammlung fortzusetzen, ohne den Verdacht
der Polizei zu erwecken, (der erwähnte Ukas war in=
zwischen erschienen), so daß Nicolay Turgenjew Ende
Februar 1821 im Namen der Bevollmächtigten erklärte,
daß der „Verein der öffentlichen Wohlfahrt" zu be=
stehen aufgehört habe. — Burzow und Komarew über=
brachten diese Nachricht der Direktion von Tultschin.
— Pestel und Juschnewsky erklärten sogleich: die Auf=
lösung des Vereins nicht anerkennen zu wollen, viel=
mehr alle Schwachherzigen oder Furchtsamen durch
Hinweis auf die Gefahren und Schwierigkeiten der
Untersuchung zu entfernen und mit den Muthigen ent=
schieden vorzugehen. — In der Versammlung der Di=
rektion von Tultschin hielt Juschnewsky eine Rede mit
der Tendenz der Einschüchterung der Furchtsamen.
Diese übte eine völlig unerwartete Wirkung: es trat
nicht nur Niemand aus, sondern im Gegentheil wuchs
die Thätigkeit der Mitglieder von dieser Stunde an.
Die früheren von Pestel verfaßten Statuten mit ihren
strengen und geheimnißvollen Vorschriften traten wie=
der in Kraft: die Mitglieder theilten sich in Brüder —

Männer — Bojaren. Die Versammlung wählte
Pestel und Juschnewsky zu Leitern und Vorstehern,
später auch Nikita Murawjew, der bei der Versamm=
lung der Bevollmächtigten zu Moskau übrigens nicht
zugegen war.

In Petersburg war die geheime Gesellschaft unter=
dessen fast gänzlich aufgelöst; erst zu Ende des Jahres
1822, wo das Gardecorps aus Litthauen zurückgekehrt
war, begann sie sich zu reorganisiren, indem sie von
dieser Zeit an die Benennung „Bund des Nordens"
führte und in zwei Abtheilungen, die der Ueberzeug=
ten und die der Anhänger oder Uebereinstimmen=
den (oberer und unterer Kreis) zerfiel. — Der
obere Kreis bestand aus den Ueberzeugten und den
Stiftern, und wählte die Glieder des Direktoriums;
dieses allein kannte die Mittel zur Erreichung des Zie=
les und den Zeitpunkt, den man zum Beginnen der
Ausführung festgesetzt hatte. Nikita Murawjew wurde
das Oberhaupt dieser erneuerten geheimen Gesellschaft,
Ende des Jahres 1823 wurden ihm die Fürsten Tru=
betzkoy und Obolensky beigegeben; als Trubetzkoy nach
Kiew zum Stabe der 1. Armee versetzt wurde, trat
Conrad Ryléjew an seine Stelle.

Die geheime Gesellschaft des Südens, zu welcher
sich das Direktorium von Tultschin erweitert hatte,

zeichnete sich durch ungewöhnliche Thätigkeit und Ent=
schiedenheit aus, da in ihr der Einfluß Juschnewsky's und
des gewaltigen Pestel prävalirte, denen später Muraw=
jew=Apostol als dritter Direktor zugesellt wurde. Die
Centraldirektion von Tultschin bestand aus zwei Comi=
té's, dem von Kumenka unter Vorsitz des Obristen
Dawydow und des Generals Fürsten Wolkonsky — und
aus dem von Wasikowa unter Sergius Murawjew=
Apostol und Bestushew=Rjumin. Im Jahre 1823
kamen die Vorsteher dieser Comite's in Kiew zu=
sammen. Dort wurden während der Versammlungen
die wichtigsten Bestimmungen aus dem von Pestel ver=
faßten Gesetzbuche „Rußkaja Prawda" (so nennt die
Geschichte das Gesetzbuch Jaroslaws des Großen)
vorgetragen. Hinsichtlich des Kaisermordes waren die
Meinungen verschieden. Um aus der monarchischen
Verfassung zur republikanischen überzugehen, wurde die
Einsetzung einer provisorischen Regierung vorgeschlagen.
Mit der Erhebung sollte im Herbst 1823, während der
großen Maneuvre im Lager bei Bobruisk, wo man
besonders auf die Mitwirkung der Obristen Powalo=
Schweikowsky und Norow rechnete, der Anfang gemacht
werden. Da diese Maneuvre aufgeschoben wurden, mußte
der Plan vertagt werden. — Im April 1824 wurde dann
beschlossen, den Aufstand in Bielaja Zerkow während

einer kaiserlichen Revue zu beginnen und von dort nach
Kiew und Moskau zu marschiren; aus Moskau sollte
Sergius Murawjew-Apostol nach Petersburg rücken.
— Aber auch diese Revue fand nicht statt, und das
Projekt wurde abermals zu Wasser. —

In Petersburg und Moskau wurde vielfach ge=
wünscht, die dortigen Vereine von dem überwiegenden
Einfluß Pestels und der feurigen Entschlossenheit des
Vereins des Süden loszumachen; eine wirkliche
Auflösung der Gesellschaft, die diesen Zweck allein er=
reichen konnte, kam indessen nicht zu Stande, da der
Hauptführer in Petersburg, Nikita Murawjew, eine
Constitution nach dem Muster der Nordamerikanischen
Freistaaten, nur mit monarchischen Formen, aufgesetzt
hatte und für diese Propaganda machte. — In dem=
selben Jahre (1824) kam Pestel nach Petersburg: in
Versammlungen, an welchen Trubetzkoy, Obolensky,
Ryléjew und M. Murawjew-Apostol Theil nahmen —
beklagte Pestel sich bitter über die Unthätigkeit des
Vereines des Norden, Mangel an Einigkeit,
Verschiedenheit der Statuten u. s. w., und machte den
Vorschlag, die beiden Vereine des Norden und des
Süden zu verschmelzen, gemeinsame Leiter und Vor=
steher zu wählen und alle Bundes-Angelegenheiten nach
Stimmenmehrheit zu entscheiden. Der Antrag ward

angenommen, obgleich gewisse Meinungsverschieden=
heiten zwischen Pestel und Nikita Murawjew noch fort=
bestanden.

Die Thätigkeit der Direktion des Vereins des
Süden entdeckte 1825 das Bestehen von zwei neuen ge=
heimen Gesellschaften, die unter den Namen „Ver=
einigte Slawen" und „Polnische patriotische Gesell=
schaft zu Warschau" bestanden hatten, ohne daß man
von ihnen gewußt. 1825 im Sommer hatte das dritte
Infanteriecorps das Lager bei Lestschin im Gouverne=
ment Wolynien bezogen. Die Offiziere der verschie=
denen Truppengattungen kamen oft zusammen, und
hier war es Bestuschew=Rjumin gelungen, von einer
geheimen Gesellschaft, die 1823 von zwei Artillerie=
offizieren, den Brüdern Borissow, gegründet worden
war, Kunde zu erhalten. Diese Gesellschaft zählte da=
mals 36 Mitglieder, ihr Ziel war die Vereinigung der
Slawischen Stämme zu einer Föderativ=Republik.

Auf dem achteckigen Siegel des Bundes waren die
Namen der acht „Geschlechter" des slawischen Stammes
eingeschliffen: Russen, Serbo=Chorwaten, Bulgaren,
Tschechen, Slowaken, Lausitzer, Slowenen und Polen.
Den Bemühungen Sergius Murawjew = Apostols
und Bestuschew=Rjumins gelang es, diese Gesellschaft
durch das Comité von Wassilkow mit dem Vereine des

Süden zu verbinden. Zu Führung der Unterhand=
lungen mit dem Wassilkowa'schen Comité waren von den
Slawen zwei Vermittler gewählt: der Lieutenant Gor=
batschewsky für die Sektion der Artillerie, und Major
Spiridow für die Sektion der Infanterie. Bestuschew=
Rjumin theilte den Slawen das Projekt der Verfassung
Pestels mit und empfing von ihnen den feierlichen Eid
auf dieselbe.

Der Bericht der kaiserlichen Untersuchungs=Com=
mission bezeichnet die Vereinigten Slawen natürlich
als grausame, blutdürstige Kannibalen der verbrecheri=
schesten Art. Aus den Schilderungen eines der radi=
kalsten Mitglieder, Gorbatschewsky, wissen wir, was von
diesen Angaben zu halten ist und daß der Verein auf den
ihm gemachten Antrag wegen gewaltsamer Beseitigung
des Kaisers ausgerufen hatte: „Das ist Gott und der
Religion zuwider!" — Nach dem Aufstandsversuch
vom 14. December 1825 wurden von den 36 Mit=
gliedern des Bundes der Vereinigten Slawen 23 durch
den obersten Kriminalgerichtshof verurtheilt; außer=
dem durch ein Kriegsgericht in Moskau Baron
Solowjew, Masgalewsky, Bystritzky, Suchinow und
Tschepilla, — Kusmin erschoß sich — ein Beweis
dafür, daß gegen die Vereinigten Slawen besondere
Strenge geübt würde, wahrscheinlich weil man falsche

Nachrichten über dieselben hatte und sie für blutdürstige
Tiger hielt. Sie hatten Gelegenheit und Zeit genug,
das Gegentheil zu beweisen. — Ueber die Vereinigten
Slawen habe ich noch hinzuzufügen, daß in der letzten
Versammlung, wo sie vereint mit den Mitgliedern des
Vereins des Süden berathschlagten, beschlossen wurde,
den Erhebungsversuch im August 1826 auszuführen.
— Der Obrist Baron Tiefenhausen hatte dabei be=
merkt: „daß man am Besten thun würde, nicht über
ein Jahr, sondern erst über zehn Jahre einen prak=
tischen Versuch zu machen!"*)

Außerdem bestand eine größere Anzahl polnischer
revolutionärer Gesellschaften. Im Jahre 1820 hatte
sich in Wilna eine Gesellschaft von Unzufriedenen unter
Leitung des Professor Lelewel gebildet, deren anfäng=
licher Zweck ein wissenschaftlicher gewesen war; später
hatte der Student Thomas Zan eine neue Gesellschaft,
die der Philareten oder Freunde der Tugend gestiftet;
unter den Genossen befand sich der berühmte Adam
Mickewitsch. — Der Curator des wilna'schen Lehrbe=
zirks, Nowossilzow, hatte 1823 eine Untersuchung anbe=

---

*) Man vergleiche den Bericht der Untersuchungs=Commis=
sion, St. Petersburg 1826; gedruckt in der Militärbuchdruckerei
des Stabes Sr. Kais. Majestät.

fohlen: Zan nahm die ganze Verantwortung auf sich, und wurde nach Sibirien verschickt. — 1821 stiftete der General Uminsky in Posen die Gesellschaft der Sensenträger oder Schnitter, welche sich weit ver= breitete. In Warschau kamen die Freimaurer heimlich zusammen, um über die Lage des Vaterlandes zu berath= schlagen, und einen Patriotischen Verein zu gründen. Einer der Hauptführer war der Major Valerian Lukacinsky, ein Mann von außerordentlicher Charakterfestigkeit, der an allen Feldzügen der polni= schen Legion von 1806 bis 1814 Theil genommen hatte. Die Verhaftung und Bestrafung der ersten Gründer dieser Gesellschaft, welche wenig später stattfand, führ= ten nicht zur Aufhebung oder Schließung derselben, sondern schärften nur die Vorsicht der Mitglieder, die sich zerstreuten, um einzeln weiter zu wirken und ihre Ver= sammlungen nur noch während der Zeit der Jahrmärkte in Balta, Berditschew und Kiew abhielten. Lukacinsky der unterdessen in Warschau eingezogen und torquirt worden war, blieb so hartnäckig im Leugnen, daß alle übrigen Beschuldigten wegen Mangel an Beweisen freigelassen werden mußten. Jetzt fingen die Mit= glieder der Patriotischen Gesellschaft wieder an sich zu sammeln. Ein kleiner Kreis geheimer Oberer war unbe= kannt und unbemerkt geblieben; die Hauptführer in diesem

Kreise waren der Obrist Sewerin Krzyzanowsky, Fürst
Anton Jablonowsky, der Kassirer Grzymala und der
Sekretär Plichta; zu ihnen gesellte sich der berühmte
und verdienstvolle Greis Graf Stanislas Soltik. —
Im Jahre 1824 erhielt ein gewisser Grodetzky in Kiew
von der Patriotischen Gesellschaft zu Warschau Auf=
trag, auszukundschaften, ob es russische geheime Ge=
sellschaften gebe, mit denen man in Verbindung treten
könne. Er war unverrichteter Sache aus Tultschin
zurückgekommen.

Um dieselbe Zeit hatten seitens der Russen Sergius
Murawjew=Apostol und Bestuschew=Rjumin nach pol=
nischen geheimen Gesellschaften geforscht und durch den
Grafen Alexander Chodkjewitsch mit Krzyzanowsky Ver=
bindungen angeknüpft, welche zu Verhandlungen der
warschauer Gesellschaft mit dem Wassilkowa'schen Comité
des Südens führten. Bei der ersten Zusammenkunft
mit dem Repräsentanten des Wassilkowa'schen Comité
erklärte Krzyzanowsky grade heraus, daß er keine Voll=
macht habe, endliche Entschließungen zu fassen und daß
er nur beauftragt sei, eine gegenseitige Verständigung
der beiden Gesellschaften anzubahnen. Diese erste
Unterredung währte, bei den vielen verschiedenen
Erkundigungen und Fragen, welche man von beiden
Seiten zu machen hatte, ziemlich lange, blieb ihrem

Erfolg nach aber völlig effektlos, weil der Pole keine Vollmacht besaß, Vereinbarungen abzuschließen. Was Bestuschew-Rjumin der Untersuchungscommission darüber eingestanden hat, ist von dieser unrichtig wiedergegeben worden; eine wirkliche „Convention mit Krzyzanowsky" .ist, da dieser weder Vollmachten besaß, noch irgend welche Versprechungen machte, damals nicht abgeschlossen worden. Ausgemacht wurde nur, daß die weiteren Verhandlungen russischer Seits von Sergius Murawjew-Apostol, polnischer Seits von Grodetzky und Czarkowsky geführt werden sollten. — Die Antwort aus Warschau, welche Krzyzanowsky versprochen hatte, ließ lange auf sich warten. Endlich wurde Grodetzky durch den Fürst Wolkonsky bei Pestel eingeführt, und im Jahre 1825 hatte Pestel eine Zusammenkunft mit dem Fürsten Jablonowsky, der mit einer Instruktion vom Patriotischen Vereine versehen war; Krzyzanowsky aber, der in Veranlassung des Todes seines Vaters gleichzeitig in Kiew anwesend war, suchte jede Zusammenkunft mit den Russen zu vermeiden. Die Conferenz zwischen Pestel und Jablonowsky fand in Gegenwart des Fürsten Wolkonsky statt. Pestel setzte den Zweck seines Vereins ausführlich auseinander und sagte, daß es ihm unumgänglich nothwendig erscheine, die Absichten und die Stellung Polens

zu seinem Unternehmen zu kennen, da in dieser Hinsicht kein Mittelweg bestehen könne, die Polen sich entweder für oder wider die russische Revolution erklären
müßten. „Wir können unsere Freiheit ohne Euren Beistand erringen," sagte Pestel; „wenn Ihr aber die Euch
gebotene Gelegenheit zur Verständigung versäumt, so
verliert ihr jegliche Hoffnung jemals wieder selbständig
als Nation constituirt zu werden. Vor Allem müssen
wir wissen, welche Regierungsform Ihr bei Euch ein-
zuführen gedenkt, wenn Euer Vaterland seine Unab-
hängigkeit wieder erlangt hat?" — Fürst Jablonowsky
antwortete freimüthig, daß das Hauptziel der Patriotischen Gesellschaft darauf gerichtet sei, die Unab-
hängigkeit Polens mit den Grenzen, welche vor der
zweiten Theilung bestanden, wieder zu erlangen; vor
jeder weiteren Erörterung müsse er wissen, ob die
russische geheime Gesellschaft in diese gerechte und
billige Forderung willigen werde? Pestel erwiederte,
daß dieser Punkt keine Schwierigkeit biete, und daß,
falls Zweifel entstehen sollten, die Entscheidung darüber, ob die litthauischen Provinzen bei Rußland oder
bei Polen bleiben sollten, dem Willen der betreffenden
Bevölkerung überlassen werden müsse. — Fürst Jablonowsky erklärte weiter, daß die Polnische Gesellschaft
hinsichtlich der Regierungsform bis zu diesem Augen-

blick noch gar Nichts entschieden habe, daß seine per=
sönliche Meinung aber zu Gunsten der monarchisch=
constitutionellen Verfassung spreche. — Pestel war
anderer Ansicht, er entwickelte in einem beredten und
lebhaften Vortrage die Vorzüge der republikanischen
Verfassung, als deren Vorbild er die Vereinigten
Staaten von Nord=Amerika ansah.

Da Jablonowsky die Entscheidung über Polens
künftige Verfassung ausschließlich seinen Landsleuten
vorbehalten wissen wollte und jede Einmischung der
russischen Verschworenen principiell ablehnte, ließ
Pestel das Verfassungsthema fallen, indem er zu einer
anderen Frage überging: „Was werden die Polen mit
dem in Warschau residirenden Großfürsten vornehmen,
wenn die Revolution in Rußland begonnen hat?"
Fürst Jablonowsky umging diese Frage, indem er be=
merkte, daß die Patriotische Gesellschaft sich mit keiner=
lei Zwangsmaßregeln beschäftige. Krzyzanowsky hatte
dem Comité von Wassilkowa schon früher erklärt, „daß
ein Pole nie seine Hand nach dem Leben seines Fürsten
ausgestreckt habe". — Fürst Jablonowsky versprach
nur, „daß keinerlei Versprechungen von Seiten des
Großfürsten die Revolution in Warschau aufhalten
sollten". Pestel war damit nicht zufrieden, und er=
klärte, in seinen Erwartungen getäuscht zu sein. Die

Unterhändler kamen nur in Einem Punkte, bezüglich der revolutionären Propaganda, welche im litthauischen Corps zu machen sei, überein: es wurden zur Aufsicht von beiden Seiten ernannt der Obrist Powalo-Schwei-kowsky und Graf P. Moschinsky, damit die Russen keine Polen in ihren geheimen Verein aufnähmen, und ebenso die Polen — keine Russen. Endlich verlangte Fürst Jablonowsky, daß man zur Beschleunigung der schwebenden Unterhandlungen ein Mitglied der Russi-schen Gesellschaft mit Instruktionen nach Warschau senden solle. Pestell versprach, den Obrist Lunin zu bevollmächtigen. Die ganze Unterhandlung schloß damit, daß man verabredete, im Jahre 1826 in Kiew während des Jahrmarkts wieder zusammen zu kommen.*)

Zur Zeit der Thronbesteigung Alexander I. waren seit der dritten Theilung Polens nur acht Jahre ver-gangen. Alexander hatte dieselbe niemals gebilligt; auf dem Wiener Congreß bestand er auf der Grün-dung eines neuen Königreichs Polen, er wünschte den

---

*) Vgl. Journal de St. Petersbourg No. 297—312 i. J. 1827 aus dem Berichte der Warschauer Commission v. 3. Ja-nuar 1827, verfaßt von dem längst verstorbenen Baron Mohren-heim, der vor der Eingabe seines Berichtes mit D. N. Bludow berathschlagt hatte.

Polen ihr Vaterland wieder zu geben. Als Befreier Europa's wollte er auch Befreier Polens sein; er schmeichelte sich damit, einen großen constitutionellen König in Warschau abgeben zu können. Es ist bekannt, daß dieser Plan von den übrigen Großmächten lebhaft bekämpft wurde. Lord Castlereagh z. B. warnte den Kaiser und schrieb ihm: „Ein einziger Schritt von der unumschränkten Macht zur constitutionellen Freiheit kann den Gang eines Jahrhunderts verändern; Ihr Vorhaben kann in Ihrem eigenen Lande politische Unruhen hervorrufen." — Der Kaiser antwortete, daß es nothwendig sei, den Bestrebungen der Polen ein Ziel zu setzen, daß sie, je länger sie unterdrückt blieben, sich desto kräftiger jedem fremden Einflusse widersetzen würden, und daß damit die Ruhe Rußlands und des gesammten Norden gestört werden könne. — Alexander gab den Polen eine Constitution und es schien mit derselben Anfangs ganz vortrefflich zu gehen. Binnen zehn Jahren wurde die ganze polnische Staatsschuld abgetragen. Handel und Industrie nahmen einen kräftigen Aufschwung, die Organisation der polnischen Armee galt für eine musterhafte. Aber schon nach dem Aachener Congresse trat ein Rückschlag ein: der Kaiser wurde gegen die Opposition der polnischen Volksvertreter auf dem Landtage mißtrauisch;

— der Neid der Russen gegen die Vorzüge, welche den
Polen eingeräumt worden waren, trat immer greller
hervor, die Constitution wurde wiederholt verletzt; —
der Statthalter und Nowosilzow fingen an eigenmächtig
zu verfahren und sofort entbrannte der alte Haß des
polnischen Volks gegen die russischen Unterdrücker. —

So standen die Dinge, als die Verhandlungen
zwischen den polnischen und russischen revolutionären
Gesellschaften begannen. Der Russe wird nie Pole
werden — der Pole nie Russe; sie sind durch Glauben,
geschichtliche Tradition und Sprache geschieden —
das mußten Pestel und seine Genossen sehr genau, und
darum kam es ihnen nicht in den Sinn, die ethnographi=
sche Schranke zwischen beiden Völkern überspringen zu
wollen. Bei der Unmöglichkeit einer Verschmelzung,
bei der Verschiedenheit der Bildung in den höheren,
der Religion in den niederen Klassen der bei=
den Völker, und der Ungleichheit des Volkscharakters
sahen sie in einer bundesstaatlichen Verfassung das
einzige Heil, die alleinige Möglichkeit einer Aus=
gleichung. Polen sollte als besonderer Staat wieder=
hergestellt, aber von Litthauen und der Ukraine ge=
trennt, alle diese Provinzen, wie auch Finnland und
die baltischen Provinzen zu einem Gesammtbundes=
staat vereinigt werden. Die Verfassung dieses Bundes=

staats ist in Peſtels ruſſiſchem Codex (Prawda) enthal=
ten und nach dem Muſter der nordamerikaniſchen Re=
publik ausgearbeitet. Die Centralregierung räumt
jedem der Einzelſtaaten das Recht der Selbſtverwal=
tung ein; der Centralregierung waren dagegen alle ge=
meinſamen militäriſchen und auswärtigen Angelegen=
heiten vorbehalten: Naturaliſation, Handel, Schifffahrt,
Steuern, Landwehr, Poſten, Communication u. ſ. w.
— Der Centralregierung war außerdem das Recht vor=
behalten, gegen ungehorſame Einzelſtaaten gewaltſam
einzuſchreiten, dieſelben militäriſch zu beſetzen und ihnen
zeitweiſe das Recht der Selbſtverwaltung zu entziehen.
Man dachte Verhältniſſe zu begründen, wie ſie in der
Schweiz und in Nord=Amerika beſtanden und damals
von allen europäiſchen Liberalen laut geprieſen wurden.

Der Vollſtändigkeit wegen ſind endlich noch zwei
kleinere Geſellſchaften zu nennen, welche um dieſelbe
Zeit entſtanden und den Beweis dafür liefern, wie ſehr
Vereine ſolcher Art damals in der Luft lagen.

Im Jahre 1820 wurde die geheime Geſellſchaft der
Templer, von einem Huſaren=Rittmeiſter Majewsky,
gegründet. Das Hauptterrain dieſer Geſellſchaft war
die Provinz Wolynien. Majewsky nannte ſich Groß=
meiſter des Ordens, ſeine Genoſſen nahmen gleichfalls
hochklingende Titel an: Karwitzky nannte ſich Statt=

halter, Lagowsky — Orateur, Bulawsky — Feldmar=
schall, Zagorsky — Oberrichter, Karpinsky — Ober=
sekretär u. s. w. Bei all' diesen großartigen Benen=
nungen hatte die Gesellschaft gar keine besondere Wich=
tigkeit, gar keine Mittel, kaum einen deutlichen und
bestimmten Zweck. Als Majewsky im Jahre 1825 von
dem Bestehen geheimer Vereine in Rußland und deren
Unterhandlungen mit der Warschauer Patriotischen Ge=
sellschaft Kunde erhalten hatte, fürchtete er, ganz be=
seitigt zu werden. Er beschloß daher, sich mit dem Pa=
triotischen Vereine der Polen zu verbinden, was ihm
endlich nach großen Schwierigkeiten gelang. Dieser
Majewsky hatte in dem russischen Husarenregiment des
Prinzen von Oranien gedient.*)

Endlich existirte noch ein „Orden der Wiederge=
burt". D. J. Zawalischin, Lieutenant der russischen
Flotte, hatte sich während seiner Weltumsegelung lange in
England und Amerika aufgehalten und jene Institutionen
„der bürgerlichen Freiheit", welche das allgemeine
Ideal bildeten, aus direkter Anschauung kennen gelernt.
Von Jugend an außerordentlich religiös und sehr be=
wandert in der heiligen Schrift, hatte er kirchliche mit

---

*) Siehe Bericht der Warschauer Untersuchungs=Commission
vom 3. Januar 1827.

politischen Tendenzen verbunden und einen Orden
der „Wiedergeburt" gestiftet, um das Reich der Wahr=
heit zu verbreiten. — Nach Petersburg im Jahre 1825
zurückgekehrt, theilte er die Statuten des von ihm ge=
stifteten Ordens einigen Mitgliedern des Vereins des
Nordens, hauptsächlich Ryléjew und Arbusow mit, ja
er überreichte dieselben sogar dem Kaiser zur Bestäti=
gung. Der Kaiser lobte seinen Eifer für das allge=
meine Wohl, ließ das Projekt Zawalischins aber natür=
lich auf sich beruhen.

Hierdurch verletzt, trat Zawalischin in den mehr=
erwähnten Verein des Nordens. Was die Akten der
Untersuchungscommission über ihn und sein Unterneh=
men berichten, ist flüchtig und ungenau.

Es wird noch übrig bleiben, einige Worte darüber zu
sagen, wie es zugegangen, daß die russische Armee jener
Zeit (und in dieser spielten all' diese Gesellschaften ihre
Hauptrolle) zu einer so außerordentlichen politischen Reg=
samkeit gelangt war, nachdem noch wenige Jahre früher
von einer solchen nichts zu spüren gewesen war. Zunächst
ist zu bemerken, daß die zahlreichen unter Alexander I.
vorgenommenen liberalen Reformen auf die Entwicke=
lung aller gebildeten Gesellschaftsklassen einen um so
größeren Einfluß ausgeübt hatten, als ihnen unter
Paul und während der letzten Jahre Katharina's II. ein

außerordentlich harter Druck vorhergegangen war. Dann hatte die große Erhebung von 1812 ein Bewußtsein der Volkskraft und einen patriotischen Enthusiasmus erzeugt, von dem man bis dahin keine Vorstellung, ja keine Ahnung gehabt hatte. Dazu kamen endlich die verhängnißvollen Jahre des französisch-deutschen Krieges.

Nach der zweiten Einnahme von Paris hatten russische und preußische Besatzungstruppen Jahre lang in Frankreich gestanden. Während das preußische Offiziercorps von tiefgewurzeltem Franzosenhaß, zum Theil auch von lebhafter Abneigung gegen die französischen Revolutionsideen durchdrungen war und nur den Wunsch nährte, in die Heimath und die alten Verhältnisse zurückkehren zu können, hatten auf die Russen die Jahre des Aufenthalts auf französischer Erde in durchaus anderer Weise gewirkt. Für den jungen russischen Adel, namentlich der Garderegimenter, war der französisch-deutsche Feldzug mit dem Eintritt in eine Kulturwelt identisch gewesen, von der bis dahin nur Einzelne nähere Kunde gehabt hatten. Unter einem milderen Himmel, inmitten neuer Verhältnisse, welche das Gepräge einer höheren Kultur trugen, unter dem Einfluß sanfterer Sitten und humanerer Lebensanschauungen gewannen viele russische Offiziere neue Gesichts-

punkte für die Beurtheilung der Zustände des Heimath=
landes. Den jungen Männern, welche den größten
Theil ihres Lebens in der Eintönigkeit entfernter russi=
scher Provinzialstädte oder im bacchantischen Taumel
der Petersburger Feste verbracht hatten, ging am blü=
henden Strand der Loire und Garonne eine neue,
schönere Welt auf, deren Zauber sie sich mit Entzücken
hingaben. Die Muße eines bloßen Besatzungsdien=
stes, die großen Entfernungen, durch welche die einzel=
nen Truppenabtheilungen von einander getrennt waren,
verstatteten eine Freiheit der Bewegung, wie man sie
bisher kaum geahnt hatte. Die politischen Partei=
kämpfe, welche Frankreich erfüllten, fanden an den jun=
gen Fremdlingen aufmerksame und gelehrige Zuschauer.
Gerade die tüchtigeren und strebsameren Elemente der
russischen Garde sogen die Ideen von Bürgerthum,
Freiheit und Verfassungsrecht mit Begeisterung ein und
vertieften sich mit Leidenschaft und Bewunderung in
das Leben des Volks, zu dessen Bekämpfung sie aus
dem fernen Osten herangezogen waren. In mehr wie
einer Brust lebte der Gedanke, ob es denn nicht mög=
lich sein werde, die ferne Heimath der gleichen Wohl=
thaten theilhaftig zu machen, und mit der warmen Be=
geisterung der Jugend setzte man über die tiefe Kluft
hinweg, welche zwischen den russischen und den fran=

zöfischen Bildungsvoraussetzungen lag. Als die Jahre
des Aufenthalts in Frankreich vorüber waren, zog die
Blüthe des Offiziercorps der Garde mit der Absicht
nach Hause, Frankreich nach Rußland zu importiren.
So bildeten sich zunächst in der Mehrzahl der besseren
Regimenter Freimaurerlogen von rein politischer Fär-
bung; als diese aufgelöst und verboten wurden, fanden
ihre Glieder sich in den geheimen Gesellschaften zusammen, die das Ziel verfolgten, Rußland eine constitu-
tionelle Staatsform zu schaffen. Man wußte, daß sich
der Kaiser Alexander selbst mit ähnlichen Gedanken
trug und glaubte darum im Sinne desselben zu handeln, wenn man einer Umgestaltung der russischen Verhältnisse vorarbeitete. Alexander aber, erschreckt durch
die liberale Bewegung in Deutschland, lenkte bald in
andere Bahnen und jetzt stand der junge Militäradel
in direktem Gegensatz zu dem herrschenden System.
Verschiedene Repressionsmaßregeln blieben erfolglos,
zumal auch ein Theil der Soldaten von dem französischen Gift angesteckt war und eine Behandlung wünschte,
wie er sie in Frankreich gesehen hatte und gewohnt geworden war. Die Enragés unter den Verschwörern wurden dem Kaiser immer mehr entfremdet und wandten sich
endlich einem republikanischen Ideal zu. — Noch bevor
Alexander starb, waren Schilderhebungen in Petersburg

und in Südrußland im Werke; sein Tod brachte das
Unternehmen zur Ausführung, ehe es reif geworden
war. Man glaubte die Verwirrung benutzen zu müs=
sen, die durch Konstantins Entsagung entstanden war
und schlug los, bevor die Organisation des Aufstandes
einen sicheren Ausgang verbürgte; hatte erst Nikolaus'
feste Hand die Zügel der Regierung ergriffen, so er=
schien es unmöglich, irgend etwas gegen die Dynastie
und die ihr ergebenen Massen auszurichten.

Der Aufstand von 1825 brach gleichzeitig an zwei
Punkten aus und mißlang an beiden. Seine Theil=
nehmer beabsichtigten eine politische Unmöglichkeit und
hatten es sich somit selbst zuzuschreiben, wenn sie die
Opfer ihrer Unbesonnenheit wurden. Aber es läßt sich
nicht leugnen, daß es die Blüthe der Garde, überhaupt
der jungen Intelligenz gewesen war, welche den Hand=
streich von 1825 gewagt hatte. Mit jugendlicher Be=
geisterung hing man an einer Anzahl begabter, aber
gleichfalls dem wirklichen Leben fernstehender Führer;
viele Offiziere hielten es für ein Gebot der Ehre, Ge=
fahr und Noth mit den Männern zu theilen, die sie als
edle, begeisterte Vorkämpfer der modernen Ideen kann=
ten. — Das Bewußtsein, den Besten anzugehören,
wirkte stärker, als die Furcht vor Tod und Exil — man
war zum ersten Mal mit dem Idealismus in Berührung

Dekabrist. 2. Aufl. 3

gefommen und konnte der Zauberfraft eines Unterneh=
mens nicht widerstehen, das Jedem, der an ihm Theil
nahm, einen Platz unter den Besten seiner Zeit zu=
zusichern schien.

So erscheinen die Verschwörer und Rebellen von
1825 als jugendliche Schwärmer, die wesentlich noch
nach einem anderen als dem bloß politischen Maßstabe
beurtheilt werden müssen. Das harte Loos, das ihnen
zu Theil wurde, hat ihre Schuld gesühnt und dem Leser,
der heute von ihren Geschicken liest, ist die Möglichkeit
rein humaner Theilnahme an dem ersten Versuch, Ruß=
land in die Bahnen des westeuropäischen Liberalismus
zu ziehen, offen gelassen.

Erlebnisse des Verfassers.
I. Der 14. December 1825.

Am 27. November früh Morgens trat ich in den Salon meiner Wohnung ein, in welchem ich Geräusch gehört hatte; es arbeitete dort ein im Hofe beschäftigter Tischler, den ich gemiethet hatte das Parquet in Ordnung zu halten. Mit geheimnißvoller Miene fragte er mich: „Haben Sie von dem großen Unglück gehört? Der Kaiser ist in Taganrog gestorben!" — Die Personen, die ich den Tag über sprach, bestätigten mir die Richtigkeit dieser Mittheilung. Ich schweige von der Bestürzung, die sie allenthalben erregte. — Gegen Abend versammelte sich unser Regiment auf der Straße, unserm Hospital gegenüber. Der Regiments-Kommandeur General C. J. Bistram verkündete mit bebender Stimme den Tod des Kaisers Alexander, beglückwünschte uns zu dem neuen Kaiser Konstantin, schwenkte den Hut und rief Hurrah! Thränen flossen über seine und vieler Soldaten Wangen, besonders der-

3*

jenigen, welche mit Alexander in den französisch=deut=
schen Feldzügen gekämpft hatten und die er darum im=
mer nur seine lieben Dienstkameraden genannt. Auf
Befehl erschallte das Hurrah des Regiments und wir
gingen friedlich, aber betrübt in unsere Kasernen.
Mit denselben Gefühlen leisteten alle übrigen Garde=
Regimenter den Eid; die Betrübniß überwältigte jedes
andere Gefühl. Die Vorgesetzten und die Untergebe=
nen würden ebenso ruhig und unweigerlich dem Groß=
fürsten Nikolaus den Eid geleistet haben, wenn der
Wille Alexanders ihnen auf eine gesetzliche Weise mit=
getheilt worden wäre.

Im Winterpalast war die Trauerbotschaft in dem=
selben Augenblicke angelangt, in welchem man ein
Dankgebet für die angebliche Wiederherstellung der Ge=
sundheit Alexanders sang. Der Großfürst Nikolaus
entschloß sich sogleich, dem in Warschau weilenden Groß=
fürsten Konstantin den Eid der Treue zu schwören, und
empfing persönlich die Eidesleistung für seinen ältern
Bruder von den inneren Wachen des Palastes. Graf
Miloradowitsch und Fürst A. N. Galitzin bemühten
sich vergebens, ihn von dieser Handlung abzuhalten; sie
kannten den Inhalt des Testaments Alexanders; —
aber der Großfürst ließ keine Einwendung gelten, son=
dern sagte kurz: „Wer mir nicht folgt und nicht meinem

ältern Bruder huldigt, der ist mein Feind und Feind
des Vaterlandes." Der Eid wurde überall im ganzen
Reiche ohne den geringsten Wiederstand geleistet.
Nichtsdestoweniger war allenthalben bekannt geworden,
daß ein Testament Alexanders bestehe, welches Nikolaus
die Regierung übertrage, und daß Konstantin verzichtet
habe. Es lag wie ein Alp auf der öffentlichen Stimmung. Täglich tauchten falsche Gerüchte, Muthma-
ßungen und Erwartungen auf, die die Gesellschaft äng-
stigten und aufregten. Die Mitglieder des Reichs-
rathes wußten seit dem Jahre 1823, daß in ihrem
Archiv das Testament Alexanders mit dessen eigenhän-
diger Aufschrift: „Aufzubewahren bis zu meiner Auf-
forderung, aber im Falle meines Todes vor jeder
andern Handlung zu erbrechen", lag. Von diesem
Testament waren Kopien in den Archiven des Senats,
des Synods und der Uspenski'schen Kathedrale in Moskau zur Aufbewahrung niedergelegt. Es fragt sich,
wem die Schuld dieser unheilvollen Maßregel zuzumes-
sen ist: Alexander, der zu seinen Lebzeiten den Thron-
verzicht Konstantins zu veröffentlichen unterlassen hatte,
— dem Reichsrath, der seine Pflicht nicht erfüllte, —
oder dem Großfürsten Nikolaus. Vielleicht wünschte
dieser jeder Veranlassung zu Unruhen und Unzufriedenheit vorzubeugen, da er früher, als die Nachricht

von Alexanders Tode ankam, um das Bestehen und das Ziel der geheimen Gesellschaften und die Namen eines großen Theiles ihrer Mitglieder wußte. Als Privatleute mögen alle Betheiligten durch ihre Beweg= gründe gerechtfertigt werden können, politisch nicht; sie waren verpflichtet nach dem Gesetz zu handeln und jede persönliche Rücksicht zu beseitigen. Ich kann behaup= ten, daß mit der Veröffentlichung des Testaments am 27. November Alle unweigerlich dem Großfürsten Niko= laus gehuldigt haben würden; wenigstens hätte der Auf= stand nicht die zweite Eidesleistung zum Vorwand ge= habt, jene Eidesleistung, welche den vor sechzehn Ta= gen geschworenen Eid auflöste und zugleich erwies, daß der Wille Alexanders nicht berücksichtigt worden war, wie es den bestehenden Gesetzen gemäß hätte geschehen müssen.

Vom 27. November bis zum 14. December währte das Interregnum oder Zwischenreich. Dieser Zeitab= schnitt ist nachträglich durch ein Manifest aus der Welt geschafft worden, welches anordnete, den Tag der Thronbesteigung des Kaisers Nikolaus am 19. Novem= ber, als dem Todestage Alexanders, zu feiern. — Der Großfürst Konstantin, dem das ganze Reich hul= digte, blieb ruhig in Warschau, fest in seinem Entschluß der Thronentsagung; er empfing keine Beglückwün=

schungen, er entsiegelte kein Packet der Minister, wenn
die Aufschrift seinem Namen den kaiserlichen Titel hin=
zufügte. — Der Großfürst Michail war dem neuen
Kaiser entgegengesandt worden; er wartete auf der liv=
ländischen Station Rennal auf dessen Ankunft, oder
auf eine genaue Nachricht über die Entsagung. In
Petersburg war Alles verstummt inmitten peinlicher
Erwartung und Ungewißheit: keine Musik ertönte auf
den Wachparaden, die Frauen der höheren und mittle=
ren Stände trugen Trauerkleider, in allen Kirchen sang
man Todtenmessen, Niemand konnte sich der allgemei=
nen Niedergeschlagenheit entziehen.

Ich habe schon gesagt, daß der Großfürst Nikolaus
von dem Bestehen der geheimen Gesellschaft, von deren
Zweck und Mitgliedern Kenntniß hatte und daß auch
mehrere Personen seiner nächsten Umgebung davon
wußten. Es liegt nahe, zu fragen, welche Maßregeln
von ihnen getroffen wurden, um dem bevorstehenden
Aufstand zuvorzukommen? Gar keine. Alles war dem
Zufall überlassen. In Gesellschaften, im Kreise der
Offiziere waren Gerüchte in Umlauf, die sich oft wider=
sprachen; man raisonnirte über das Testament Alexan=
ders, man urtheilte über das unantastbare Recht Kon=
stantins, über die Großmuth Nikolaus', der laut Testa=
ment das vollkommene Recht auf den Thron habe, ihn

aber nicht besteigen wolle, um dem Rechte seines älteren Bruders nicht zu nahe zu treten. Nikolaus glaubte nach seinem eigenen Geständniß, daß er die Liebe des Volkes und der Truppen nicht besitze.

Am 6. December bezog ich die innere Wache im Winterpalast. Wie an Feiertagen gewöhnlich, standen lange Reihen von Gratulanten, Hofchargen und Militärs in den Sälen, um die kaiserliche Familie beim Vorübergehen in die Kirche zu begrüßen. Man hörte keine Gespräche, einzelne Gruppen traten zusammen und flüsterten einander ängstlich in die Ohren. — Am 10. December Abend erhielt ich ein Billet von einem Dienstkameraden, dem Kapitän N. P. Repin; er bat mich, augenblicklich zu ihm zu kommen. Es war spät. Ich fand ihn allein auf und nieder gehend, mit der Uhr in der Hand. Mit kurzen Worten theilte er mir mit, der längst beabsichtigte Aufstand stehe vor der Thür, eine geeignete Gelegenheit zum Handeln sei gekommen, um nöthigenfalls innerer Zwietracht oder gar einem Bürgerkriege vorzubeugen. Reden und Betrachtungen führten nicht zum Ziele, man bedürfe einer materiellen Kraft, brauche wenigstens einige Bataillone und Kanonen. Er wünschte meine Mitwirkung zur Erhebung unseres ersten Bataillons, was ich rund abschlug, da ich in demselben nur einen Zug befehligte; man konnte auf die Bereitwilligkeit der jüngeren Offiziere rechnen, aber nicht auf die der Kompagnie-Kommandeure. Ein Versuch blieb immerhin möglich und konnte um so leichter gelingen, als man behauptete, daß der Obrist A. F. Moller mit seinem zweiten Bataillon Theil nehmen werde. — Denselben Abend begab ich mich mit Repin zu Konrad Ryléjew; er wohnte in dem Hause der amerikanischen Kompagnie bei der blauen Brücke. Wir fanden ihn allein mit einem Buche; wegen Halsschmerzen hatte er sich mit einem großen Tuche umwickelt. In seinen Blicken, in seinen Gesichtszügen sah man seine Begeisterung für die große Sache; sein Reden war klar und überzeugend, er wies nach, daß die bevorstehende neue Huldigung die Soldaten in Verwirrung stürzen werde und mit leichter Mühe zum Zweck eines Systemwechsels ausgebeutet werden könne. Bald darauf kamen Bestushew und Tschepin-Rostowsky. Nach Besprechung verschiedener Vorschläge trennten wir uns, um bei erster Gelegenheit wieder eine Berathung zu halten.

Am 11. December fand ich bei Repin zu meiner großen Unzufriedenheit sechzehn junge Offiziere unseres Regiments, welche über die Tagesereignisse raisonnirten und zum Theil in das Geheimniß der Unternehmung eingeweiht waren. Es gelang mir, den Wirth

in ein Seitenzimmer abzurufen, wo ich ihm das Un=
passende einer so vorzeitigen Einweihung von Neulin=
gen vorstellte. Er erwiderte, daß man im Moment
des Handelns auf die Zuverlässigkeit der Anwesenden
werde rechnen können.

Die Jugend läßt sich so leicht begeistern, sie kennt
keine Hindernisse, keine Unmöglichkeiten; je größer die
Schwierigkeit, die Gefahr, desto größer der Thatendurst.
— Unter allen Anwesenden befand sich kein einziges
Mitglied der geheimen Gesellschaft außer dem Wirth
und mir, und doch boten alle zu dem bevorstehenden Un=
ternehmen bereitwillig die Hand.

Am 12. December wohnte ich einer Berathschla=
gung beim Fürsten E. P. Obolensky bei, an welcher
die in Petersburg anwesenden Häupter der Verschwö=
rung Theil nahmen. Man besprach sich über die vor=
handenen Mittel und die bevorstehende Unternehmung.
Der Oberbefehl über die bewaffnete Macht war dem
Fürsten Trobetzkoy anvertraut, für den Fall, daß nicht
aus Moskau ein erfahrenerer Führer zu rechter Zeit
anfäme. Es wurde festgesetzt, die aufständischen Trup=
pen auf dem Senatsplatze zu versammeln, so viel
Mannschaft als möglich dahin zu führen und unter dem
Vorwande, die Rechte Konstatins zu wahren, den Ge=
horsam und die Eidesleistung für den Großfürsten

Nikolaus zu verweigern; schließlich, wenn der Erfolg
auf unserer Seite bliebe, sollte der Thron für erledigt
erklärt und eine aus fünf Mitgliedern bestehende provi=
sorische Regierung eingesetzt werden; zu derselben soll=
ten u. a. N. S. Mordwinow und Speransky*) gehö=
ren. Diese Regierung sollte mit Hülfe des Reichsraths
und des Senats so lange das Ruder des Staates füh=
ren, bis erwählte Männer aus dem ganzen Reiche den
Grund zu einer neuen Verfassung gelegt hätten. —
Noch wußte man nicht sicher, über wie viele Bataillone
oder Kompagnien und aus welchen Regimentern ver=
fügt werden könnte. Aber die Verwirrung, welche die
neue Huldigung bei dem gemeinen Mann hervorrufen
mußte, durfte unter keinen Umständen unbenutzt
bleiben.

Bei einer hinlänglichen Zahl Truppen sollten der
Winterpalast, die hauptsächlichsten Verwaltungslokale,
die Banken, das Postamt besetzt werden, um jeder Un=

---

*) Der Geheimrath Speransky war in den ersten Regie=
rungsjahren Alexanders I. einer der einflußreichsten Rathgeber
des Kaisers gewesen, kurz vor Ausbruch des großen Franzosen=
krieges aber durch eine Intrigue gestürzt und aus der Residenz
verwiesen worden. Er galt für einen Liberalen. Unter dem
Kaiser Nikolaus völlig rehabilitirt, hat Speransky als Schöpfer
des großen russischen Gesetzbuchs eine bedeutende Rolle gespielt.

ordnung und Eigenmacht vorzubeugen. Falls die Truppenzahl zu gering wäre und die Unternehmung mißlingen sollte, war ein Rückzug zu den nowgoroder Militärkolonien beabsichtigt, an denen man einen Rückhalt haben konnte. Die Maßregeln waren nicht alle genau und bestimmt getroffen; auf alle Einwendungen und Bemerkungen wurde erwidert: „Man könne zu einem solchen Unternehmen doch keine Probe halten, wie zu Wachparaden." Alle an dieser Versammlung Theilnehmenden waren bereit zu handeln. — Als ich hörte, daß man auf verschiedene Bataillone meines Regiments zuversichtlich rechnete, deren Stimmung ich genugsam kannte um die Grundlosigkeit der gemachten Rechnung übersehen zu können, hielt ich es für Pflicht, die Schwierigkeit, ja Unmöglichkeit eines so unvorbereitet unternommenen Erhebungsversuchs hervorzuheben. „Ja, es ist wenig Aussicht auf Erfolg, aber man muß doch anfangen, man muß Etwas thun; der Anfang und das Beispiel werden Früchte tragen," lautete die Antwort. Ich höre jetzt noch die Betonung der Worte: man muß doch anfangen. Der Sprecher war der enthusiastische Konrad Ryléjew, einer der Führer der Verschwörung.

Am 13. December besuchten mich einige Offiziere unseres Regiments. Auf ihre Anfrage, wie sie sich zu verhalten hätten, wenn sie am Tage des Aufstandes

irgendwo die Wache beziehen müßten, antwortete ich
kurz und bündig, daß sie der allgemeinen Sicherheit
wegen ihre Posten streng bewahren sollten. So fest
auch mein Entschluß war, mich von meinen Freunden
nicht zu trennen, so hielt ich es doch für unzulässig,
Andere in mein zweifelhaftes Geschick zu verflechten.

Am Abend des 13. December erhielt ich die Privat=
mittheilung, daß der morgende Tag zur Eidesleistung
bestimmt sei. In der Nacht brachte ein Bote aus dem
Regimente den Befehl, daß sich sämmtliche Offiziere
um 7 Uhr Morgens in der Wohnung des Regiments=
Kommandeurs zu melden hätten.

Am 14. December mit der Morgendämmerung ver=
sammelten sich alle Offiziere beim Regiments=Komman=
deur, der uns mit einem neuen Kaiser bewillkommnete;
er verlas hierauf das Testament Alexanders, die Thron=
entsagung Konstantins und das neue Manifest. In
Gegenwart aller Offiziere trat ich vor und sagte zu dem
General: „Wenn alle von Ew. Excellenz verlesenen
Papiere authentisch sind, woran zu zweifeln ich kein
Recht habe, wie ist es da zu erklären, daß wir nicht am
27. November sogleich dem Kaiser Nikolaus den Eid
der Treue geschworen haben?" — Der General ant=
wortete mit sichtlicher Verlegenheit: „Sie urtheilen nicht
richtig; das haben Männer, die älter und erfahrener

sind als Sie, gehörig überlegt. Meine Herren, begeben Sie sich in Ihre Bataillone, um den Eid zu
leisten." — Unser zweites Bataillon unter Obrist
Moller bezog die Wachen im Winterpalast und die
Posten des ersten Stadttheils. Das erste Bataillon
leistete den Eid in den Kasernen, ausgenommen meinen
Scharfschützenzug, der den Tag zuvor die Wache im
Galeerenhafen bezogen hatte und noch nicht abgelöst
war. Aus den Kasernen begab ich mich in den Winterpalast zur Wachparade, die ohne Ceremonien stattfand.
Noch war Alles ruhig, keine Bewegung zu spüren.
Nach Hause zurückgekehrt fand ich ein Billet von Ry-
lejew, nach welchem man mich im Hause des moskau'-
schen Regiments erwartete. Die Uhr war zwischen 10
und 11. Mich der Isaaksbrücke im Schlitten nähernd,
sah ich am andern Ende derselben eine dichte Masse
Volks und auf dem Platze eine im Viereck aufgestellte
Abtheilung des moskau'schen Regiments. Zu Fuß
drängte ich mich durch den Haufen, ging gerade zum
Quarré, das jenseit des Denkmals Peters I. stand,
und wurde mit lautem Hurrah begrüßt. In dem
Quarré stand der Fürst Tschepin-Rostowsky, sich auf
seinen Säbel stützend, ermüdet, erschöpft von dem
Kampfe in der Kaserne, wo er mit der größten Schwierigkeit gekämpft, den Eid verweigert, seinen Brigadechef,

den Regiments- und den Bataillons-Kommandeur schwer
verwundet und endlich seine Kompagnie mit der Fahne
herausgeführt hatte; ihm folgte die Kompagnie von
Michael Bestushew und noch einige Haufen aus den
übrigen Kompagnien. Beide Kapitäne standen neben
einander und warteten auf Hilfe. Am ruhigsten stand
im Quarré J. J. Puschtschin; er hatte seit zwei Jahren
seinen Abschied genommen, und obgleich er in Civil-
kleidung war, gehorchten die Soldaten gern seinem
Befehle. Auf meine Frage, wo ich den Diktator
Trubetzkoy antreffen könne, sagte er mir: „Er ist verschwunden; wenn Du kannst, so führe uns noch Mannschaft zu; wo nicht, so sind auch ohne Dich schon genug
Opfer hier!"

Eiligst kehrte ich in die Kaserne meines Regiments
(finnländische Garde-Jäger) zurück, wo nur das erste
Bataillon und mein inzwischen von der Wache abge-
löster Scharfschützenzug anwesend waren. Ich ging
durch alle vier Kompagnien, befahl den Leuten sich geschwind anzukleiden, Feuersteine einzuschrauben, Patro-
nen mitzunehmen und sich auf der Straße in Reih und
Glied aufzustellen, mit dem Hinzufügen, wir müßten
unsern Brüdern zu Hilfe eilen. In einer halben
Stunde war das Bataillon bereit, von den Offizieren
fanden sich nur einzelne ein; Niemand wußte, auf

wessen Befehl die Soldaten ausgerückt waren. Abju=
tanten zu Pferde sprengten unaufhörlich hin und her;
einer von ihnen war zu unserm Brigadechef abgeordnet
mit dem Befehl, unser Bataillon auf den Isaaksplatz
zu führen. Wir marschirten in Kompanie=Kolonnen.
Bei dem Seekadettencorps begegnete uns der General=
adjutant Graf Komorowsky zu Pferde; er war nach
uns abgeschickt. Auf der Mitte der Isaaksbrücke beim
Wachthäuschen. wurde angehalten und befohlen, scharf
zu laden; fast alle Soldaten bekreuzigten sich. Von
der Fügsamkeit meiner Soldaten vollkommen überzeugt,
beabsichtigte ich anfangs, mich mit ihnen durch den vor
uns stehenden Karabinierzug und durch eine Kompagnie
des Preobrashenski'schen Regimentes, welche das andere
Ende der Brücke zum Senatsplatze besetzt hielt, durch=
zuschlagen. Da ich mich aber kurz vorher persönlich
davon überzeugt hatte, daß der Aufstand keinen Führer
habe und jeder Einheit der Leitung entbehrte und da ich
meine Leute nicht zwecklos aufopfern wollte, zugleich
aber auch außer Stande war, in die Reihe der Gegen=
partei zu treten, so beschloß ich, meinen Zug in dem=
selben Augenblicke stille stehen zu lassen, in dem Graf
Komorowsky und der Brigadechef befahlen, vorwärts
zu rücken. Ich wollte auf diese Weise nicht nur ver=
hindern, daß meine Leute gegen meine Freunde ver=

wandt wurden, sondern zugleich den nacheilenden Regi=
mentern die Möglichkeit benehmen, die von meinem
Zug besetzte Brücke zu überschreiten und gegen die Auf=
ständischen zu operiren. Beides gelang mir vollständig.
Meine Soldaten schrien einstimmig Halt! so daß der
vor uns stehende Karabinierzug sich nicht formiren
konnte; nur den persönlichen Bemühungen des Kapitäns
A. S. Wjätkin, der seine Fäuste nicht schonte, gelang
es, seinen Zug weiter zu führen. Zweimal kehrte der
Brigadechef zurück, um meinen Zug nachrücken zu
lassen, aber sein Zureden und seine Drohungen waren
umsonst. Der Bataillonskommandeur war verschwun=
den und ich beherrschte die Position an der Brücke.
Drei ganze Kompagnien, die hinter meinem Zuge stan=
den, waren bereits zum Stillstand gebracht; die Sol=
daten dieser Kompagnien gehorchten ihren Kapitänen
nicht und äußerten, daß der an der Spitze stehende
Offizier schon wisse, was er thue. — Die Uhr ging auf
zwei. Die Polizei vertrieb das Volk von dem Platze,
die Masse drängte sich an dem Geländer der Brücke
vorbei nach Wassily=Ostrow*), mehrere der Vorbei=
gehenden baten mich, noch eine Stunde Stand zu halten,

---

*) Wassily=Ostrow ist eine große, gegenüber dem Isaaksplatz
liegende Newainsel, mit der „großen Seite" der Residenz durch
mehrere Brücken verbunden.

Alles würde dann gut gehen. Mit dem sich zurück=
ziehenden Volke gelang es dem Kapitän unserer dritten
Kompagnie, D. N. Beljewzew, seine Kompagnie durch=
zudrängen und mit ihr die Newa von der Akademie zum
englischen Quai hin zu überschreiten und sich mit dem
ersten Zuge unsers Bataillons vor der Brücke zu ver=
einigen. Er wurde dafür mit dem Wladimirkreuz be=
lohnt. Die übrigen Kolonnen blieben bis zum letzten
Augenblick hinter meinem Zuge. Ueber zwei Stunden
dauerte dieser qualvolle Zustand der Erwartung; jeden
Augenblick erwartete ich, meine Freunde würden sich
zur Brücke durchschlagen, damit ich ihnen mit meinen
achthundert Mann Soldaten, die bereit waren, mir
überall hin zu folgen, zu Hilfe kommen könne.

Unterdessen hatten auf dem Senatsplatze 1000 Mann
von dem aufständischen moskauschen Regiment ein Viereck
gebildet: die Kompagnie M. A. Bestushews stand dem
Admiralitäts=Boulevard gegenüber und bildete unter
seinem Kommando drei Seiten des Quarrés, während
die vierte (der Isaakskirche gegenüberstehend) unter dem
Befehl des gänzlich ermüdeten Fürsten Tschepin=Ro=
stowsky blieb. Dieser Umstand machte es M. A. Bestu=
shew möglich, zwei Escadrons der Garde zu Pferde,
welche am Viereck vorsprengten und sich auf halbe
Schußweite von demselben aufstellten, vor dem Feuer

seiner Leute zu retten. Die dem Senatsgebäude gegen=
überstehende Fronte des Vierecks legte an, um eine Salve
zu geben, wurde aber von M. Bestushew, der sich vor
die Linie der Face stellte und „legt ab" kommandirte,
davon abgehalten. Einige Kugeln pfiffen ihm an den
Ohren vorbei, und einige Mann von der Garde zu
Pferde stürzten von ihren Pferden zu Boden. Dann
wandten die Reiter um, ohne ihren Angriff zu Ende
zu führen.

Eine gute Stunde später eilte das ganze Bataillon
der Garde=Equipage (Marinesoldaten), durch die
Galeerenstraße kommend*), dem aufständischen mos=
kau'schen Regiment zu Hilfe. Als dieses Bataillon im
Hofe seiner Kaserne versammelt war, um den Eid zu
leisten, und einige Offiziere, die sich widersetzt hatten,
von ihrem Brigadechef, dem General Schipow, arretirt
worden waren, erschien bei der Eingangspforte der
Kaserne M. A. Bestushew I. und zwar in demselben
Augenblicke, als vom Senatsplatze die Flintenschüsse gegen

---

*) Die Galeerenstraße mündet durch ein großes Thor,
welches das Senatsgebäude in zwei Hälften theilt, auf den
Isaaksplatz. Das Bataillon der Gardemarinesoldaten kam mit=
hin von der dem Winterpalais gegenüberstehenden Seite den
Aufständischen unbehindert zu Hilfe, da die Truppen, welche der
Kaiser um sich gesammelt hatte, sämmtlich vor dem Winterpalais
und dem Gebäude des Generalstabs aufgestellt waren.

4*

den Angriff der Garde zu Pferde zu hören waren, und
rief laut: „Kinder, die Unsrigen werden angegriffen!
Folgt mir!" — Alles strömte ihm nach zum Isaaks-
platze. In der Eile hatte er vergessen einige Kanonen,
die im Bataillonsarsenal aufgestellt waren, mitzunehmen; übrigens hoffte man auf den Beistand der reitenden Gardeartillerie, die ihre Geschütze mitbringen sollte.
Auf dem Platze angelangt, bildete das Bataillon sogleich
eine Angriffskolonne und stellte sich neben das Quarré
der Moskauer, dicht an die zur Isaakskirche gewandte
Kolonne.

Wenig später kam weitere Hilfe; zu den aufständischen Regimentern stießen noch drei Kompagnien der
Leibgrenadiere, die durch den Lieutenant A. N. Sutthoff,
den Bataillonsadjutanten N. A. Panow und den Unterlieutenant Koschewnikow aus ihrer Kaserne auf den
Isaaksplatz geführt worden waren. Diese Truppen
waren im Sturmschritt über das Eis der Newa gegangen
und dann in den inneren Hof des Winterpalastes ge-
rückt, wo sie Kameraden zu finden hofften. Statt
dieser fanden sie den Obristen Gerun, der sein Garde-
Sappeurbataillon aufgestellt hatte. Es wurden von
ihm vergebliche Versuche gemacht, die Grenadiere zum
Gehorsam gegen den neuen Kaiser zu bringen. Die
Soldaten, ihr Versehen erkennend, riefen laut: „Diese

sind nicht von den Unsrigen!" und wandten im Hofe um, um auf den Staatsplatz zu eilen und die übrigen Aufständischen zu unterstützen. Unterwegs beim Admiralitätsboulevard sahen sie den Kaiser, welcher sie fragte: „Wohin? Seid ihr für mich, so wendet rechts; wenn nicht, so wendet links!" — Eine Stimme antwortete: „Links!" und Alle eilten, ohne auch nur in Reihe und Glied zu bleiben, auf den Isaaksplatz. Hier wurden die Grenadiere in das Quarré des moskau'schen Regiments aufgenommen, um unter dem Schutz desselben nach Kompagnien geordnet zu werden. Noch war diese Aufstellung nicht beendet, so trat bereits die entscheidende Katastrophe ein.

In den Reihen der Aufständischen standen bereits über 2000 Mann. Unter einheitlicher Leitung wäre, im Angesicht des rund herum zu Tausenden versammelten und zur Mitwirkung bereiten Volkes, mit so beträchtlicher Mannschaft ein dem Aufstande günstiger Ausgang wohl möglich gewesen, zumal die Gegenpartei schwankte und verschiedene um den Kaiser versammelte Regimenter Miene machten, sich den Aufständischen anzuschließen. An einer wirklichen Leitung fehlte es den Aufständischen aber vollständig und die Soldaten mußten in passiver Haltung, bei 10 Grad Kälte und einem scharfen Ostwinde und nur in Uniform gekleidet,

Stunden lang dastehen. Der erwählte Dictator, Fürst Trubetzkoy, war nicht zu finden; seine ernannten Gehülfen waren auch nicht auf den ihnen angewiesenen Posten, obgleich auf dem Platze anwesend. Man bot das Kommando dem Obristen Bulatow an; er schlug es aus. Man bot es Bestushew I. an; er lehnte es ab, da er bloßer Flottenkapitän sei und den Infanteriedienst nicht kenne. Endlich drängte man dem Fürsten E. P. Obolensky, der zwar nicht Taktiker, aber von den Soldaten gekannt und geliebt war, den Oberbefehl auf. Es herrschte vollständige Anarchie; da der Dictator ausgeblieben war, so fehlten alle Anordnungen — Alle kommandirten und schrien durcheinander. Alle erwarteten Hilfe und in Erwartung dieser schlug man die feindlichen Angriffe ab, ohne aber selbst anzugreifen, was während der ersten Stunden schwerlich ohne Erfolg geblieben wäre; hartnäckig weigerte man die Uebergabe und stolz verwarf man die versprochene Gnade.

Allmählich versammelten sich die Truppen der Gegenpartei. Die Garde zu Pferde war zuerst auf dem Platze. Die Bataillone des Jsmailowschen und des Jägerregiments kamen längs der Wosnessenski'schen Straße zur blauen Brücke; das Semenowsche Regiment längs der Erbsenstraße. Am Admiralitätsboulevard

stand das Viereck des Preobrashenski'schen Regiments.
Dort war der Kaiser zu Pferde mit einer zahlreichen
Suite sichtbar; im Quarré befand sich der Thronfolger,
als siebenjähriger Knabe, mit seinem Erzieher. Vor
dem Viereck waren Kanonen von der Brigade des
Obristen Nesterowsky aufgefahren, gedeckt von einem
Zuge Chevaliergarde unter dem Kommando des
Lieutenants J. A. Annenkow. Hinter dem kaiserlichen
Quarré stand ein Bataillon der Pawlowschen Garde,
die Sappeure waren, wie bereits bemerkt, im Hofe des
Winterpalais aufgestellt. — Die Ergebenheit dieser
Truppen für den Thron war an diesem Tage keine
vollständige oder unbedingte; sie wankte in der entschei-
denden Stunde. Als das zweite Bataillon der Garde-
jäger den Befehl erhielt, über die blaue Brücke weiter
vorzurücken, und sich in Bewegung setzte, kommandirte
Jakubowitsch: „Links um!" — und das ganze Bataillon
kehrte um, obgleich die Treue des Bataillonskomman-
deurs, des Obristen W. J. Buße, die zuverlässigste,
unbestreitbarste war; wegen dieses Umstandes wurde.
Obrist Buße nicht zum Flügeladjutanten des Kaisers
ernannt, eine Auszeichnung, welche den Kommandeuren
aller Bataillons der Garde, welche zum Kaiser gehalten,
an diesem Tage zu Theil wurde, natürlich meinen
Bataillonschef Talubjew, der durch die Haltung meines

Zuges compromittirt war, ausgenommen. Das Js=
mailowsche Regiment war an diesem Tage auch nicht
ganz zuverlässig. Dafür aber attaquirte die Garde zu
Pferde unter Anführung A. J. Orlows fünf Mal mit
Ungestüm gegen das Quarré des moskau'schen Regi=
ments und wurde fünf Mal durch Bajonette und
Flintenkugeln zurückgeschlagen.

Als die Truppen, so aufgestellt, die Aufständischen
von allen Seiten mit dichten Kolonnen umzingelt hat=
ten, verringerte sich die Zahl der um' sie versammelten
Volkshaufen auf dem Platze. Die Polizei wurde in
dem Auseinandertreiben des Volks kecker, das anfangs
alle drei Theile des Jsaaksplatzes, die Plätze des Senats,
der Admiralität und des Palastes bedeckt hatte; auf den
zwei letztgenannten Plätzen ritt der Kaiser selbst in
raschem Trabe hin und her, bald streng befehlend, bald
freundlich bittend, das Volk solle auseinander gehen
und die Bewegung der Truppen nicht länger hindern.
Unterdessen waren verschiedene höhere Offiziere bemüht,
die noch unentschiedenen Truppentheile für die kaiserliche
Sache zu gewinnen. Der Kaiser selbst war einem Blut=
vergießen entschieden abgeneigt und wünschte lebhaft
die Aufständischen zum Gehorsam zurückgeführt zu sehen,
ehe es zum Aeußersten kam. General Bistram hielt
die in der Kaserne gebliebenen Kompagnien des mos=

tau'schen Regiments zurück, damit sie sich nicht mit ihren
aufständischen Kameraden vereinigten; es gelang ihm
sogar dieselben zu vermögen, die Wachen an diesem
Abende zu beziehen. Der General J. O. Suchasonet
sprengte mitten in das empörerische Quarré hinein und
bat die Soldaten, auseinander zu gehen, ehe die Kanonen
abgefeuert würden; man antwortete ihm, er möge sich aus
dem Staube machen, sonst würde man auf ihn schießen!

. Dann näherte sich der Großfürst Michail Pawlo=
witsch, der an diesem Tage nur wenige Stunden vorher
von der Station Nennal (wo er, wie erwähnt, auf den
ruhig in Warschau weilenden Großfürsten Konstantin
gewartet hatte) zurückgekehrt war, zu Pferde muthig
dem Viereck der Aufrührer und suchte die Soldaten zum
Gehorsam zu überreden. Er war in Gefahr, ein Opfer
seines Muthes zu werden, denn W. K. Küchelbecker,
befürchtend, daß es dem Großfürsten gelingen könnte,
die Soldaten vom Aufstande abwendig zu machen, schoß
auf ihn sein Pistol ab, das zufällig versagte. Graf
M. A. Miloradowitsch, der geliebteste Anführer der
Soldaten, bemühte sich ebenfalls, die Aufständischen
vom Isaaksplatz mit sich fortzuführen; Fürst P. E. Obo=
lensky griff dem Pferde des Grafen in die Zügel, um
es aus dem Quarré fortzuleiten, und stieß mit dem
Bajonnet einer Soldatenflinte in die Weichen des

Rosses, um den Reiter zu retten. In diesem Augen=
blicke trafen die Kugeln Kachowsky's und noch zweier
Soldaten den tapfern Miloradowitsch, der in unzähligen
Schlachten mit Ruhm gekämpft hatte und nie verwundet
worden war, so daß er sterbend niedersank. — Auch der
Kommandeur des Leibgarde = Grenadier = Regiments,
Obrist Stürler, fiel von einer Kugel Kachowsky's, als
er eben bemüht war, die Grenadier=Kompagnien, die
vom Regiment abgefallen waren, zum Gehorsam zurück=
zurufen. Endlich erschien der Metropolit Seraphim
in vollem Ornat, begleitet von dem kiewschen Metro=
politen Eugenius und mehreren Geistlichen. Das ge=
weihte Kreuz in der Hand haltend, flehte er die Sol=
daten im Namen der christlichen Liebe an, in ihre
Kasernen zurückzukehren; er versprach im Namen des
Kaisers, so wie es vorher der Großfürst und Graf
Miloradowitsch gethan hatten, allen Verschwörern un=
bedingte Verzeihung, die Urheber der Empörung allein
ausgenommen. Das Flehen des Metropoliten blieb
aber vergeblich; man sagte ihm: „Geh' nach Hause,
Vater, bete da für uns, für Alle; hier hast Du nichts
zu suchen."

Ein Decembertag im hohen Norden währt nicht
lange, gegen drei Uhr begann es zu dunkeln; ohne
Zweifel wäre in der Dämmerung das Volk, das nur

mit Gewalt auseinander getrieben worden war, zu den
Aufständischen zurückgekehrt, aber man gab ihm keine
Zeit mehr zur Ueberlegung. Graf Toll soll es gewesen
sein, der sich beim Beginn der Dunkelheit dem Kaiser
genähert und ihm gesagt hatte: „Sire! befehlen Sie,
den Platz mit Kanonen zu säubern, oder entsagen Sie
dem Throne." — Der erste Kanonenschuß, blind geladen, donnerte hervor; die zweite und die dritte Kanone
schleuderten Kugeln, die sich in die Mauer des Senats-
gebäudes setzten oder über die Newa in der Richtung
zur Akademie der Künste hinflogen. Diesen Schüssen
antworteten die Aufständischen mit schallendem Hurrah!
Dann wurden die Kanonen mit Kartätschen geladen;
Obrist Nesterowsky zielte gerade in das Quarré — der
Kanonier bekreuzigte sich, dann kommandirte der Kaiser
selbst, und Kapitän M. Bakunin nahm die Lunte aus
der Hand des Soldaten. Einen Augenblick später
hagelten Kartätschenkugeln in das dichte Quarré; die
Aufrührer flüchteten in die Galeerenstraße und über die
Newa zur Akademie; die Kanonen rollten zur Galeerenstraße und zum Newaufer und schleuderten von hier
Kartätschen, wodurch sich ganz zwecklos die Zahl der
Getödteten, Schuldigen und Unschuldigen, Soldaten
und zufälligen Zuschauer verdreifachte. Drei Seiten
des Vierecks des moskau'schen Regiments unter M.

Bestushew III. warfen sich zum Newaufer und wurden
von Kartätschenkugeln begleitet. Auf der Newa wollte
Bestushew die flüchtenden Soldaten sammeln, da don=
nerten von der Isaaksbrücke Kugeln her, welche das
Eis des Flusses zertrümmerten und vielen Soldaten ein
feuchtes Grab bereiteten. Ohne diesen Umstand hätte
Bestushew sich noch der Peter=Pauls=Festung bemäch=
tigen können. Die Garde=Equipage, die Leibgrenadiere
und ein Theil des moskau'schen Regiments warfen sich
in die Galeerenstraße, wohin Kanonen folgten, welche
im Defilé viele Soldaten niederschossen.

. Seltsam, ja wunderbar ist es, daß von meinen
Unglücksgefährten, den compromittirten Offizieren,
Niemand erschossen oder verwundet wurde; mehreren
derselben waren die Mäntel und Pelze von Kugeln
durchbohrt; in dem Bataillon der Garde=Equipage
fielen ganze Reihen Soldaten, die Offiziere blieben
unversehrt. Alles ergriff in den beiden genannten
Richtungen die Flucht; nur einer blieb auf dem Platze
stehen und trat zum General Martynow, um durch
diesen dem Großfürsten Michail seinen Degen zu über=
geben; — es war M. K. Küchelbecker, Lieutenant der
Garde=Equipage. In diesem Augenblick sprengte der
Obrist Saß von der Garde=Pionier=Escadron mit ge=
schwungenen Säbel auf ihn zu, General Martynow

hielt den Obristen auf und sagte: „Tapferer Obrist
Saß! Sie sehen doch, daß er mir seinen Degen schon
eingehändigt hat." — Als der Platz gesäubert war,
rückte das Regiment der Garde zu Pferde über die
Isaaksbrücke nach Wassily-Ostrow.

Ich führte meinen Zug zur Manége des ersten
Kadettenkorps. Mein Regimentskommandeur war
unterdessen angelangt und befahl mir, meinen Zug in
dem innern Hofe der Wohnung des Direktors des
Kadettenkorps, gegenüber der großen Perspective, aufzustellen. Dahin war der Regimentsgeistliche beordert
worden, ich wußte nicht warum. Mir wurde angedeu-
tet, mich vom Zuge zu entfernen. Ich sah, daß meine
Soldaten einen Kreis schlossen, der Geistliche fing an
sie zu ermahnen; darauf drängte ich mich durch den
Kreis und erklärte laut, daß meine Soldaten in Nichts
schuld seien, daß sie ihrem Vorgesetzten gehorchen
müßten; ich entfernte mich, indessen sie den verlangten
Eid leisteten. — Sterne funkelten schon am Himmel;
auf allen Plätzen leuchteten Bivouakfeuer, Patrouillen
zu Pferde und zu Fuß durchstreiften alle Straßen. Ich
mußte mit meinem Zuge den Andrejewschen Markt und
die Kaufläden daselbst besetzen. Sogleich wurde in die
Kaserne gesandt, um Mäntel zu holen; seit 10 Uhr
Morgens befand ich mich in leichter Uniform. Am andern

Morgen sah ich meine Frau nur eine Sekunde, es war
— um mich auf lange von ihr zu trennen. Auf kaiserlichen Befehl wurde ich am 15. Morgens arretirt.

Wenn ich die Ereignisse dieses denkwürdigen Tages
noch einmal an mir vorüberziehen lasse, so muß ich
noch heute der Meinung sein, daß ein Erfolg des Aufstandes leicht möglich gewesen wäre. Mehr denn zwei-
tausend Soldaten und eine viel größere Menge Volkes
war bereit, den Winken eines Anführers zu gehorchen.
Dieser Führer war ernannt und seine Wahl schien nicht
unglücklich; ich habe mit dem Fürsten Trubetzkoy sechs
Jahre zusammen gelebt, viele meiner Kameraden kannten
ihn noch sehr viel länger, Alle waren darin einig, daß
er jederzeit ein tüchtiger und energischer Mann war,
auf den man sich verlassen konnte. Warum er zur bestimmten Stunde nicht auf seinem Platze war, hat nie
Jemand erfahren; ich glaube, er weiß es selbst nicht,
er hatte den Kopf verloren. Dieser eine, vorher nicht
zu berechnende Umstand ist entscheidend gewesen. Fürst
Obolensky, der an Trubetzkoy's Stelle gewählt wurde,
wußte selbst, daß er dieser Stellung nicht gewachsen sei.
Während man mit ihm verhandelte und sein Sträuben
zu überwinden suchte, verstrich die kostbare Zeit und
fehlte alle Einheit der Action; die zu der Fahne des
Aufstandes strömenden Offiziere und Soldaten wußten

nicht, an wen sie sich wenden, bei wem sie sich melden sollten, die schon vorhandenen Truppen standen passiv da, und doch hatten sie bereits fünf Attaquen der Garde zu Pferde Widerstand geleistet und weder Bitten, noch Drohungen, noch Versprechungen nachgegeben, selbst den Metropoliten zurückgewiesen. Wie von einem Bann gefesselt standen dieselben Leute, die sich so entschieden gezeigt hatten, unthätig da, als sie mit verhältnißmäßig leichter Mühe die Kanonen nehmen konnten, die gegen sie aufgefahren waren. Die Kanonen standen unter der Bedeckung eines Zuges der Chevaliergarde, der von dem Lieutenant J. A. Annenkow, einem Mitgliede der geheimen Gesellschaft, geführt wurde, und doch dachte Niemand daran, von diesem Umstande Nutzen zu ziehen. Ohne Schwierigkeit hätte ferner das Ismailowsche Regiment, in welchem zahlreiche Mitglieder der Gesellschaft und Mitverschworene dienten, der Sache des Aufstandes gewonnen werden können. In der Nacht nach dem 14. December erschoß sich der Kapitän Bogdanowitsch, weil er sich von dem Vorwurf, nicht mitgewirkt zu haben, erdrückt fühlte. Die uns gegenübergestellten Regimenter waren gleichfalls nicht alle zuverlässig; als ein Bataillon Gardejäger gegen das moskau'sche Regiment anrücken sollte, kommandirte A. J. Jakubowitsch: links um! und diese Worte wirkten so, daß nur

zwei Kompagnien zum Schwenken zu bewegen waren.
Aehnlich war es mit vielen andern Regimentern bestellt.
Unbegreiflich erscheint endlich, warum die Aufständischen
nicht die Polizeidiener vertrieben und dadurch das versammelte, mit Holzhacken und Aexten bewaffnete Volk
ihrer Sache erhielten. Schließlich bemerkte ich noch,
daß an diesem Tage die Wache im Winterpalast von
dem zweiten Bataillon des finnländischen Regiments
unter Befehl des Obristen A. F. Moller, eines viel-
jährigen Mitglieds der Gesellschaft, bezogen worden
war. Auf dem Admiralitätsboulevard, zwanzig Schritt
vom Kaiser, stand der Obrist Bulatow mit zwei geladenen Pistolen, mit dem festen Vorsatz, dem Monarchen
das Leben zu nehmen: aber eine' unsichtbare Hand hielt
ihn zurück. Er hatte Muth und Entschlossenheit genug
bewiesen; es ist bekannt, daß er während des großen
Feldzuges 1812 mit seiner Kompagnie wiederholt feind-
liche Batterien nahm und unter dem Hagel feindlicher
Kugeln stets seiner Kompagnie um mehrere Schritte
voran war. Als der Kaiser beim persönlichen Verhör
gegen ihn seine Verwunderung äußerte, daß er ihn
unter der Zahl der Empörer sehe, antwortete Bulatow
offenherzig, daß im Gegentheil er verwundert sei, den
Kaiser vor sich zu sehen. „Was heißt das?" fragte
der Kaiser. „Gestern stand ich zwei Stunden lang auf

zwanzig Schritte von Ew. Majestät entfernt mit ge=
ladenen Pistolen und mit dem festen Entschluß, Ihnen
das Leben zu nehmen; aber jedesmal, wenn ich die
Hand an das Pistol legte, versagte mir das Herz."
Dem Kaiser gefiel das offene Geständniß, er befahl,
den Obristen nicht in die Kasematten der Festung ein=
zuschließen, wo wir Uebrigen uns befanden, sondern
ihn in der eigenen Wohnung des Festungskomman=
danten unterzubringen. Einige Wochen später brachte
sich Bulatow durch Hunger um; er überstand den
schrecklichsten Kampf mit sich selbst, indem er alle
Speisen zurückwies, als seine Fingernägel bereits vor
Hunger zerbissen waren. Von einem solchen Manne
durfte man erwarten, daß er seinen Vorsatz ausführen
werde.

Der 14. December 1825 entschied zugleich das Ge=
schick der Verschworenen des Südens, denn an diesem
Tage wurde der Obrist Paul Pestel, die Seele der ge=
sammten Verschwörung, der Präsident des Direktoriums
von Tultschino arretirt. Auf eine von dem Kapitän
Maiboroda gemachte Denunziation hin, wurde Pestel
in das Hauptquartier des Stabes der zweiten Armee
beschieden, wie es hieß, um über einige Dienstangelegen=
heiten Auskunft zu geben. Obgleich nicht ohne Ahnung
der ihm drohenden Gefahr, machte er sich auf den Weg;

am Schlagbaum von Tultschino wurde er von Gensd'armen arretirt und ins Gefängniß abgeführt. Zwei Wochen später, am 29. December 1825, wurden die Brüder Sergius und Matthäus Murawjew-Apostol gefangen genommen, jedoch in der folgenden Nacht von den jüngeren Offizieren des Tschernigowschen Regiments, welche zum großen Theil der Gesellschaft der vereinigten Slawen angehörten, wieder befreit. An der Spitze einiger Kompagnien, die sich ihm angeschlossen hatten, versuchte Sergius Murawjew-Apostol sich durchzuschlagen und zu dem nächsten Ort zu gelangen, an dem sich Verbündete befanden. Ein vom General Geismar kommandirtes Detachement, das Kanonen mit sich führte, überwältigte Murawjews Leute nach tapferer Gegenwehr. Sergius wurde verwundet, beide Brüder sammt ihren Gefährten gefangen genommen. Der jüngste Bruder Hyppolite war im Gefecht gefallen, der Kompagnie-Chef Kusmin hatte sich selbst den Tod gegeben.

II. Untersuchungshaft und Verhör.

Am Morgen des 15. December wurde ich, wie bereits erwähnt, verhaftet. Der Regimentsadjutant war nach mir gesandt worden; mit ihm fuhr ich nach kurzem Abschied von meiner Frau (ich war erst acht Monate lang verheirathet) zum Regimentskommandeur, wo ich alle Offiziere unseres Regiments versammelt fand. Der General fragte: „Wer von Ihnen, meine Herren, wünscht den verhafteten Baron R. zum Kommandanten zu geleiten?" Niemand erbot sich dazu. Hierauf wandte der General sich zum Dejouroffizier Kapitän D. A. Tulubjew und befahl ihm, mich in seinem Wagen in die Kommandantur zu geleiten. In der Kanzlei des Kommandanten nahm man mir den Degen ab und führte mich auf die im Winterpalais befindliche Hauptwache, wo ein Bataillon unseres Regiments die Wache hielt. Ich bat den Obrist Moller um die Erlaubniß, meiner Frau einige

5*

Zeilen schreiben zu dürfen; der Obrist war verlegen und sagte mir offen, daß ihm das unmöglich sei; wenn' ich aber mündlich Etwas zu sagen hätte, würde er es sogleich meiner Frau mittheilen lassen, was auch geschah. Man führte mich in das Zimmer des wachehabenden Offiziers. In einem Winkel, der von der übrigen Stube durch einen langen Tisch getrennt war, schlief ein arretirter Generalstabsoffizier, K. P. Tschewkin; er wurde geweckt und abgeführt, sein Platz mir angewiesen. Die Wache wurde abgelöst, es trat der Kommandant Baschuzky ein und erkundigte sich nach den Arrestanten.

Darauf führte man mich in das Vorzimmer der Wachtstube hinter einen Verschlag mit Glasthüre, wo ich blieb; von diesem Platz aus konnte ich sehen wie Soldaten vom Preobrajhensky'schen Regiment Bestushew umringten, der sich selbst freiwillig gestellt hatte. Er war festlich wie zum Ball gekleidet und als das ihm zugegebene Geleit fortmarschiren wollte, kommandirte er selbst Vorwärts! und schritt mit der Mannschaft im Takt. — Nach einer halben Stunde führte man ebenso J. J. Puschtschin ab. Als er von zwölf Soldaten umringt dastand, stürzte ein junger Offizier in die Mitte, um den Arretirten zu umarmen — es war S. P. Galochaw, Adjutant im Leibgrenadierregiment.

So wurde es elf Uhr Abends. Wieder erschien
ein Geleit von zehn Soldaten, man sah noch keinen
Arrestanten. Hierauf trat der dienstthuende Stabsoffizier Obrist Mikulin zu mir ein, um mich und den
Kapitän Repin, den man mir kurz vorher zugesellt
hatte, zu untersuchen, ob wir vielleicht versteckte Waffen
bei uns hätten, und uns sodann anzuzeigen, daß er
Befehl habe, uns zum Kaiser zu führen. Wir wurden
von Soldaten umringt und stiegen mehrere Treppen
hinauf; während dessen fühlte ich, daß Jemand an den
Schößen oder der Hintertasche meiner Uniform zupfte
— es war der Obrist Mikulin, der mir ein Blättchen
Papier herausgenommen hatte. Im Vorzimmer des
Kaisers angelangt, durch welches unaufhörlich General-
und Flügeladjutanten streiften, fragte mich der Obrist,
von wem das Billet geschrieben sei, das er bei mir gefunden; ich verlangte es zu sehen und antwortete, es
sei von meiner Frau. Nach dem Aufhören der gestrigen
Kanonade hatte ich Repin gebeten, meine Frau zu beruhigen; zwei Stunden später schickte ich einen Soldaten zu ihr, der mir ein Billet mit den Worten:
„Sois tranquille, mon ami, Dieu me soutient, mé-
nage-toi" zurück brachte. Mikulin entgegnete mir, daß
das unmöglich sei, oder daß meine Frau kein Französisch
verstehe; es sei offenbar, daß nicht ein Frauenzimmer

einem Mann, sondern umgekehrt ein Mann einem Frauenzimmer geschrieben habe. „Wie kann man im männlichen Geschlecht das Wort tranquille mit zwei l und e schreiben?" wiederholte der Obrist immer wieder, ohne im Geringsten darauf zu achten, daß mir, der zum Verhör vor den Kaiser geführt werden sollte, die Beschäftigung mit grammatikalischen Minutien unerträglich sein mußte. Zu meinem Glück kam der Adjutant des Kaisers W. A. Browsky und unterbrach den unangenehmen Wortstreit, indem er dem gelehrten Obrist bemerkte: „Cessez donc, mon cher, vous dites des bêtises." — Aus dem Kabinet des Kaisers trat der Fürst J. W. Wassiltschikow in Thränen, ihm folgte A. J. Neithardt, Chef des Stabes; meinen Gruß erwiederten sie höflich und wischten sich die Augen. Dann erschien ein Flügeladjutant mit der Anzeige, daß der Kaiser nicht mehr empfangen werde und befohlen habe, mich auf die Hauptwache des Chevaliergarderegiments, meinen Kameraden Repin auf die Hauptwache des Preobraschenski'schen Regiments durch Feldjäger abführen zu lassen.

Acht Tage brachte ich in der Hauptwache des Chevaliergarderegiments zu, ohne zum Verhör beschieden zu werden. In der Nähe wohnte ein Onkel meiner Frau, er schickte mir ein Bett und einen Schirm,

sodaß ich erträglich existiren konnte. Am dritten Tage
meines Aufenthalts bezog J. A. Annenkow die Wache,
derselbe, der am 14. December die gegen die Aufstän=
dischen gebrauchten Kanonen gedeckt hatte und später
als Mitglied der geheimen Gesellschaft zu ewiger
Zwangsarbeit verurtheilt wurde. Die meisten Mit=
glieder der geheimen Gesellschaft hatten gerade in der
Chevaliergarde, dem der kaiserlichen Familie am näch=
sten stehenden Regiment gedient. — Am 21. December
Nachmittags kam ein Feldjäger, um mich endlich zum
Verhör abzuholen. Der wachehaltende Offizier beglei=
tete mich bis zu meinem Schlitten und wünschte mir
baldigste Befreiung.

Im Winterpalais angelangt wurde ich wiederum
hinter den Verschlag mit der Glasthüre geführt, der
bereits früher mein Aufenthaltsort gewesen war, um
zu warten, bis die Reihe an mich kam. Um 10 Uhr
Abends führte mich ein Geleit von zehn Soldaten in
die inneren Gemächer des Palastes; nach einer halben
Stunde wurde ich zum dejourirenden Generaladjutanten
V. V. Lewaschow geführt. Er saß an einem Schreib=
tische, begann mich nach aufgesetzten Fragepunkten zu
verhören und schrieb meine Antworten nieder. Gleich
beim Beginn dieses Verhörs öffnete sich eine Seiten=
thür des Gemachs und der Kaiser trat ein. Ich ging

ihm einige Schritte entgegen, um ihn zu begrüßen, er
sagte mit lauter Stimme: „Halt!" kam auf mich zu,
legte die Hand auf mein Epaulette und wiederholte:
„Zurück — zurück — zurück!" — mir folgend, bis ich
an meinem frühern Standpunkt angelangt war und
mir die auf dem Tische brennenden Lichter gerade in
die Augen schienen. Dann faßte er mich etwa eine
Minute lang scharf ins Auge, erwähnte seiner Zufriedenheit mit meinem Dienste und daß er mich wiederholt ausgezeichnet habe; er fügte hinzu, daß schwere
Beschuldigungen auf mir lasteten, daß er von mir ein
offenherziges Geständniß erwarte und versprach endlich,
Alles zu thun, was möglich sei, um mich zu retten;
dann entfernte er sich wieder. Das Verhör wurde,
sobald der Kaiser das Gemach verlassen hatte, wieder
aufgenommen. Ich befand mich in der peinlichsten
Lage; für meine Person zu leugnen, hatte ich keine
Möglichkeit und keinen Grund, aber die ganze Wahrheit durfte ich doch nicht sagen, insbesondere Niemand
von den Theilnehmern und Anstiftern nennen. Nach
einer halben Stunde kam der Kaiser wieder herein,
nahm dem General Lewaschow den Bogen mit den
protokollirten Antworten aus der Hand und las denselben. In meinen Aussagen war kein Name genannt
— mit Wohlwollen sah er mich an und ermuthigte

mich), offenherzig zu sein. Der Kaiser trug, wie er
früher als Großfürst gethan, einen alten Uniformsrock
(vom ismailowschen Regiment) ohne Epauletten; die
blasse Farbe seines Gesichts, die an Entzündung leiden=
den Augen zeigten deutlich, daß er viel arbeitete, in
Alles eindringen, Alles selbst hören, selbst lesen wollte.
Als er in sein Kabinet zurückgekehrt war, öffnete er
noch einmal die Thüre, und die letzten Worte, die ich
von ihm hörte, waren: „Dich rette ich gern." —
Nachdem Lewaschow sein Protokoll beendet hatte, über=
reichte er mir das Papier zum Durchlesen, damit ich
mit meiner Unterschrift die Wahrheit meiner Aussagen
bezeugen sollte. Ich bat ihn, mich von solcher Unter=
schrift zu entbinden und gab ihm zu verstehen, daß ich
die ganze Wahrheit nicht enthüllen könne. „In diesem
Falle muß ich Sie von neuem verhören." Mir blieb
nichts übrig, als das Protokoll doch zu unterzeichnen;
meine anfängliche Zögerung wurde dem Kaiser aber
berichtet und soll von ihm als Nichtachtung seines gnä=
digen Versprechens aufgefaßt worden sein. Mein Ur=
theil wurde, wie in der Folge näher ausgeführt werden
soll, nicht nur nicht gemildert, sondern verschärft.

Diese „ersten Verhöre" im Palais haben alle in
die Verschwörung verwickelten oder der Theilnahme an
derselben bezichtigten Personen durchzumachen gehabt.

Der Kaiser sah und sprach Jeden von ihnen. Die
Generaladjutanten Lewaschow, Benkendorff*) und Toll
schrieben nach der Reihe die Aussagen nieder, am
häufigsten Lewaschow, der sich nicht selten einer höchst
eigenthümlichen Methode der Untersuchungsführung
bediente. So zum Beispiel sagte er zu Bestushew-
Rjumin, der nicht gleich auf alle seine Fragen antwortete: „Vous savez, l'Empereur n'a qu'à dire
un mot et vous avez vécu". Dem Obristen M. F.
Mitkow sagte er: „Mais il y a des moyens pour
vous faire avouer", sodaß dieser gezwungen war, ihm
zu bemerken, daß wir im 19. Jahrhunderte lebten und
daß die Tortur durch ein Gesetz des Kaisers Alexander
aufgehoben worden sei. — Diese ersten Verhöre im
Kabinet des Kaisers konnten unmöglich in alle Einzelheiten der Verschwörung eindringen; sie sollten dem
Kaiser Gelegenheit bieten, jeden der Verschwörer einzeln zu sprechen und zu sehen und die Namen der noch
nicht bekannten Theilnehmer in Erfahrung zu bringen.
Sobald solche Namen genannt waren, wurden sogleich
Feldjäger, Gensd'armen, Offiziere aller Waffen-
gattungen entsendet, um die Angeschuldigten zu ver-

---

*) Später Chef der politischen Polizei und als solcher einer
der einflußreichsten Rathgeber des Kaisers Nikolaus.

haften. — Eines der merkwürdigsten Verhöre fand mit
N. A. Bestushew statt. Dieser hatte in der Nacht,
welche dem 14. December folgte, sich durch die Flucht
retten wollen und den Weg nach Schweden dazu ge=
wählt; er erreichte den Leuchtthurm Tolbuchin, wo die'
wachehaltenden Matrosen ihn als Gehülfen des Gene=
rals Spassowjew, Direktors aller Leuchtthürme, kannten.
Er wollte dort einige Stunden ruhen, wurde aber zu
seinem Unglück von der Frau eines Matrosen als
Flüchtling erkannt und angezeigt, sodaß man ihn ein=
holte und den anderen Tag in den Winterpalast
brachte. Entkräftet durch Hunger, Ermüdung und
Kälte wandte er sich an den ihm begegnenden Groß=
fürsten Michail mit der Bitte, er möge befehlen, daß
ihm etwas Nahrung gegeben werde, sonst werde er
kaum im Stande sein, im Verhöre zu antworten. In
demselben Gemache war das Abendessen für die Dujour=
Flügeladjutanten aufgetragen; der Großfürst hieß
Bestushew sich zu Tische setzen und unterhielt sich wäh=
rend der Mahlzeit mit ihm. Als Bestushew fortge=
führt wurde, sagte der Großfürst zu seinem Adjutanten
Bibikow: „Gott sei Dank, daß ich mit diesem Manne
nicht schon vorgestern bekannt war, er hätte mich am
Ende mit hineingezogen." — Der Kaiser empfing
Bestushew milde und sagte ihm: „Du weißt, ich kann

Dir verzeihen, und wenn ich sicher sein könnte, in Dir
künftig einen treuen Diener zu haben, so wäre ich bereit,
Dir zu verzeihen." Bestushew antwortete: „Maje=
stät, das ist eben das Unglück, daß Sie Alles thun
können, daß Sie über dem Gesetz stehen; wir wollten
Nichts weiter, als bewirken, daß das Loos Ihrer Unter=
thanen künftig blos vom Gesetz abhängig sei, nicht von
Ihrer Laune." In demselben Geiste haben sich auch
Andere der Schuldigen gelegentlich des Verhörs vor
dem Kaiser geäußert.

Nach Beendigung meines ersten Verhörs führte
man mich wieder in das Vorzimmer der Hauptwache
des Palais, hinter die bekannte Scheidewand zurück.
Licht erhielt ich durch die Glasthüre, Wärme durch das
obere Ende der Scheidewand, mithin war es weder hell
noch warm, höchstens einige Stunden lang überhaupt
erträglich; ich erwartete jede Minute auf eine andere
Hauptwache oder in die Festung übergeführt zu werden
und ergab mich darum mit Geduld in mein Schicksal.
Die Nacht schlief ich auf einem Stuhle, mich mit dem
Arm auf einen Tisch lehnend. Den folgenden Tag
vom frühen Morgen an wurden unaufhörlich neue
Arrestanten herein und heraus geführt, Militärs und
Civilisten, Bekannte und Unbekannte. Waren ihrer
zuviele auf einmal angelangt, so wurden einige auf

etliche Stunden, zu mir hinter die Scheidewand gesetzt, diesen aber eine Schildwache beigegeben, welche darüber wachen sollte, daß wir nicht mit einander sprachen. So brachten der Obrist Poliwanow und Graf Bulgary einige Stunden bei mir zu; am längsten, eine ganze Nacht, saß der Obrist P. O. Grabbe bei mir; er blieb mir besonders erinnerlich wegen seiner vollkommenen Gemüthsruhe in Geberden und Gesichtszügen. — Weihnachten kam heran, noch immer war derselbe enge, dunkle Verschlag des Wachtvorzimmers mein Aufenthalt; man ließ mich dasitzen, in hohen engen Bottfort=Stiefeln, wie sie damals zur Uniform ge= hörten, und kurzem, unbequemem Uniformsfrack; glück= licherweise hatte ich meinen Mantel mitgenommen, der mich etwas wärmte. Alle Vorbeigehenden gafften durch meine Glasthüre, weshalb ich meinen Stuhl so umkehrte, daß ich mit dem Rücken gegen die Thür saß. Jeden Tag bei Ablösung der Wache besichtigten mich der Obrist und der Kapitän. Den fünften Tag traf die Reihe das Gardejägerregiment und den Obristen V. J. Buße, meinen früheren Dienstkameraden; ich bat ihn, einen Soldaten in meine Wohnung zu schicken und mir einen Ueberrock, kurze Stiefel und Wäsche bringen zu lassen. Nach einigen Stunden waren diese Sachen mir zugestellt; meine Frau hatte ein Saffian=

ohrkissen mitgeschickt. — So bestimmte lediglich der
Zufall darüber, ob und welche Bequemlichkeiten uns,
die wir uns vorläufig nur in Untersuchungshaft befan=
den, zu Theil wurden.

Im December wird es zeitig dunkel, Licht gab man
mir nicht, es war auch unnütz, da ich kein Buch hatte:
durch die Glasthüre drang etwas Beleuchtung aus dem
Vorzimmer, ein schwacher Schimmer derselben fiel auf
meine Hinterwand. Die Stimmen der Redenden im
Wachtzimmer waren deutlich zu hören.

In dieser Situation verging eine Reihe von Tagen,
die mir endlos erschien. — Am Nachmittage des dritten
Weihnachtsfeiertags trat plötzlich der Großfürst Michail
bei mir ein. Er blieb in der Thür stehen und fragte:
„Wie — ist er noch immer hier?“ Ich gewann es
über mich, weder über Kälte noch über Hunger zu
klagen, obgleich meine tägliche Nahrung sich auf einen
Teller Suppe und ein kleines Stück weißen Brodes
beschränkte. Der Grund davon war in meiner excep=
tionellen Lage zu suchen. Während die meisten Ver=
dächtigen, sobald sie nach Petersburg geschafft waren,
in das Winterpalais geführt wurden und hier nur
einige Stunden, höchstens einen Tag auf das Verhör
warteten, war mir der Winkel in der Wachtstube des
Palais als vorläufiger Aufenthalt angewiesen worden,

der 14 Tage lang währte. Für Diejenigen, welche nur
wenige Stunden im Palais zubringen mußten, war
der Teller Suppe aus der Hofküche genügend — ich
und die gleich mir im Palais saßen und dennoch mit
den Uebrigen auf gleichem Fuß behandelt wurden,
konnten durch denselben nur nothdürftig vor dem Ver=
hungern geschützt werden. Einer meiner Gefährten,
M. N. Nasimow, wagte es, dem Kaiser beim Verhör
zu sagen, daß man ihn im Palais hungern lasse.
„Dabei ist nichts zu machen," erwiederte Nikolaus,
„Alle werden auf gleiche Weise behandelt — es ist nur
für kurze Zeit." Das Schlimmste für mich war, daß
ich nicht schlafen konnte; auf meinem Stuhle — außer
dem Tisch dem einzigen Meuble des Zimmers — war
es zu unbequem, auf dem Fußboden trotz des wärmen=
den Mantels furchtbar kalt. Es blieb mir nichts
übrig, als 14 Nächte auf dem Stuhl zu verbringen.
Mehrere Male geschah es, daß die wachhabenden Sol=
daten sich meines Hungers erbarmten, mich Nachts
weckten und mir heimlich von ihrem Brod gaben. —
Den Unterhaltungen dieser Leute, die mich stets mit
rücksichtsvoller Höflichkeit behandelten, zuzuhören war
meine einzige Beschäftigung. Diese Unterhaltungen
klangen oft seltsam genug: „Es ist Schade, Bruder,
um die armen jungen Leute," hörte ich Einen sagen;

„die kommen jetzt auf die Festung und werden da ein=
gesperrt." — „Wir haben es nicht besser," erwiederte
der Andere, „unsere Kasernen sind noch schlimmer wie
die Festungen — und wenn wir sie verlassen, so ist es
doch nur, um mit Exercitien und Wachen gedrillt und
gequält zu werden! Diese guten, armen Herzensjungen
werden in ihren Löchern wenigstens Ruhe haben." —

Bis zum 3. Januar 1826 blieb ich in meinem
elenden Winkel; am Nachmittage dieses Tages inter=
venirte der Großfürst Michail, der wiederum in die
Wachtstube eintrat und wiederum verwundert war,
mich noch im Verschlage derselben zu finden. Auf sein
Geheiß wurde ich in ein anderes Zimmer geführt, wo
man mir ein Bett und frische Wäsche gab: vor meine
Thür wurden zwei Soldaten mit blankem Säbel ge=
stellt. Die Wohlthat wieder ausgestreckt schlafen zu
können genoß ich in vollen Zügen. Zwei Tage lang
blieb ich in diesem Zimmer, das ein anderer Compro=
mittirter, Obrist Rajewsky, mehrere Stunden lang mit
mir theilte. Da die Schildwache uns an jedem Ge=
spräch verhinderte, unterhielten wir uns singend in
französischer Sprache; Jeder trällerte vor sich hin, als
ob er auf den Anderen keine Rücksicht nähme. Am
Nachmittag des 5. Januar wurde ich endlich durch einen
Feldjäger auf die Festung abgeführt.

Mit bewegtem Herzen fuhr ich durch das Thor der
Peter=Pauls=Festung; mich begrüßte das Glockenspiel
der Festungsuhr, eines mechanischen Kunstwerkes,
welches gedehnt und langweilig die Melodie God save
the king abspielte. In der Kommandantur fand ich
drei arretirte Offiziere vom Jsmailowschen Regimente,
Andréjew, Müller und Maliutin vor, welche gleich mir
ihrer Einsperrung entgegen gingen. Nach einer halben
Stunde kam der Kommandant Sukin, öffnete die
Packete, die der Feldjäger ihm eingehändigt hatte, und
kündigte uns an, daß wir auf allerhöchsten Befehl in
die Kasematten gesetzt werden würden. — In demselben
Saale mit uns stand ein bejahrter Mann in Civil=
kleidung, er trug den Annenorden in Brillanten um
den Hals; der Kommandant wandte sich zu ihm und
rief entrüstet und traurig: „Wie? Du bist auch hier
— für diese Sache und mit diesen Herren?" —
„Nein, Ew. Excellenz; ich befinde mich unter Kriegs=
recht für Entwendung von Bauholz und Schiffsmate=
rialien." — „Nun, Gott sei gedankt! lieber Neffe,"
sagte der Kommandant und drückte dem Glücklichen
freundschaftlich die Hand. — Der Platzmajor Obrist=
lieutenant G. M. Poduschkin führte uns einzeln in die
Kasematten; er fragte mich, ob ich ein Taschentuch bei
mir hätte, da er mir dem Reglement gemäß die Augen

Dekabrist. 2. Aufl.   6

verbinden müſſe. Er verband mir wirklich die Augen, ergriff meinen Arm, geleitete mich die Treppen hinunter und ſetzte mich dann in einen Schlitten. Nach kurzer Fahrt waren wir an Ort und Stelle. Der Platzmajor half mir aus dem Schlitten, ſagte „nun kommt eine Schwelle und dann ſechs Stufen" und rief endlich laut: „Feuerwerker! öffne Nummer 13!" — Schlüſſel klingelten, Schlöſſer klapperten, wir traten ein, die Thüren wurden hinter uns zugeſchlagen. — Darauf nahm der Platzmajor die Binde von meinen Augen ab und wünſchte mir baldigſte Befreiung. Ich bat ihn, mir etwas zu eſſen geben zu laſſen; an dieſem Tage hatte ich noch gar keine Nahrung bekommen, vierzehn Tage lang im Palais gehungert. Er machte einige Schwierigkeiten, weil die Mittagsſtunde ſchon längſt vorüber ſei, entſchuldigte ſich mit der ſchlechten Beſchaffenheit der Feſtungsküche, vorausſetzend, daß ich zu den verwöhnten Gaſtronomen gehöre, verſprach mir aber Eſſen zu ſchicken, obgleich ich nur um ein Stück Brod gebeten hatte.

In meiner Zelle war es faſt beſtändig finſter; das Fenſter war mit einem dichten eiſernen Gitter beſchlagen, durch welches ich nur einen ſchmalen Streifen des Horizonts und einen Theil der Feſtungsglacis ſehen konnte. An der einen inneren Wand meiner dreieckigen

Zelle stand ein Bett mit bläulichgrauer Decke, an der anderen ein Tisch und eine Bank. Mein Dreieck hatte sechs Schritte in der Hypotenuse. In der Thür war ein kleines Fenster, von außen mit Leinwand behangen, damit die im Korridor stehenden Schildwachen zu jeder Zeit ihre Arrestanten beobachten könnten. Eine kleine Weile nachdem ich in diesen Käfig getreten war und mich niedergelassen hatte, hörte ich die Schritte der Schildwachen, die Schlüssel und Schlösser klapperten wieder, der Gefängnißwärter trat ein und brachte mir eine Lampe (einen Docht, der in einem gewöhnlichen mit Wasser und Oel gefüllten Glase brannte), einen Topf mit Suppe und ein gewaltig großes Stück Brod. Auf die Fragen, die ich an den Mann richtete, bekam ich keine Antwort; dann verschlang ich in der größten Geschwindigkeit die mit Lorbeerblättern gewürzte Kartoffelsuppe und zwei Pfund Brod. Der Wächter sah mich mit Verwunderung an, weßhalb ich ihm die Ursache meines Hungers erklärte; wie ein Stummer nahm er den ausgeleerten Topf, ging hinaus und schloß meine Thüre.

Die Festungsuhr schlug acht Mal, dann begann wiederum das God save the king. Die Töne klangen noch in meinem Gehör nach, als ich bereits fest einschlief; ich hätte gewiß 24 Stunden geschlafen, wenn der Wächter mit seinen Schlüsseln mich nicht aufgeweckt hätte. Nach diesem Höllengeklapper trat der Platz= adjutant Nikolajew ein, ihm folgten ein langer Mann im schwarzen Frack und der als Gefängnißwärter fungi= rende Feuerwerker; ich setzte mich auf mein Bett und erwartete, daß man mir noch einen Mitgefangenen ein= führe. — Der Adjutant erkundigte sich nach meinem Befinden, nach im fragte der Arzt im Frack, wie meine Gesundheit sei? Beiden antwortete ich „Gott sei gedankt! ich habe süß geruht." — „Entschuldigen Sie dann, daß wir Sie gestört haben, wir mußten unsere Amtspflicht erfüllen;" — und stumm, wie sie einge= treten waren, verschwanden die drei Männer. Ich schlief sofort wieder ein. — Als ich erwachte war es Mittag; aber es wurde nicht heller, denn das Fenster war in einer tiefen Schießscharte angebracht und gab kein volles Licht, nie habe ich durch das Fenster Sonne oder Mond gesehen, nur selten einen Stern an dem engen Streifen des Horizontes. Gegen Abend brachte man eine Lampe; ich hatte kein Buch, denn Niemanden gab man in den ersten Monaten unserer Gefangen= schaft Bücher. Allein, eingeschlossen in einem engen Raume hatte der Körper keine Bewegung, die Sinne keine Zerstreuung; die Gedanken allein waren nicht zu fesseln. Ungewiß und traurig lag die Zukunft vor mir,

die Gegenwart bot gar Nichts; die Vergangenheit
allein war mir treu geblieben.

Am 8. Januar neun Uhr Abends kam der Platz=
major zu mir, um mich in das Untersuchungscomité
zu führen, welches sich täglich in der Kommandantur
versammelte. Er verband mir die Augen, aber dieses
Mal so fest, daß mein ganzes Gesicht bedeckt war. An
der Kommandanturtreppe hörte ich sprechen, durch das
Tuch konnte ich die erleuchteten Laternen der Wagen
sehen, das Vorzimmer war von Dienern gefüllt. In
dem folgenden Zimmer setzte mich der Platzmajor auf
einen Stuhl und hieß mich seine Rückkehr abwarten.
Ich hob sogleich das Tuch auf, erblickte eine doppelte
große Thüre, hinter mir einen mächtigen Schirm, hinter
dem Schirme zwei Lichter, und keinen Menschen im
ganzen Zimmer. Ich weiß nicht, woher mir der Ge=
danke kam, daß die Thüre sich plötzlich öffnen und ich
erschossen werden würde? Vermuthlich war diese Ein=
bildung durch das geheimnißvolle Wesen des Platz=
majors und durch das Festbinden meiner Augen erzeugt
worden. — So saß ich eine Stunde. Endlich erschien
der Platzmajor, der mich mit verbundenen Augen durch
das nächste sehr gut erleuchtete Zimmer führte; ich
hörte eine Menge Federn kratzen, ohne die Schreiber
unterscheiden zu können. In dem folgenden Zimmer

wiederum Federkratzen ohne Wortlaut. Endlich in dem
dritten Zimmer angelangt, sagte mir der Platzmajor
mit halber Stimme: „Bleiben Sie hier stehen." —
Eine halbe Minute lang war kein Laut, keine Bewegung zu hören, darauf erschallten die Worte:
„Nehmen Sie das Tuch ab!" — es war die Stimme
des Großfürsten Michail. — Ich sah einen langen
Tisch vor mir; am obersten Ende desselben saß der
Präsident der Kommission, Kriegsminister Tatischtschew, rechts von ihm der Großfürst — dann folgten
der berühmte J. J. Dibitsch — S. A. Kutusow und
der Generaladjutant Graf Benkendorff; — links saßen
Fürst A. N. Galitzyn, der einzige Civilbeamte, General
A. J. Tschernytschew*), U. B. Lewaschow und der
Obrist W. Adlerberg**), der die Funktionen eines
Sekretärs übernommen hatte. Sie alle waren in
vieler Hinsicht achtungswerthe Männer, aber Keiner
von ihnen konnte auf die Eigenschaften eines gebildeten,
kompetenten und unparteiischen Richters Anspruch
machen. Die Verhöre dieser Untersuchungskommission
waren in Nichts von denen unterschieden, welche die
Generaladjutanten im Kabinet des Kaisers abgehalten

---

*) Später Kriegsminister und Fürst.
**) Gegenwärtig Graf und viele Jahre lang Minister des
kaiserlichen Hauses.

hatten. Sollte diese Untersuchungskommission ein Kriegsgericht sein? Dann konnte die ganze Sache in 24 Stunden ohne Rechtskundige entschieden werden, das Kriegsreglement hätte jeden Beschuldigten sogleich zum Tode verurtheilt! — Und diese Art von Gerichtsbarkeit, in der lediglich Offiziere Recht sprachen und die Ankläger zugleich die Richter spielten, war die damals in Rußland gebräuchliche, sobald es sich um wichtigere Fälle handelte!

Die erste Frage wurde vom Großfürsten Michail an mich gerichtet: — „Wie konnten Sie als Kommandeur eines bloßen Scharfschützenzuges drei ganze Kompagnien zurückhalten, die zum Theil vor Ihrem Zuge standen?" — „Als das Bataillon aus den Kasernen rückte, war es in Kompagniekolonnen aufgestellt, so daß mein Zug sich vor den drei Jägerkompagnien befand." — „Pardon, ich habe diesen Umstand nicht gekannt," bemerkte der Großfürst mit freundlicher Stimme.

Darauf fragte Dibitsch, warum ich meine Soldaten auf der Mitte der langen Isaaksbrücke angehalten hätte. Ich antwortete, daß, nachdem ich persönlich wahrgenommen, daß auf dem Senatsplatze kein Anführer, keine Einheit und Pünktlichkeit in den Anordnungen sei, es mir am zweckmäßigsten erschienen sei, stehen zu bleiben und nicht direkt zu handeln. — „Ich verstehe,“ sagte Dibitsch als Taktiker, „Sie beabsichtigten eine entscheidende Reserve zu bilden.“

Dann fragte er weiter: „Seit wann gehören Sie zur geheimen Gesellschaft und wer hat Sie aufgenommen?“

„Ich bin nie Mitglied irgend einer geheimen Gesellschaft gewesen.“

„Vielleicht meinen Sie, daß es dazu besonderer Gebräuche oder Ceremonien, Zeichen und Bedingungen bedurfte, wie in der Brüderschaft der Freimaurer; wenn Sie nur das Ziel der Gesellschaft gekannt haben, so sind Sie Glied derselben gewesen.“

„Ich habe schon die Ehre gehabt Ew. Excellenz zu bemerken, daß mich Niemand in eine geheime Gesellschaft aufgenommen hat, und daß ich mich auf alle wirklichen Mitglieder derselben berufe, ohne die Abhörung vor Zeugen oder eine Konfrontation zu scheuen.“

Hier wurde ich von S. A. Kutusow unterbrochen: „Sie haben doch Ryléjew gekannt?“ — „Ich kenne ihn, denn ich bin mit ihm im ersten Kadettenkorps zusammen erzogen worden.“

„Haben Sie nicht auch Obolensky gekannt?“

„Ich kenne ihn sehr gut, ich habe mit ihm zusammen

gedient, er war der älteste Adjutant des Garde-Infan-
teriekorps, — wie sollte ich ihn da nicht kennen?"

„Was brauchen wir weiter für Beweise?" bemerkte Kutusow in seiner läppischen Weise.

Ich schwieg, obgleich es mir leicht gewesen wäre,
ihm zu sagen, daß auch er den Fürsten Obolensky gekannt habe, folglich auch Mitglied der Gesellschaft gewesen sein müsse.

Der Präses Tatischtschew kündigte mir an, daß ich
morgen schriftliche Fragen aus der Kommission erhalten, und auf jede Frage schriftlich nach Punkten zu
antworten haben würde. Vor Beendigung des Verhörs sagte noch der Obrist Adlerberg: „Man beschuldigt Sie, mit Ihrem Degen den zweiten Scharfschützen
von der rechten Flanke niederstoßen gewollt zu haben,
weil er viele seiner Kameraden überredete, dem Kara-
binierzuge zu folgen."

„Meine Soldaten, Herr Obrist, haben wenn sie in
Reih und Glied standen, nie gesprochen; Einer von
ihnen, ich weiß nicht ob es der zweite oder der dritte
von der Flanke war, wollte vorwärts rücken, dem hielt
ich meinen Degen vor und bedrohte damit Jeden, der
sich ohne meinen Befehl rühren würde."

Die Bemerkung des Obristen Adlerberg zeigte mir
genugsam, daß man die kleinsten Umstände meines

Verhaltens denuncirt hatte. Der Brigadekommandeur und noch Einer, der Ursache hatte, meine Aussagen zu fürchten, hatten das gethan. Ich hoffe, daß sie jetzt beruhigt sind.

Damit war das erste Verhör geschlossen. Der Präsident klingelte, der Platzmajor verband mir die Augen und führte mich fort. Mein Gesicht wurde mit einem Tuche bedeckt, damit auch die Sekretäre und Schreiber in den beiden Durchgangszimmern den Arrestanten nicht erkennen sollten. Nach einigen Minuten befand ich mich wieder in meiner Nr. 13.

Drei Tage später wurde mir ein versiegeltes Packet aus der Kommission überreicht. Die Fragepunkte waren fast dieselben, die man mir in der Sitzung vorgelegt hatte, es waren aber neue Beschuldigungen eingeschlossen, mit Erwähnung verschiedener Personen und Anzeigen. Der Platzmajor, als er mir das Packet einhändigte, sagte: „Eilen Sie nicht und bedenken Sie Alles." In dem ersten Augenblicke freute ich mich, einige Bogen Papier, Feder und Tinte zu besitzen; als ich aber die Fragepunkte mit raschem Blicke überschaute und Namen gewahr wurde, preßte sich mir das Herz zusammen. Sollen denn alle diese Männer der Einkerkerung und dem Gerichte verfallen sein! — Die Kommission war bereits von der Versammlung, die bei

Repin stattgefunden, unterrichtet, ebenso von den Be=
rathungen bei Rylejew und bei Obolensky. Was mich
selbst persönlich betraf, so lagen die Antworten auf der
Hand, da meine Handlungen am 14. December öffent=
lich begangen worden waren. Wie sollte ich mich aber
gegenüber den Angaben, die die Berathungen betrafen,
verhalten? — Ich war so glücklich, daß Niemand der mir
genannten Personen arretirt, Niemand von meinen
Soldaten bestraft wurde. Meine Antworten gaben in
der Folge zu einer einzigen Konfrontation mit einem
Dienstkameraden Ursache, deren ich weiter am gelegenen
Orte erwähnen werde. — Nachdem ich meine Ant=
worten beendet, schloß ich ein Gesuch an die Kommis=
sion ein: ich bat um die Erlaubniß, meiner Frau
schreiben zu dürfen. Den folgenden Tag war dieses
Gesuch gewährt; ich schrieb einen langen Brief und er=
hielt nach einigen Tagen die Antwort. Darauf wurde
mir gestattet ein Mal monatlich zu schreiben; mein
zweiter Brief wurde mir mit der Bemerkung zurückge=
schickt, daß er zu lang sei und daß ich künftig nur einige
Zeilen schreiben dürfe. Die Antworten meiner Frau
mußten auch kurz gefaßt sein, doch waren sie mir eine
große Beruhigung und ein wahrhafter Trost. Noch
hatte ich um Erlaubniß gebeten, Bücher von Hause zu
bekommen; das wurde nicht gestattet, der Platz=

major brachte mir aber von sich aus die Psalmen
Davids.

Die Untersuchungskommission hielt tägliche Sitzun=
gen. Der Großfürst war später seltener zugegen.
Tschernytschew schien die Hauptperson zu sein, die
Kanzlei der Kommission schrieb oft bis spät in die
Nacht. Alle Specialangaben fügte D. N. Bludow*)
in ein Ganzes zusammen; er schloß häufig das Wich=
tige und für die Angeklagten Günstige aus, schob
Denunciationen und Privatunterhaltungen ein, wie
jeder unbefangene Leser des gedruckten Berichtes der
Kommission aus demselben ersehen kann. Die Grün=
der der geheimen Gesellschaft und die Führer der Ver=
schwörung wurden sehr oft in die Kommission berufen.
— Pestel mußte so oft erscheinen und wurde so sehr
mit Fragen gequält, daß er wiederholt die Geduld ver=
lor, zumal er krank war. Er warf der Kommission
ihre Unfähigkeit vor, verlangte einen Bogen Papier,
und schrieb in der Kommission für sich selbst die Frage=
punkte nieder: — „So, meine Herren, sollten Sie die
Sache logisch führen; nach diesen Anfragen werden Sie
die Antworten erhalten, auf welche es ankommt." —

---

*) Starb vor einigen Jahren als Graf und Präsident des
Reichsraths und Ministercomités.

Bei Widerspruch der Anzeigen wurden die Beschul=
digten einander persönlich gegenüber gestellt, die ein=
zelnen Aussagen zu Protokoll genommen, bisweilen
ziemlich verkehrt. Einzelne Fragen, die gethan wur=
den, sind mir noch als besonders wunderlich in der
Erinnerung. Tschernytschew, der sich durch besonderen
Eifer auszeichnete, fragte z. B. meinen Freund M. A.
Nasimow, was er wohl unternommen hätte, wenn er
am 14. December in Petersburg zugegen gewesen
wäre? — er war auf Urlaub in Moskau gewesen. —
Diese Frage war so verfänglich, daß Benkendorff vom
Stuhl sprang, Tschernytschew in den Arm griff und
lebhaft sagte: „Ecoutez, vous n'avez pas le droit
d'adresser une pareille question, c'est une affaire
de conscience." —

Der Vorsitzende der Kommission Tatischtschew
mischte sich nur höchst selten in die Untersuchung. Er
machte den Angeklagten nur einmal die nachstehende
Bemerkung: „Sie haben, meine Herren, immer nur
Tracy, Benjamin Constant und Bentham gelesen —
sehen Sie, wohin Sie das geführt hat; ich habe mein
Lebelang nur die heilige Schrift gelesen, und sehen Sie,
was ich verdient habe." Dabei wies er auf die zwei
Reihen Sterne, die an seiner Brust glänzten.

Der Platzadjutant besichtigte mein Gefängniß täg=
lich; doch war er nicht gesprächig und so war ich blos
auf mich selbst angewiesen. Um meinen Körper in ein
gewisses Gleichgewicht zu bringen, trampelte ich täglich
auf einer und derselben Stelle umher, drehte ich mich
im engen Raume, soviel ich konnte. Der Schlaf ver=
kürzte mir die Hälfte der Zeit. Die Nahrung war ge=
sund, einfach, ausreichend, nicht so karg wie im Palaste.
Sehr oft, besonders am Abend, hatte ich ein Bedürfniß
zu singen; das Singen stärkte meine Brust, ersetzte mir
die Unterhaltung; mit dem Gesange drückte ich meine
Gemüthsstimmung aus. Ich sang Prosa und von mir
selbst gereimte Lieder, setzte meine eigenen Melodien
zusammen und erinnerte mich vieler alten Lieder. So
sang ich einst am späten Abend das allgemein bekannte
russische Lied: „Mitten im ebenen Thale stand eine be=
schattende Eiche." — Beim zweiten Vers hörte ich eine

andere Stimme hinter der aus Balken zusammen=
gesetzten Scheidewand mich begleiten; ich erkannte die
Stimme meines Wärters. — Ein gutes Zeichen! dachte
ich, wenn er mit mir singt, so wird er auch mit mir
sprechen. Ich wiederholte das Lied noch einmal von
Anfang bis Ende, er begleitete mich lauter und kannte
die Worte besser als ich. — Als er mir die Nahrung
brachte, dankte ich ihm für die Begleitung des Liedes,
er entschloß sich mir zu antworten: „Gott sei gedankt,
daß Sie sich nicht langweilen, daß Sie ein heiteres Herz
haben." — Seit dieser Stunde fing er an gesprächig
zu werden und antwortete gern auf meine Fragen.

„Sage mir, Sokolow," — so hieß der Feuerwerker
— „was soll ich thun, um mir Bücher zu verschaffen?
ich höre wie mein Nachbar in Nr. 16, schräg mir gegen=
über, ganze Nächte hindurch in Büchern blättert."

„Gott behüte Sie vor solchen Büchern! Das
Herzenskind da liest und schreibt so viel, daß es sich
schon Ketten an die Hände geschrieben hat."

„Was soll das bedeuten?"

„Ja, man hat ihm an beide Hände eine eiserne
Kette von fünfzehn Pfund geschmiedet." Es war ein
junger Mensch von einundzwanzig Jahren, Bestuschew=
Rjumin, der stark verwickelt war, sowohl in die Unter=
nehmungen der polnischen, als die der russischen Ver=

schwörer; man wollte ihn auf solche Weise zu vollem
Geständniß zwingen. Er drückte sich besser in der fran=
zösischen als in der russischen Sprache aus; da er seine
Geständnisse aber russisch niederschreiben mußte, so
hatte man ihm Wörterbücher gegeben und deshalb
hörte ich das eilige und häufige Blättern in den großen
Folianten.

Einige Tage später hörte ich Kettengeklirre mir
gegenüber in Nr. 15. „Hat man noch einen neuen
Arrestanten hineingesetzt?" fragte ich Sokolow. „Nein,
er ist schon mehrere Wochen hier, hat sich aber auch seit
gestern Unglück an seine Hände geschrieben."

Diese geschärfte Strafe war N. S. Bobrischtschew=
Puschkin, Offizier vom Generalstabe, zu Theil gewor=
den, von dem die Untersuchungskommission den Ort
erfahren wollte, wo die von Pestel geschriebene Konsti=
tution sich befinde. Sie war in ein kleines Kästchen
gelegt und in die Erde vergraben worden; die Stelle
war nur Puschkin und Saïkin bekannt. Letzterer wurde
mit einem Feldjäger an Ort und Stelle geschickt, wo
nach langem Suchen und Scharren im Schnee das
Kästchen aufgefunden und unmittelbar in die Hände
des Kaisers übergeben wurde.

„Sind noch mehrere von den Gefangenen in Ketten?"

fragte ich weiter. „Ja, von meinen dreißig Nummern sind zehn damit versorgt."

Dasselbe Verhältniß galt für die Zahl der Gefesselten in den übrigen Kasematten und Kurtinen. Ein Jüngling, Midshipman der Gardeequipage, Diwow, den die Wächter Kindchen nannten, saß auch in Ketten. Sein Gemüth ward gereizt, seine Einbildung entflammt, er theilte der Untersuchungskommission Wunderdinge mit, die nur in seiner Phantasie existirten. Diese wurden Gegenstand der Untersuchung und spielten nachher in dem Bericht des Grafen Bludow eine beträchtliche Rolle. Für solche Aussagen wurde Diwow nach der Verurtheilung von der Zwangsarbeit befreit und zur Festungsarbeit nach Bobrowsk geschickt. Einige meiner Schicksalsgenossen ließen sich einreden, daß nur ein ganz offenes Geständniß sie retten könne, und daß es namentlich darauf ankomme, daß sie die Namen Derer nennten, von denen sie in die geheime Gesellschaft aufgenommen worden. Manche ließen sich dadurch wirklich zu speciellen Angaben bewegen. So der Obrist Fallenberg, welcher angab, Fürst Bariatinsky habe ihn in die Verschwörung eingeweiht; Bariatinsky leugnete diese Thatsache und es kam zur Konfrontation. Die Aussagen standen sich schroff gegenüber. Bariatinsky machte noch einen letzten Versuch, seinen Kameraden zu retten, indem er dem

General Tschernytschew sagte: „Sie sehen, Excellenz,
selbst, wie wunderlich der Herr Kamerad ist; konnte ich
einem solchen Manne wohl ein Geheimniß anvertrauen?"
— Ungeachtet dieser grenzenlosen Offenherzigkeit wurde
Fallenberg zur Zwangsarbeit verurtheilt. — In der
Zahl meiner Mitgefangenen befanden sich auch solche,
die an Händen und Füßen Ketten trugen und in der
Finsterniß ohne Lampe sitzen mußten; anderen wurde
die Nahrung verkürzt.

Den 6. März kam der Platzadjutant nicht, wie er
täglich zu thun pflegte. Sokolow zeigte ein geheimniß=
volles Aussehen und war in neuer Kleidung. Der
Wächter Schibajew, Invalide des Leibgarde=Jäger=
regiments, der mir täglich Nahrung brachte, war auch
in seinem neuen Mantel erschienen und rasirt. — „Was
ist heute für ein Festtag?" fragte ich. „Es ist kein
Fest." „Warum seid Ihr denn neu gekleidet?" „Heute
ist die Beerdigung des Kaisers Alexander." Alles war
einförmig und still um mich herum, wie immer; die
breiten Festungsmauern mit ihrer Erd= und Rasen=
bedeckung ließen keinen Laut eindringen, nur durch die
Schießscharte und das vergitterte Fenster klang bis=
weilen das Geläute des Glockenspiels. Plötzlich am
Nachmittag donnerte ein Kanonenschuß, ein zweiter,
unzählige — das war das Ende der Trauerceremonie.

Da alle Winkel und Ecken in der Festung mit Ar=
restanten gefüllt waren, so konnte man sie ihrer großen
Zahl wegen nicht oft in die Badstube führen. Die
Reihe dazu kam an mich zum erstenmal Mitte April.
Der Schnee war verschwunden, das Wetter schön; ein
Geleite führte mich ab, die Augen wurden mir nicht
mehr verbunden. Als ich aus dem dunkeln Korridor
über die Schwelle der Außenthür trat, wurden meine
Augen von den Sonnenstrahlen so heftig geblendet, daß
ich stehen blieb und unwillkürlich die Augen mit der
Hand bedeckte. Allmählich nahm ich die Hand ab und
ging weiter; die Erde schien unter meinen Füßen zu
wanken, die frische Luft benahm mir den Athem. Längs
der inneren Mauer der Kronwerkschen Kurtine, an
einer langen Reihe von Fenstern vorübergehend, konnte
ich Niemand von meinen Kameraden sehen, weil die
Fensterscheiben mit Kreide bestrichen waren. Als ich
mich rechts wandte, längs der anderen Kurtine, wo in
der Mitte das Hauptthor der Festung ist, sah ich über
dem Thor ein Fenster, und erkannte M. F. Orlow, der
am Fenster sitzend schrieb. — Nicht weit von der Pforte
stand eine Unteroffizierswache; ich freute mich, als ich
meine Soldaten erkannte; sie eilten sogleich auf die
Plattform und antworteten ebenso laut und freudig auf
meinen Gruß, wie sie es früher vor jedem Exercitium

7*

gethan hatten. — Die Badstube war geräumig, das Bad stärkte und erfrischte mich. Bei meiner Rückkehr bemerkte ich neben der Wache meinen Diener Michail stehen, der durch eigenthümliche Bewegungen und Pantomimen meine Aufmerksamkeit auf sich zu ziehen suchte. — „Ist auch Anna Wassiliewna (meine Frau) gesund?" fragte ich. — „Sie war eben hier in der Kirche und kommt jetzt die Allee herunter." — Ich verdoppelte meine Schritte, und sah sie, wie sie langsam einherschritt, ungefähr zweihundert Schritte von mir entfernt; ich wollte zu ihr eilen, aber ich bedachte, daß sie ihrer Entbindung entgegen ginge und erschrecken könne; auch fürchtete ich die Verantwortung meines Geleites — ich konnte ihr nur mit der Hand meine Grüße zuwinken, und ging weiter. In mein Gefängniß zurückgekehrt, fand ich es noch dunkler als früher, sodaß ich weder Tisch noch Bank unterscheiden und nur die weiße Kante der grauen Bettdecke sehen konnte.

In der Charwoche hatte der Kaiser erlaubt, den Arrestanten Bücher geistlichen Inhalts, Tabak und Pfeifen zukommen zu lassen. Das war ein wahrhafter Luxus nach langer Entbehrung. Ich hatte mich schon seit vier Jahren der Pfeife entwöhnt, jetzt fing ich an, mit desto größerem Genuß zu rauchen, um zugleich wo möglich die schädliche, feuchte und unreine Luft um mich herum zu verscheuchen. Meine Frau hatte mir die Stunden der Andacht von Zschokke übersandt; drei Bände, in denen Betrachtungen über die Kriegsjahre von 1812, 1813 und 1814 enthalten waren, wurden von der Censur unserer Untersuchungskommission nicht ausgeliefert. Durch die Bekanntschaft des Onkels meiner Frau mit dem Kommandanten Sukin hatte ich auch Schnupftabak und ein Dutzend Taschentücher bekommen. Ich fragte einst den Platzadjutanten Nikolajew, ob meine Kameraden auch Tabak, Bücher und Wäsche von ihren Verwandten bekämen? — Er antwortete: „Nur diejenigen, die in Petersburg Verwandte oder Bekannte haben", und erzählte weiter, daß er gestern dem Obristen M. T. Mitkow ein Bündel mit Wäsche und englischer Flanelldecke gebracht habe; als aber Mitkow erfuhr, daß nicht alle von den Eingekerkerten dieser Begünstigungen theilhaft würden, band er das Bündel wieder zusammen und erklärte, daß auch er dieser Sachen entbehren könne. Nach langen Leiden ist er in der Verbannung zu Krasnojarsk im Jahre 1850 gestorben.

Alle sechs Wochen besichtigten uns auf Befehl des Kaisers seine Generaladjutanten Sasonow, Strekalow und Martynow. Letzterer empfahl mich dem ihn begleitenden Kommandanten, und erinnerte daran, daß der Kaiser mich früher ausgezeichnet habe.

Am 13. Mai weckte mich der Platzadjutant Nikolajew früh Morgens; im Korridor erscholl seine Stimme,
man solle geschwind den Barbier herbeischaffen. „Soll
ich wieder in die Kommission geführt werden?“ „Nein,
im Hause des Kommandanten erwartet Sie eine große
Freude; Ihre Gemahlin hat die Erlaubniß erhalten,
Sie zu sprechen.“

In einer Minute war ich gekleidet und wollte den
Barbier nicht abwarten. — Wir eilten hinaus — helle
brennende Sonnenstrahlen blendeten meine Augen;
eine milde, balsamische Luft stärkte mich. Vor der Ge-
fängnißthür begrüßte mich mein Diener Michail; auf
dem Vorhof stand mein Wagen, und als mein Kutscher
Wassily mich erkannte, rückte er mit den Rappen vor,
fuhr im Kreise herum und zeigte mir die gute Haltung
der Pferde. — In der Kommandantur umarmte ich
meine Frau, sie war in tiefe Trauer gekleidet — meine
Mutter war während meiner Gefangenschaft gestorben.
Ihr Aeußeres, ihre Worte, ihre Stimme erfreuten und
trösteten mich. Während unserer Zusammenkunft war
der Festungskommandant Generaladjutant Sukin immer
zugegen, daher konnte die Unterhaltung nicht offenherzig
sein, und nur Verwandtschafts- und Familienverhält-
nisse berühren. Durch Vermittelung des Generaladjutanten B. B. Lewaschow hatte meine Frau die

kaiserliche Einwilligung zu dieser Zusammenkunft er=
langt. Die Zeit ihrer Entbindung rückte näher; sie
wünschte, daß wir uns noch gegenseitig segnen könnten.
Ich suchte sie auf alle mögliche Weise über mein künf=
tiges Geschick zu beruhigen; eine Stunde vergeht bald,
der Kommandant konnte sie nicht verlängern, wir trenn=
ten uns, indem wir uns dem Willen des allmächtigen
und allliebenden Vaters empfahlen. — Mit einem
Herzen voll Dankbarkeit gegen Gott kehrte ich in meine
Nr. 13 zurück; ich war beruhigt, nachdem ich meine
Frau gesehen hatte und hoffen durfte, daß sie die Tren=
nung und die bevorstehende schwere Stunde mit Stand=
haftigkeit ertragen werde. — Lauter und öfter sang ich
meine Lieder und im Wachen und im Träumen unter=
hielt ich mich mit der Frau, deren feste Haltung mich
mit neuer Kraft erfüllt hatte. Drei Tage darauf er=
hielt ich einen Brief von ihr, und die Versicherung, daß
die Zusammenkunft sie gestärkt habe. Ich hatte ihr im
Beisein des Kommandanten die letzten Worte mitgetheilt,
die der Kaiser mir selbst gesagt hatte und suchte sie auch
ferner auf jegliche Art zu beruhigen. War ich wieder
allein, so machte ich mich mit dem Gedanken, hingerich=
tet zu werden, mehr und mehr vertraut.

Den 17. Mai war eine ungewöhnliche Bewegung
im Korridor des Gefängnisses bemerkbar: unaufhörlich

führte man Gefangene auf und ab, wurden Stimmen der Wächter und Arrestanten laut; mehrere der Letzteren an meiner Nummer vorbeigehend, begrüßten mich indem sie mir: „bon jour 13 — portez vous bien 13!“ zuriefen. — Nachmittags sagte mir der Wächter Sokolow, daß ein Theil der Gefangenen in die Kommission berufen worden sei, wo sie Papiere unterzeichneten und dann sogleich in die Kasematten zurückkehrten. — „Was glaubst Du,“ fragte ich, „ist es zum Glück oder zum Unglück derjenigen, die dahin verlangt wurden?“ — „Gott weiß es,“ war die Antwort, „mir scheint es, diejenigen werden es leichter haben, die man in Ruhe läßt.“ — In unruhiger Erwartung schlief ich endlich ein, bis ein Gerassel der Schlösser und Riegel mich plötzlich aufweckte, und der Platzadjutant mich in die Kommission führte. Der Gang bis zur Kommandantur zeigte mir wie schön der Frühling geworden war. Die Luft war von Fliederduft geschwängert, die Vögel flatterten und sangen in dem Garten des Kommandanten, in welchem sie sich unwillkürlich vereinigt hatten, da ihnen ringsum kalte Mauern von drei Seiten entgegenstarrten. Man führte mich durch die Zimmer der Schreiber, aber nicht zum früheren Sitzungssaale der Kommission, sondern in ein anderes Zimmer rechts, wo an einem Schreibtische Benkendorff und der Sena-

teur Baranow ſaßen. — Man überreichte mir die von
mir geſchriebenen Antworten auf die Fragen der Kom=
miſſion, und ſtellte Fragen: ob die Unterſchrift von
mir herrühre? ob ich ungezwungen geantwortet hätte?
und ob ich noch Etwas hinzuzufügen hätte? — Die
erſten beiden Fragen bejahte, die dritte verneinte ich.
Darauf hieß man mich die Papiere unterzeichnen. In
den Geſichtszügen Benkendorffs las ich, daß es mir
ſchlecht gehen würde. Der Senateur Baranow war
nicht Mitglied der Unterſuchungskommiſſion, aber als
Mitglied des zu unſerer Verurtheilung niedergeſetzten
oberſten Kriminalgerichts mußte er ſich von der Richtig=
keit der Unterſchriften überzeugen. Das war die ein=
zige Prozedur, welche noch fehlte; die Verurtheilung
mußte mithin ſchon erfolgt ſein. Peſtel, Ryléjew,
Murawiew=Apoſtol, S. A. Juſchnewsky, Beſtuſhew
und einige Andere hatten dieſe letzte Befragung dazu
benutzt, offen ihre Ueberzeugungen zu verkünden, und
die Mißbräuche und Ungerechtigkeiten des herrſchenden
Syſtems in aller Schärfe bloszulegen. Die Mehrzahl
der Angeklagten hatte dagegen bei dieſer Gelegenheit
frühere Ausſagen zurückgenommen oder verändert, nicht
aus Furcht oder Reue, ſondern weil die Heimlichkeit
des Verfahrens es überflüſſig erſcheinen ließ, Bekennt=
niſſe abzulegen, die ihnen ſelbſt die Strafe nur ver=

größern und andere Mitschuldige vielleicht compromittiren konnten. — Auf meinem Rückwege in die Kasematten sog ich mit Begierde die Mailuft ein; am Gartenzaune vorüberstreifend pflückte ich einige Grashalme; dann beschleunigte ich meine Schritte um mir das Herz nicht zu sehr erweichen zu lassen. Gefühlvolle Seelen werden mir glauben, daß ich diese Gräser küßte und bewunderte; als sie verwelkten, beobachtete ich noch jede Faser derselben und verglich die Formen und Unterschiede. Sie waren das Einzige, was ich in Monaten von dem, was die Natur dem Menschen bietet, berührt hatte.

Vom 17. Mai an wurden die Bewegungen und Stimmen in unserem Korridor seltener und leiser. Nur die täglichen Visitationen des Platzmajors, der Festungsadjutanten und des Wächters unterbrachen die einförmige Stille, die bisweilen in einigen Nummern oder Gefängnißzellen auf einige Minuten durch ein Lied, durch eine Deklamation, durch einen Seufzer unterbrochen wurde. — Einer meiner Unglücksgefährten, M. A. von Wisin, konnte die Eingeschlossenheit nicht ertragen; seine Seele war stark, sein Muth ungebrochen, die Nerven aber in dem Zustand so furchtbarer Erregung, daß man endlich befohlen hatte, seine Thüre nicht mit Riegeln und Schlössern zu verschließen, son-

dern eine Wache in seine Nummer zu stellen. — Sechs=
zehn meiner Kameraden saßen von den Uebrigen ge=
trennt in einer geheimen Abtheilung der Festung, in
dem Alexejewschen Ravelin, wo ein besonderer Civil=
beamter für ihre Beaufsichtigung und Ueberwachung
angestellt worden war. Vor den Fenstern stand eine
hohe Mauer, der innere dreieckige Raum des Ravelins
war von drei Mauern eingeschlossen, die gar kein Fen=
ster, nur eine Thür hatten; hier auf einem engen
Raume wuchsen einige Bäume und hieher führte man
zuweilen einzelne Gefangene auf ein Viertelstündchen,
damit sie frische Luft schöpfen könnten. Auf das Blatt
eines der hier stehenden Ahornbäume hat Rylejew
seine bekannten Abschiedsverse geschrieben.

Seit dem Beginn des Juni lebte ich in steter Un=
ruhe um meine Frau, denn die Zeit ihrer Niederkunft
rückte heran. Ich sang meine Lieder seltener, Sokolow
und Schibajew, meine Wächter, fragten mich oft, ob ich
krank sei. Mein Schlaf wurde beständig von Träumen
unterbrochen; ich sah meine Frau leidend und mich zu
Hilfe rufend; mit einem Worte, der Glaube, die feste
Zuversicht wankten. — Sogar in der Festung geschah,
was gewöhnlich im Leben geschieht, daß die guten Nach=
richten sich verspäten, während die schlechten und trau=
rigen schnell anlangen. Am 19. Juni war mein ältester

Sohn geboren worden, ich erfuhr es erst am 22.; zwei
Zeilen von der Hand meiner Frau beruhigten mich über
ihre Gesundheit. Ich freute mich für sie, sie hörte auf
allein zu sein; ich segnete in Gedanken meinen Sohn
und bat in meinem Gebete, daß der ewige Vater ihm
den zeitlichen Vater ersetzen möchte. Damals hatte ich
keine Hoffnung meinen Sohn jemals zu sehen, ich erwartete die baldige Entscheidung meines Schicksals. —
Am 12. Juli Vormittag bemerkte ich auf dem Kronwerkschen Wall, meinem Fenster gegenüber, einige
arbeitende Zimmerleute, ohne zu begreifen, was sie auf
dem Walle aus Balken bauten. Oft kehrte ich mich
zum Fenster und einmal sah ich auf derselben Stelle
zwei Generaladjutanten umhergehen. — Nachmittags
führte mich der Platzadjutant in die Untersuchungskommission, wohin ich verdrossen ging, in der Erwartung
einer Konfrontation oder eines neuen Verhöres. Man
kann denken mit welcher Ueberraschung ich die Zimmer
von meinen Mitgefangenen angefüllt sah, mit welcher
Freude ich meine bekannten Kameraden umarmte.
Man sagte mir, daß wir versammelt seien, um unseren
Urtheilsspruch zu vernehmen. Vergeblich suchte ich
einige meiner Kameraden, die entweder gar nicht daselbst zugegen waren, oder die sich in höheren Kategorien
befanden und schon zum Anhören ihrer Sentenz hinein-

gerufen worden waren. In zwei Zimmern, die an den Sitzungssaal anstießen, waren die Verurtheilten nach Kategorien oder Abtheilungen versammelt, so daß, wenn die erste Kategorie in den Sitzungssaal eintrat, die zweite Kategorie die Stelle der ersten einnahm und die folgende nachrückte. Nach Vorlesung der Sentenz wurden die, denen dieselbe verkündet worden, durch die andere Seite des Saales heraus und in die Gefängnisse zurückgeführt, aber nicht in ihre bisherigen Nummern, sondern nach der Reihe und der Zahl der Verurtheilten, die sich in einer Kategorie befanden. — Ich war zur fünften Kategorie gezählt, überhaupt waren zwölf Kategorien. Einige Minuten hatten wir Zeit mit einander zu sprechen. Dann trat die Wache an unsere Abtheilung, die aus fünf Mann bestand. Schildwachen standen an jeder Thür.

Wir traten ein und stellten uns in eine Linie auf. Alle Mitglieder des Oberkriminalgerichts saßen vor uns an langen Tischen längs der Wände. Gerade vor uns saß der Metropolit mit einigen Bischöfen; rechts Generale, links Senatoren, Alle in voller Uniform, mit Bändern und Orden geschmückt. Ich übersah diese Abtheilungen und bemerkte in der Zahl der Generale den tapferen Bistram, meinen verehrten Chef, der seine Thränen nur mühsam zurückhielt: einige Minuten vor=

her hatte er seinen liebsten Adjutanten, den Fürsten
E. P. Obolensky, verurtheilen sehen müssen. Einige
der Richter sahen theilnehmend, die meisten finster aus;
mehrere von den Senatoren zeigten eine unschickliche
und impertinente Neugierde; um uns zu betrachten
gebrauchten sie nicht allein Lorgnetten, sondern große
Operngucker. In der Mitte stand der Obersekretär
des Senats, Shurawlew, und verlas die Sentenzen
mit lauter vernehmlicher Stimme. Das Gericht hatte
unsere (die fünfte) Kategorie am 10. Juli zu zehn=
jähriger Zwangsarbeit und auf diese folgende „ewige"
Ansiedelung in Sibirien verurtheilt. Der Kaiser hatte
dieses Urtheil am 11. Juli für meine Kameraden
Repin und Küchelbecker auf acht Jahre gemildert, für
Bodisko in Betracht seiner Jugend die Zwangsarbeit
in Festungsarbeit verwandelt; Glebow und ich erwar=
teten, daß man unserer unter denen erwähnen würde,
deren Loos gemildert worden; statt dessen schwieg
Shurawlew und der Kommandant winkte, uns in die
Kasematte zurückzuführen. — Die Ursache dieser Aus=
nahme, welche von 121 Verurtheilten nur drei traf,
nämlich N. A. Bestushew, M. N. Glebow und mich,
suche ich, soweit sie mich betrifft, in einer augenblick=
lichen Reizbarkeit oder einem vorübergehenden Unwillen
des Kaisers, der es als besonderen Undank angesehen

haben mochte, daß ich die mir früher von ihm erwiesene
Aufmerksamkeit und das mir bezeigte Wohlwollen mit
Parteinahme für seine Gegner vergolten hatte. — Die
ganze Ceremonie der Urtheilspublikation an die An=
geklagten hat fünf Stunden lang gedauert und verlief
in der tiefsten Stille. Nur M. S. Lunin, ein Verur=
theilter der dritten Kategorie, sagte, als man ihm die
Sentenz vorgelesen und der Sekretär auf die Worte:
„ewige" Ansiedelung" besonderen Nachdruck gelegt
hatte, mit lauter Stimme: „Eine schöne Ewigkeit, ich
bin schon über fünfzig Jahre alt." — Er starb zu
Nertschinsk im Jahre 1847, diese „Ewigkeit" hat mit=
hin für ihn immer noch über zwanzig Jahre gedauert.
N. S. Bobrischtschew=Puschkin schlug, nachdem er seine
Sentenz vernommen hatte, ein Kreuz auf seine Brust.

Der Eindruck, den wir von dieser Scene hatten, war
der, daß wir uns nicht in einem Gerichtshofe und nicht
vor Richtern befanden. Das oberste Kriminalgericht
war am 1. Juni niedergesetzt und bestätigt worden; es
bestand aus Gliedern des Reichsraths, des Senats
und des Synods (der Oberkirchenbehörde) und fünf=
zehn „zukommandirten" Generalen. Das Gericht hielt
seine Sitzungen im Senatsgebäude und zwar unter
Vorsitz des tauben Fürsten Lopuchin; als General=
prokurator fungirte der Fürst Labanow=Rostowsky, als

Sekretär der erwähnte Shurawlew. — Der aus achtzig
Gliedern bestehende Gerichtshof wählte aus seiner Mitte
ein Komité zur Eintheilung der Staatsverbrecher in Kate=
gorien, d. h. zur Ermittelung des Grades der Schuld,
deren die Einzelnen theilhaft waren. In diesem Komité
saßen Graf P. A. Tolstoi, Fürst Wassiltschikow*), Spe=
ransky**), Graf Stroganow, Komarowsky, Kuschnikow,
Engel, Graf Kutaissow und der thätigste unter allen
unseren Richtern, D. O. Baranow, derselbe, der sich
vorher gemeinsam mit dem Grafen Benkendorff von
der Echtheit unserer Unterschriften und geschriebenen
Antworten überzeugt hatte. —

Als wir aus der Kommandantur heraus= und in
unsere Kasematten zurückgeführt wurden, sah ich bei der
Pforte und vor dem Hause eine Menge von General=
Adjutanten, Regiments=Adjutanten und Lakaien, die
sich heran drängten, um uns ins Auge zu fassen. Da
wir Fünf bis zur Kasematte zusammengingen, war es
natürlich, daß wir uns des Wiedersehens nach langer
Einkerkerung erfreuten und uns lebhaft und freund=
schaftlich unterhielten; dieser Umstand wurde außerhalb
der Festungsmauern als „stolze Verachtung" der ver=

---

*) Später Präsident des Reichsraths.
**) Der berühmte russische Condificator und Schöpfer der
Gesetzessammlung (Swod Sakonow).

hängten Strafe — nicht zu unserem Vortheil — weiter
erzählt. — Ich wurde nicht in meine Zelle Nr. 13, son=
dern in die Kasematte des Laborator=Bollwerks geführt,
wo man mir ein Zimmerchen mit ziemlich großem Fen=
ster, dessen unterste Glasscheiben mit Kreide beweißt
waren, anwies. An den Wänden las ich die Namen
der hier eingesperrt gewesenen Gefangenen, von denen
nur einer, Graf S. Gr. Tschernytschew verurtheilt wor=
den war. Ein so helles Gemach hatte ich seit Monaten
nicht bewohnt, schlaflos ging ich die ganze Nacht in
meinem kleinen, blos neun Schritte haltenden Zimmer
auf und nieder — die Sonne verschwand nur auf
wenige Stunden vom Horizont, denn wir befanden uns
in einer jener nordischen Julinächte, wo es überhaupt
nicht dunkel wird. Der Platzadjutant hatte mir vor
seinem Weggehen gesagt, daß er mich früh Morgens zur
Vollziehung der Sentenz abholen würde. Ich erwartete
eine unverzügliche Abfertigung zur weiten Reise in eine
sibirische Festung.

So brach der 13. Juli an. Noch vor Sonnenauf=
gang führte man mich auf den Festungsplatz, wo ein
großes Quarré von Truppenabtheilungen des Pawlow=
schen Leibgarde=Regiments und der Festungs=Artillerie
aufgestellt war. Man geleitete mich in das Viereck,
wo schon einige meiner Unglücksgefährten dastanden,

Dekabrist. 2. Aufl. 8

und die Uebrigen nach und nach eingeführt wurden. Ich freute mich meine Bekannten wiederzusehen; Alle umarmten einander, Jeder suchte seine näheren Freunde; vergeblich suchte ich Ryléjew, bis man mir sagte, er befinde sich in der Zahl der Fünf, die zu schmählichem Tode verurtheilt worden. Alle theilten sich gegenseitig ihre vernommenen Sentenzen mit, Manche mit Humor und Laune, Andere mit verhaltenem Ingrimm. Fürst S. G. Wolkonsky ging in munterem Gespräch auf und nieder, Batenkow hielt einen Hobelspan in der Hand und biß vor Unwillen in denselben; Jakubowitsch ging in Gedanken vertieft auf und nieder; Fürst Obolensky hatte in der Festung zugenommen, seine Wangen blühten; J. J. Puschtschin war heiter nach seiner Gewohnheit und brachte den um ihn versammelten Kreis zum Lachen. Ich sah Niemand in Verzweiflung, selbst die Leiden, welche sich auf den Gesichtern der Kranken spiegelten, blieben stumm. Außerhalb des Vierecks gingen die General-Adjutanten Benkendorff und Lewaschew und einige Offiziere auf und nieder. Obrist P. W. Abramow, einer der Verurtheilten, rief einen der wachhabenden Offiziere laut bei Namen an, ohne jedoch daß dieser sich umsah; Benkendorff fragte Abramow, was er wolle? — „Ich wünsche meine neuen Epauletten meinem Bruder zu übergeben, der bald Obrist wird",

lautete die ruhig trockne Antwort. — Benkendorff wil=
ligte in höflicher Weise ein und befahl dem anwesenden
Kapitän Pohlmann die Epauletten in Empfang zu neh=
men. — In diesem Vierecke warteten wir eine halbe
Stunde, bis wir in vier Abtheilungen getheilt und von
Soldaten umgeben wurden. In der ersten Abtheilung
befanden sich die verurtheilten Offiziere der 1. Garde=
Division und des Generalstabes, in der zweiten die
Offiziere der 2. Garde=Division, der Sappeure und der
Pionniere, in der dritten die Offiziere der Armee, in
der vierten die Civilisten. Die Verurtheilten, welche
der Marine angehörten, waren zur Vollziehung des Ur=
theils nach Kronstadt gesandt worden. In diesen durch
Soldatenreihen von einander getrennten Abtheilungen
führte man uns durch das Festungsthor auf das Glacis
der Kronwerkschen Kourtine. Mit dem Rücken gegen
die petersburger Seite*) gewandt, standen in unab=
sehbar langer Reihe Truppen aus allen Regimen=
tern des ganzen Gardekorps mit geladenen Kanonen
da. Auf dem Kronwerkschen Walle war ein Galgen
sichtbar — ich erkannte die Zimmermannsarbeit, die
ich aus meiner Kasematte gesehen hatte, ohne sie mir

---

*) Der östlich von der Festung auf dem linken Newaufer
liegende Stadttheil heißt „Petersburger Seite" (Peterburgskaja
Storoná).

erklären zu könnnen. — Unsere zwei Abtheilungen wur=
den in gleichmäßiger Entfernung von den beiden be=
nachbarten aufgestellt; neben jeder Abtheilung brannte
ein Scheiterhaufen, vor welchem ein Henker dastand.
Der General=Adjutant Tschernytschew ritt ab und zu;
an diesem Morgen war er nicht geschminkt, sein Gesicht
war blaß, und er ließ sein Roß nicht courbettiren.

Bei jeder Abtheilung befand sich ein General, bei
der unsrigen mein gewesener Brigade=Kommandeur
E. A. Golowin. Nach der Reihe der Kategorien wur=
den wir einzeln hervorgerufen; Jeder mußte sich auf
seine Knie niederlassen, dann zerbrach der Henker den
Degen über seinem Haupt, riß ihm die Uniform ab,
und warf die zerbrochenen Schwerter und die Kleidung
in die brennenden Scheiterhaufen. Als ich mich auf
die Knie niederließ, streifte ich meine Uniform rasch ab,
bevor der Henker mich berühren konnte; der General
schrie ihm zu: „reiß' sie ab!" — sie war aber schon
abgeworfen. Die Degen waren im Voraus angefeilt,
so daß der Henker sie ohne große Kraftanstrengung zer=
brechen konnte, nur dem armen Jakubowitsch wurde
durch Unvorsichtigkeit des Henkers dabei sein Haupt
verletzt, das von einer Tscherkessenkugel über der rechten
Schläfe durchbohrt war. Der Letzte in unserer Ab=
theilung war M. J. Puschtschin, Kapitän der reitenden

Garde-Pioniere; er war verurtheilt als gemeiner Soldat mit Beibehaltung seiner Adelsvorrechte zu dienen.
Gesetzlich hätte über seinem Haupt nicht der Degen zer-
brochen werden dürfen; er machte dem General diese
Bemerkung, dieser aber ließ den Degen zerbrechen.

Diese Ceremonie währte über eine Stunde; dann
gab man uns gestreifte Schlafröcke, wie sie in den
Hospitälern getragen werden, anzuziehen, und geleitete
uns in der Ordnung, in welcher wir gekommen waren,
in die Festung zurück. Auf dem Festungs-Glacis war
kein Volk zu sehen gewesen, nur beim Festungsthor
drängte sich ein Haufen. Die Menge ist gewöhnlich
neugierig; dieses Mal war sie bei dem interessanten
Schauspiel nicht zugegen gewesen, entweder weil es
noch zu früh war, oder weil die Polizei niemand zu-
gelassen hatte. Als man uns zurückführte, erwartete
der Galgen auf dem Kronwerkschen Walle seine Opfer,
noch Niemand war in der Nähe desselben sichtbar; wir
wandten unsere Blicke dahin und baten Gott um eine
leichte Sterbestunde für unsere Gefährten. Mich führte
man in die Kronwerksche Kourtine, Zelle Nr. 14, dasselbe Zimmer, wo K. F. Ryléjew die letzte Nacht seines
Erdenlebens zugebracht hatte. Ich trat wie in ein
Heiligthum, fiel auf die Knie und betete für ihn, für
seine Frau und seine Tochter, denen er hier in diesem

Gefängnisse soeben seinen letzten Brief geschrieben hatte.
Aus dem zinnernen Trinkgefäße des Gefängnisses stärkte
ich mich mit dem Reste seines letzten Trunkes. Neben
mir saß Repin, doppelte Schaarwände aus Balken
trennten unsere kleinen viereckigen Zellen. In meiner
früheren Zelle Nr. 13 befand sich jetzt M. A. Nasi=
mow; ihm war beschieden, vom Fenster aus die
schreckliche Hinrichtung auf dem Kronwerkswalle mit
anzusehen; bis zum späten Abend blieben die kalten
Leichen hängen, geschieden von den glühenden unsterb=
lichen Seelen.

Die Augenzeugen der letzten Lebensstunden von
Paul Pestel, Konrad Ryléjew, Sergius Murawjew=
Apostol, Michael Bestushew=Rjumin und Michael
Kachowsky waren der Geistliche der Kasanschen Kirche
P. N. Myslowsky, der Platzadjutant Nikolajew, der
Feuerwerker Sokolow, der Wächter Trofimow in der
Festung; auf dem Richtplatze befanden sich außer den
genannten Personen noch der Platzmajor der Stadt A.
A. Boldyrew, der Stabskapitän vom Garde=General=
stabe V. D. Wolchowsky und einige Soldaten von der
Festungsartillerie. — Die letzte Nacht brachten die
zum Tode Verurtheilten in der Kronwerkschen Kourtine
zu. Pestel bewahrte seine ungewöhnliche Geisteskraft
bis zu Ende, kein Zug seines eisernen Gesichts zeigte

die mindeste Unruhe. Auch die übrigen Verurtheilten
starben mit männlicher Fassung.

Ich schreibe nicht die Biographie meiner Kamera=
den und Unglücksgefährten; ich berühre nur die letzten
Stunden ihres Lebens und erwähne dabei der Haupt=
züge ihrer Charaktere. Paul Pestel, früher Offizier der
Chevalier=Garde und Adjutant des Grafen Wittgenstein,
dann Obrist des Wjätka'schen Infanterie=Regiments,
war, wie erwähnt, eines der Häupter der Verschwörung,
der Verfasser der Konstitution gewesen, welche nach
Umsturz des bestehenden Systems eingerichtet werden
sollte. Am 14. December war er nicht in Petersburg,
sondern an der Spitze der Aufständischen im Süden
gewesen. Nach dem einstimmigen Urtheil Aller, die
ihn gekannt, war er ein Mann von großem Geist,
eisernem Charakter und unerschütterlicher Ueberzeu=
gungstreue. Die Begleitung des lutherischen Pastors
Reinbott zum Schaffot hatte er abgelehnt. — Unter
den petersburger Verschwörern hatte der mehrerwähnte
Konrad Nyléjew die Hauptrolle gespielt, eine edle,
schwärmerisch=idealistische Poetennatur. Nach seinem Aus=
tritte aus dem 1. Kadettenkorps war er in die reitende
Artillerie getreten, dann Sekretär der russisch=amerika=
nischen Kompagnie geworden. In seinen freien Stun=
den fungirte er als Sachwalter der Klagen armer und

bedrückter Menschen, die in den letzten Jahren seines
Lebens seine Vorzimmer beständig belagerten. — Ich
habe schon gesagt, daß er sich aus eigenem Antriebe
dem Aufstande vom 14. December zum Opfer brachte.
Er sah das Nichtgelingen voraus, wollte aber doch
einen offenen Widerstand, eine öffentliche Forderung
der Volksrechte hervorrufen, weil er überzeugt war
seine Bestrebungen würden Nachfolger finden, sobald
nur „der Anfang gemacht sei". Er war die Seele
dieses unglücklichen Unternehmens, und nahm soweit
es ihm möglich war, alle Verantwortung für dasselbe
auf sich; persönlich bat er den Kaiser und die Kommis=
sion, daß man ihn nicht schonen solle, aber das Schick=
sal seiner minder schuldigen Kameraden lindern möge.
Der veröffentlichte Bericht der Untersuchungs=Kom=
mission thut dieses Umstandes besondere Erwähnung.
Ich weiß nicht, wo Graf Bludow, der Verfasser dieses
Berichts, die Nachricht hergenommen hat, daß Ryléjew
nicht selbst auf dem Senatsplatze erschienen sei; ich habe
ihn mit eigenen Augen auf diesem Platze gesehen. Er konnte
freilich nicht beständig auf dem Platz stehen bleiben,
weil er eben an der Spitze der ganzen Verschwörung
stand, die Kasernen, die Wachen befuhr und die Per=
sonen aufsuchte, die nicht auf dem Sammelplatze er=
schienen waren. Er konnte das Kommando nicht über=

nehmen, da er nicht mehr Militär war und nur kurze
Zeit gedient hatte; er stellte sich aber in die Reihe der
Soldaten. — In der Kasematte, in der letzten Nacht
erhielt er die Erlaubniß seiner Frau zu schreiben; bis=
weilen unterbrach er sein Schreiben, betete, und fuhr
dann fort, seinen letzten Willen mitzutheilen; er suchte
die Frau zu trösten und gab ihr Anweisung zur Er=
ziehung seiner einzigen Tochter. Bei Sonnenaufgang
trat der Platzmajor zu ihm herein mit der Anzeige, daß
er sich in einer halben Stunde aufmachen müsse. Dem
Platzmajor folgten zwei Wächter mit Fesseln. Ryléjew
setzte sich, um seinen Brief zu beendigen, und bat, daß
man ihm unterdessen die Ketten an die Füße legen
solle. Sokolow, der Wächter, war betroffen von der
Gefaßtheit und Ruhe des zum Tode Verurtheilten.
Nach Beendigung des Briefes aß Ryléjew ein Stück=
chen Brod, trank einige Schlucke Wasser, segnete die
Gefängnißwächter, bekreuzigte sich und sagte dann
ruhig: „ich bin bereit!"

In der Nummer 12 der Kasematte befand sich am
Vorabend der Hinrichtung Sergius Murawjew=Apostol.
Seine edle Denkungsart, sein reiner fester Glaube hatten
den Geistlichen Myslowsky schon längst vor der ver=
hängnißvollen Stunde mit solcher Ehrfurcht erfüllt, daß
dieser äußerte: „Wenn ich in die Kasematte des Sergei

Iwanowitsch trete, so bemächtigt sich meiner jedesmal
ein so andächtiges Gefühl, als wenn ich vor dem Gottes=
dienst in das Allerheiligste eintrete." — Seit frühester
Jugend war sein Lieblingsgedanke das Wohl des
Vaterlandes gewesen; dazu hatte er sich vorbereitet,
eifrig in der polytechnischen Schule zu Paris studirt,
und unablässig darauf gedacht, Rußland eine bessere
Zukunft zu bereiten. Das Ziel war noch so weit, daß
er bisweilen die Geduld verlor. In einer solchen
Stimmung hatte er einst sein Gefühl in folgenden an
die Mauer des kiewschen Klosters geschriebenen Versen
ausgedrückt:

> „Toujours rêveur et solitaire
> Je passerai sur cette terre
>   Sans que personne m'ait connu;
> Ce n'est qu'au bout de ma carrière
> Que par un grand trait de lumière
>   L'on verra ce qu'on a perdu. —"

Der durch ihn erhobene Aufstand des Tscherni=
gowschen Armee=Regimentes, in welchem er als Oberst=
lieutenant ein Bataillon kommandirte, ist bereits
oben erwähnt worden. — Sogar in den letzten
Augenblicken seines Lebens hatte er keine Zeit an sich
selbst zu denken: ihm gegenüber in der Nummer 16
saß sein junger Freund Michail Bestushew=Rjumin,
diesen suchte er zu trösten und ermuthigen. Der

Feuerwerker Sokolow und die Wächter Schibajew und Trosimow hinderten die zum Tode Verurtheilten nicht, sich laut zu unterhalten, sie achteten die letzten Augenblicke der Todeskandidaten. — Ich habe stets lebhaft bedauert, daß diese schlichten guten Menschen nicht verstanden haben, die letzte Unterhaltung der beiden Freunde wiederzugeben; sie wußten nur, daß dieselben über die Unsterblichkeit der Seele geredet hätten.

Bestushew-Rjumin war erst 22 Jahre alt, er hatte anfangs im Semenow'schen Garderegimente als Junker gedient; als dieses kassirt wurde, trat er in das Poltawa'sche Infanterie-Regiment ein, wo er Offizier wurde; seiner Gewandtheit und Sprachkenntnisse wegen wurde er zu Aufträgen benutzt, die er mehreren Polen nach Kiew, Podolien, Wolynien und Warschau verkleidet und unter falschem Namen brachte. — Er war so jung, daß er sich nur schwer von dem Leben, das er kaum begonnen, trennen konnte. Wie ein Vogel im Käfig warf er sich hin und her und suchte sich zu befreien, als man ihm die Fesseln anlegte. Vor seinem Austritte aus der Kasematte nahm er von seiner Brust das Bild des Gekreuzigten (das jeder Russe trägt), um es seinem Gefängnißwächter Trosimow zum Andenken zu schenken. Ich habe dieses Bild gesehen und wollte es kaufen, aber der alte Soldat gab es nicht von sich:

er hoffte die Reliquie nach seiner Verabschiedung der
Schwester Bestushews bringen zu können. — Michail
Kachowsky befand sich in einer anderen Abtheilung der
Kronwerkschen Kourtine und nicht unter Aufsicht meines
Wächters Sokolow, daher habe ich zu meinem Be-
dauern keine Auskunft über seine letzten Lebensstunden
erhalten können. Er hatte in der Garde gedient und
dann seinen Abschied genommen.

Während man uns auf das Festungsglacis geleitet
hatte, waren die fünf zum Tode Verurtheilten in Fesseln
und Sterbehemden in die Festungskirche geführt worden,
wo sie ihre eigene Todtenmesse anhören mußten. Aus
der Kirche ging der Zug zum Kronwerkschen Walle;
unterwegs tröstete Murawjew=Apostol seinen Freund
Bestushew=Rjumin, dann wandte er sich zu dem Priester
Myslowsky und sprach sein Bedauern darüber aus, daß
er genöthigt sei, die Verurtheilten wie Räuber zum
Richtplatze zu begleiten; darauf antwortete der Geistliche mit den Worten, die der Erlöser am Kreuze dem
mitgekreuzigten Räuber gesagt hatte. — Sich dem
Galgen nähernd, umarmten sich die Verurtheilten unter
einander: dann wurden sie in einer Reihe auf die Bank
gestellt. Als aber die Schlingen umgewunden, die
Bank umgestoßen war, blieben nur Pestel und Kachowsky
hängen, Rylejew, Murawjew=Apostol und Bestushew=

Rjumin aber fielen auf die umgestoßene Bank und be=
schädigten sich. Murawjew bemerkte mit einem Seufzer:
„Auch dies versteht man bei uns nicht ordentlich zu
machen." — Diese beißende Bemerkung war durch den hef=
tigen Schmerz seiner Wunde hervorgerufen worden, die seit
dem 3. Januar noch nicht vollends geheilt war. Wäh=
rend man die umgefallene Bank aufhob, die Seile und
Schlingen neu ordnete, vergingen noch einige Minuten
namenloser Qual. Die drei Verurtheilten, denen man
bei einem ähnlichen Zufall unter anderen Verhältnissen
wohl das Leben geschenkt hätte, benutzten diese Zeit, ihr
Vaterland noch einmal zu segnen und um eine bessere
Zukunft für ihre Mitbrüder zu beten. — Den ganzen
Tag über blieben die Leichen zu schimpflicher Ausstellung
hängen; in der Nacht wurden sie abgenommen, in
Bastmatten geschlagen, auf einem Boote zum Ufer der
Chuntujew=Insel gebracht und daselbst in die Erde ein=
gescharrt. Andere behaupten, man habe die Leichen in
einen Festungsgraben mit ungelöschtem Kalk verschüttet.
— So endete die Exekution vom 13. Juli 1826.

Es ist der Vollständigkeit wegen nothwendig, daß
ich diesem Abschnitt meiner Lebensgeschichte einige Be=
merkungen über die Umstände anhänge, welche unsere
Verurtheilung begleiteten.

Zunächst lasse ich zwei Verzeichnisse folgen: das

eine nennt die Namen derer, welche zu Folge des 14. December überhaupt in Untersuchung kamen, das andere spezificirt die Strafen, welche über die einzelnen Glieder der verschiedenen Verschwörungen verhängt wurden. Da dieselben Namen in dem ferneren Verlauf meines Berichtes immer wieder vorkommen, ist es der Vollständigkeit wegen nothwendig, eine Uebersicht über alle kompromittirten und verurtheilten Personen zu geben.

Verzeichniß

derjenigen Mitglieder der geheimen Gesellschaften, die auf Befehl des Kaisers am 1. Juni 1826 dem obersten Kriminal=Gerichte übergeben worden waren.

	Verein des Nordens.	Verein des Südens.	Vereinigte Slaven.
1.	Fürst Sergius Trubetzkoy, Oberst des Preobrashenski'schen Leib=garde=Reg., Dijour=Stabs=offizier d. 4. Infanterie=Korps.	Paul Pestel, Oberst und Kom=mandeur des Wjätka'schen Infanterie=Regiments.	Peter Borissow II., Unterlieute=nant der 8. Artillerie=Brigade.
2.	Konrad Rylejew, verabschiedeter Unterlieutenant der Reitenden Garde=Artillerie, Sekretär der russisch=amerik. Handels=Komp.	Sergius Murawjew = Apostol, Oberst des Tschernigowschen Infanterie=Regiments.	Andrey Borissow II., verabschie=deter Artillerie = Unterlieute=nant.
3.	Fürst Eugene Obolenski, Lieute=nant des Finnländischen Leib=garde=Regiments, ältester Ad=jutant des Kommandeurs des Garde=Korps.	Michail Bestushew = Rjumin, Unterlieutenant des Poltava'=schen Infanterie=Regiments.	Iwan Spiridow, Major des Pensa'schen Infanterie=Regi=ments.
4.	Nikita M. Murawjew I., Kapitän des Garde=Generalstabes.	Matwey Murawjew = Apostol, verabschiedeter Oberst.	Iwan Gorbatschewsky, Unterlieu=tenant d. 8. Artillerie=Brigade.
5.	Michail Nachowsky, verabschie=deter Garde=Lieutenant.	Alexey Juschnewsky, General=Intendant der 2. Armee.	Wladimir Betschanow, Fähnrich der 8. Artillerie=Brigade.

Verein des Nordens.	Verein des Südens.	Vereinigte Slaven.
6. Fürst Dmitry Tschepin-Rostowsky, Stabs-Kapitän des Moskau'schen Leibgarde-Reg.	Fürst Sergius Wolkonsky, General.	Alexander Pestow, Unterlieutenant d. 9. Artillerie-Brigade.
7. Alexander Bestuschew II., Stabs-Kapitän d. Garde-Dragoner-Reg., Adjutant des Herzogs Alex. von Württemberg.	Wassily Dawydow, Husaren-Obrist.	Jakob Andrejewitsch, Unterlieutenant d. 8. Artillerie-Brigade.
8. Michail Bestuschew III., Stabs-Kapitän des Moskau'schen Leibgarde-Regiments.	Fürst Alexander Barjätinsky, Rittmeister d. Garde-Husaren, Adjutant d. Grafen Wittgenstein.	Julian Ljublinsky, adliger Gutsbesitzer in Wolhynien.
9. Anton Arbusow, Lieutenant der Garde-Equipage.	Alexander Podgio, verabschiedeter Obrist.	Alexis Tjutschew, Kapitän des Pensa'schen Regiments.
10. Nikolay Bestuschew I., Kapitän der 8. Flotten-Equipage, Vice-Direktor der Leuchtthürme.	Artamon Murawjew, Obrist und Kommandeur des Achtyrschen Husaren-Regiments.	Peter Gromnitzky, Lieutenant des Pensa'schen Regiments.
11. Nikolay Panow, Lieutenants des Leibgarde-Grenadier-Reg.	Iwan Powalo-Schweikowsky, Obrist und Kommandeur des Alexopol'schen Inf.-Regiments.	Iwan Kiréjew, Fähnrich der 8. Artillerie-Brigade.
12. Alexander Sutthoff, Lieutenant d. Leibgarde-Grenadier-Reg.	Theodor Wadkowsky, Fähnrich d. Reitenden Jäger-Regiments von Neshin.	Iwan Fuhrmann, Kapitän des Tschernigow'schen Regiments.
13. Wilhelm Küchelbecker I., Kollegien-Assessor.	Baron Liesenhausen, Obrist, Kommandeur des Poltawa'schen Infanterie-Regiments.	Wediniapin I., Unterlieutenant der 9. Artillerie-Brigade.
14. Iwan Puschtschin I., Kollegien-Assessor.	Wranitzky, Obrist beim General-stabe.	Wediniapin II., Fähnrich der 9. Artillerie-Brigade.

Nr.			
15.	Fürst Alexander Dojewsky, Cornet der Garde zu Pferde.	Nikolay Kriukow II., Lieutenant beim Generalstabe.	Iwan Schinkow, Fähnrich des Saratowschen Regiments.
16.	Alexander Katubowitsch, Kapitän des Nishegorodschen Dragoner-Regiments.	Peter Fallenberg, Obrist beim Generalstabe, ältester Adjutant im Stabe der 2. Armee.	Paul Mosgan, Unterlieutenant des Pensa'schen Regiments.
17.	Nikolay Zebrikow, Lieutenant des Leibgarde Finnländischen Regiments.	Nikolay Lohrer, Major b. Wjätka'schen Regiments.	Ilja Iwanow, Proviant-Kommissär 10. Klasse.
18.	Nikolay Repin, Stabs-Kapitän des Leibgarde Finnländischen Regiments.	Alexander Frolow, Lieutenant des Pensa'schen Regiments.	
19.	Alexander Muranjew, Obrist des Garde-General-Stabes.	Semen Kraßnokutzky, Ober-Prokureur im Senate, Wirkl. Staats-Rath.	Mosgalewsky, Unterlieutenant des Saratowschen Regiments.
20.	Iwan Zatuschin, verabsch. Kapitän b. Semenowschen Garde-Reg.	Wladimir Licharew, Unterlieutenant beim Generalstabe.	Nikolay Lissowsky, Lieutenant des Pensa'schen Regiments.
21.	Michail von Wisin, General.	Ferdinand Wolff, Stabsarzt im Hauptquartier d. 2. Armee.	Paul Wigobowsky, Kanzelist.
22.	Fürst Theodor Schachowskoy, verabschiedeter Major.	Alexander Krjutow I., Lieutenant der Chevalier-Garde, Adjutant des Grafen Wittgenstein.	
23.	Michail Lunin, Obrist der Grodnoschen Garde-Husaren.	Joseph Podgio I., Garde-Stabs-Kapitän.	
24.	Peter Muchanow, Stabs-Kapitän des Leibgarde Ismailowschen Regiments.	Paul Abramow, Obrist, Kommandeur d. Kasanschen Inf-Reg.	
25.	Michail Mitkow, Obrist im Finnländischen Garde-Regiment.	Wassily Norow, Obristlieutenant.	Andrey Sentalzow, Obrist, Kommandeur d. 27. Reit. Batterie.
26.	Dmitry Sawalischin, Lieutenant der 8. Flotten-Equipage.	Wassily Iwaschew, Rittmeister der Chevalier-Garde, Adjutant des Grafen Wittgenstein.	

	Verein des Nordens.	Verein des Südens.
27.	Gawrila Batenkow, Obrist der Ingenieure der Wege-Kommunikation.	Nikolay Basargin, Lieutenant des Garde-Jäger-Reg., Adjutant d. Generals Kisselew, Chef des Stabes d. 2. Armee.
28.	Baron Wladimir Steinheil, verabschiedeter Obrist.	Alexander Kornilowitsch, Kapitän des Garde-Generalstabes.
29.	Konstantin Torson, Kapitän-Lieutenant, ältester Adjutant des Chefs des Stabes der Flotte.	Nikolay Bobrischtschew-Puschkin, Lieutenant des Generalstabes.
30.	Fürst Valerian Galitzin, Kammer-Junker.	Paul Bobrischtschew-Puschkin II., Lieutenant des Generalstabes.
31.	Alexander Beläjew I., Midshipmann der Garde-Equipage.	Zaïkin, Unterlieutenant des Garde-Generalstabes.
32.	Peter Beläjew II., Midshipmann der Garde-Equipage.	Iwan Awramow, Lieutenant beim Generalstabe.
33.	Dywow, Midshipmann der Garde-Equipage.	Nikolay Zagorezky, Lieutenant beim Generalstabe.
34.	Peter Bestushew IV., Midshipmann der 27. Flotten-Equipage.	Poliwanow, verabschiedeter Obrist.
35.	Peter Swistunow, Cornet der Chevalier-Garde.	Baron Alexey Tscherkassow, Lieuten. beim Generalstabe.
36.	Iwan Annenkow, Lieutenant der Chevalier-Garde.	F. Voigt, Kapitän des Asowschen Regiments.
37.	Sergius Kriwzow, Unterlieutenant der Reitenden Garde-Artillerie.	Graf Nikolay Bulgari, Lieutenant des Küraffier-Regiments der Kaiserin.
38.	Alexander M. Murawjew II., Cornet der Chevalier-Garde.	
39.	Michail Naryschkin, Obrist des Tarutino'schen Infanterie-Regiments.	
40.	Alexander von der Brüggen, Obrist des Ismailowschen Garde-Regiments.	

Berein des Nordens.

41.	Michail Puschtschin II., Kapitän der Garde-Pionier-Eskadron.
42.	Bodisko I., Lieutenant der Garde-Equipage.
43.	Michael Küchelbecker II., Lieutenant der Garde-Equipage.
44.	Mussin-Puschkin, Lieutenant der Garde-Equipage.
45.	Akulow, Lieutenant der Garde-Equipage.
46.	Wischnewsky, Lieutenant der Garde-Equipage.
47.	Bodisko II., Midshipmann der Garde-Equipage.
48.	Gorsky, Staatsrath.
49.	Graf Peter Kanownitzin, Unterlieutenant des Garde-Generalstabes.
50.	Orschitzky, verabschiedeter Stabs-Rittmeister.
51.	Koschewnikow, Unterlieutenant des Ismailowschen Garde-Regiments.
52.	Fock, Unterlieutenant des Ismailowschen Garde-Reg.
53.	Lappa, Unterlieutenant des Ismailowschen Garde-Reg.
54.	Michail Nasimow, Stabs-Kapitän der Garde-Pionier-Eskadron.
55.	Baron Andreas Rosen, Lieutenant des Finnländischen Garde-Regiments.
56.	Michail Glebow, Kollegien-Sekretär.
57.	Andrejew II., Unterlieut. des Ismailowschen Garde-Reg.
58.	Wladimir Tolstoy, Fähnrich des Moskau'schen Inf.-Reg.
59.	Graf Zacharias Tschernytschew, Rittmeister der Chevalier-Garde.
60.	Tschischow, Lieutenant der 2. Flotten-Equipage.
61.	Nikolay Turgenjew, Wirklicher Staatsrath, Sekretär im Reichsrathe.

Dem Kriminal-Gerichte wurden somit übergeben

aus dem Verein des Nordens 61 Personen,
aus dem Verein des Südens 37 „
von den Vereinigten Slawen 23 „

121 Personen.

Die Namen einiger meiner Kameraden sind hier nicht an=
gegeben, weil ich mit ihnen nicht bekannt war und keine genaue
Nachricht über sie erhalten konnte. Mit 85 von ihnen war ich
sechs Jahre lang in Tschita und Petrowsk, mit 29 unter ihnen
kam ich auf der Ansiedelung und im Kaukasus zusammen, nur
16 von der Zahl habe ich nie wieder gesehen.

9*

Verzeichniß

der Verbrecher-Kategorien und der Entscheidungen des hohen Gerichtshofes über die verurtheilten Staatsverbrecher (10. Juli 1826).

Namen der Verurtheilten.	Die Sentenz.	Milderung der Sentenzen durch Allerhöchsten Befehl vom 11. Juli.
1. Obrist Pestel 2. Unterlieutenant Mylejew 3. Obrist Sergius Murawjew-Apostol 4. Unterlieutenant Bestushew-Rjumin 5. Lieutenant Kachowsky	Zu viertheilen.	Aufzuhängen.
Erste Kategorie.		
1. Obrist Fürst Trubetzkoy 2. Lieutenant Fürst Obolensky 3. Obrist Matthäus Murawjew-Apostol 4. Unterlieutenant Borißow I. 5. Unterlieutenant Borißow II. 6. Unterlieutenant (Vorbotschewsky) 7. Major Spiridow 8. Rittmeister Fürst Barjätinsky 9. Kollegien-Assessor Rückelbecker I. 10. Kapitän Jakubowitsch 11. Obristlieutenant Podgio II. 12. Obrist Artamon Murawjew 13. Fähnrich Wadkowsky	Die ganze Kategorie dieser Verbrecher zu enthaupten.	Das Leben geschenkt mit Verbannung auf ewige Zwangsarbeit. Den unten Benannten wurde anstatt ewiger, 20 jährige Zwangsarbeit diktirt: Matthäus Murawjew-Apostol Rückelbecker I. Alexander Bestushew II. Nikita Murawjew I. Fürst Wolkonsky Jakuschkin. Diese Milderungen geschahen aus verschiedenen einzeln ange

gegebenen Gründen, wie z. B. Verwendung des Großfürsten Michail, Offenheit der Geständnisse, in Erwägung der Reue.

14. Fähnrich Beltschasnow
15. Obrist Dawydow
16. 4. Klasse Juschnewsky
17. Stabs-Kapitän Alexander Bestuschew II.
18. Unterlieutenant Andrejewitsch
19. Kapitän Nikita Murawjew I.
20. Kollegien-Assessor Puschtschin
21. General Fürst Wolkonsky
22. Kapitän Jakuschkin
23. Unterlieutenant Bestow
24. Lieutenant Arbusow
25. Lieutenant Sawalischin
26. Obrist Powalo-Schweikowsky
27. Lieutenant Panow
28. Lieutenant Sutthof
29. Stabs-Kapit. Fürst Tschepin-Rostowsky
30. Midshipman Dywow
31. Wirkl. Staats-Rath Nikolay Turgenjew.

Zweite Kategorie.

Das Haupt aufs Schaffot zu legen, zum bürgerlichen Tode und zu ewiger Zwangsarbeit zu verurtheilen.

Zu 20jähriger Zwangsarbeit zu verurtheilen, mit Ausnahme des Obristen Norow, der auf nur 15 Jahre verurtheilt wurde. Für Nikolay und Michail Bestuschew wurde die Strafe ewiger Zwangsarbeit nicht gemildert.

1. Kapitän Tjutschew
2. Lieutenant Gromnitzky
3. Fähnrich Kirejew
4. Lieutenant Krjukow II.
5. Obrist Lunin
6. Cornet Swistunow
7. Lieutenant Krjukow I.
8. Obrist Mitkow
9. Lieutenant Bassargin

Namen der Beurtheilten.	Die Sentenz.	Milderung der Sentenzen durch Allerhöchsten Befehl vom 11. Juli.
10. Lieutenant Anenkow		
11. Stabsarzt Wolf		
12. Rittmeister Iwaschew		
13. Unterlieutenant Frolow		
14. Obrist Norow		
15. Kapitän-Lieutenant Torson		
16. Kapitän-Lieutenant N. Bestushew I.		
17. Stabs-Kapitän M. Bestushew III.		

Dritte Kategorie.

	Die Sentenz.	Milderung der Sentenzen.
1. Obrist Baron Steinheil	Zu ewiger Zwangsarbeit.	Zu 20 Jahren Zwangsarbeit.
2. Obrist Batenkow		

Vierte Kategorie.

	Die Sentenz.	Milderung der Sentenzen.
1. Stabs-Kapitän Muchanow	Zur Zwangsarbeit auf 15 Jahre und darauf folgender Ansiedelung in Sibirien.	Zu 12jähriger Zwangsarbeit und darauf folgender Ansiedelung in Sibirien.
2. General von Wisin		
3. Stabs-Kapitän Podgio I.		
4. Obrist Falkenberg		
5. 10. Klasse Iwanow		
6. Unterlieutenant Moszan		
7. Stabs-Kapitän Kornilowitsch		
8. Major Lohrer		
9. Obrist Abramow		
10. Lieutenant Bobrischtschew-Puschkin II.		
11. Fähnrich Schinkow		
12. Cornet Alexander Murawjew II.		

Fünfte Kategorie.

	Zur Zwangsarbeit auf 10 Jahr und darauf folgender Ansiedelung in Sibirien.	Repin und Küchelbecker zu fünfjähriger Zwangsarbeit. — Bodisko, in Erwägung seiner Jugend, zur Festungsarbeit. — Für Glebow und Baron Rosen wurde das Urtheil nicht gemildert.
1. Stabs-Kapitän Repin		
2. Kollegien-Sekretär Glebow		
3. Lieutenant Baron Rosen		
4. Lieutenant Küchelbecker II.		
5. Midshipmann Bodisko.		

Sechste Kategorie.

	Zur Zwangsarbeit auf 6 Jahr, dann zur Ansiedelung in Sibirien.	Murawjew ohne Verlust seines Ranges und Adels zu verbannen. Ljublinsky zu fünfjähriger Zwangsarbeit und darauf folgender Ansiedelung.
1. Obrist Alexander Murawjew		
2. Gutsbesitzer Ljublinsky.		

Siebente Kategorie.

	Zur Zwangsarbeit auf 4 Jahr, darauf folgender Ansiedelung in Sibirien.	Zu 2jähriger Zwangsarbeit und darauf folgender Ansiedelung. — Bestel und Graf Bulgari zu 2jähriger Festungsarbeit.
1. Unterlieutenant Licharew		
2. Obrist Sentalzow		
3. Lieutenant Lissowsky		
4. Obrist von Tiefenhausen		
5. Unterlieutenant Kringow		
6. Fähnrich Tolstoi		
7. Rittmeister Graf Tschernyschew		
8. Lieutenant Murawow		
9. Lieutenant Bagorezky.		

13. Midshipmann Besäiäw I.
14. Midshipmann Besäiew II.
15. Obrist Narhschin
16. Cornet Fürst Obojewsky.

Namen der Beurtheilten.	Die Sentenz.	Milderung der Sentenzen durch Allerhöchsten Befehl vom 11. Juli.
10. Oberst Poschwanow		
11. Lieutenant Baron Tscherkassow		
12. Lieutenant Graf Bulgari		
13. Kanzellist Wygodowsky		
14. Oberst Berstel		
15. Oberst von der Brüggen.		

Achte Kategorie.

Namen der Beurtheilten.	Die Sentenz.	Milderung der Sentenzen durch Allerhöchsten Befehl vom 11. Juli.
1. Unterlieutenant Andrejew II.	Mit Verlust des Ranges und des Adels in Sibirien anzusiedeln.	Nach der Sentenz zu verfahren; Wodisko I. zum Matrosen zu degradiren.
2. Unterlieutenant Wedinjapin I.		
3. Wirkl. Staats-Rath Krassnokutsky		
4. Lieutenant Tschischow		
5. Kammer-Junker Fürst Galitzin		
6. Stabs-Kapitän Masimow		
7. Lieutenant Bobrischschew-Puschkin		
8. Unterlieutenant Saikin		
9. Kapitän Fuhrmann		
10. Major Fürst Schachowskoy		
11. Kapitän Voigt		
12. Unterlieutenant Mosgalewsky		
13. Lieutenant Schachirew		
14. Oberst Branizky		
15. Lieutenant Wodisko I.		

Neunte Kategorie.

	Mit Verlust des Ranges und des Adels nach Sibirien zu verschicken.	Als Soldaten in die entfernten Garnisonen zu verschicken.
1.	Unterlieutenant Graf Konownitzin	
2.	Stabs-Rittmeister Delschikty	
3.	Unterlieutenant Koschewnikow.	

Zehnte Kategorie.

	Mit Verlust des Ranges und des Adels zum Soldaten zu degradiren, jedoch mit Aussicht auf Avancement.	Als Soldaten zur Kaukasischen Armee zu schicken.
1.	Kapitän Buschtschin II.	

Elfte Kategorie.

	Mit Verlust des Ranges und Aussicht auf Avancement zu Soldaten zu begradiren.	In entfernte Garnisonen zu senden; für Zebrikow, der im Angesicht seines Regiments zu den Rebellen übergegangen war, trat eine Verschärfung ein; er verlor den Adel und wurde ohne Aussicht auf Avancement degradirt.
1.	Midshipman Beßtußhew IV.	
2.	Fähnrich Wedinäpin	
3.	Lieutenant Wischnewsky	
4.	Lieutenant Muffin-Puschkin	
5.	Lieutenant Akulow	
6.	Fähnrich Fock	
7.	Lieutenant Zebrikow	
8.	Unterlieutenant Lappa.	

Bei der Eintheilung in Kategorien sind einige wahr=
haft unbegreifliche Sonderbarkeiten vorgekommen, die
jedem Leser ins Auge fallen müssen und den Eindruck
vollständiger Willkühr machen. Zwischen der zweiten
Kategorie und der ersten wird bezüglich der ursprüng=
lichen Sentenzen ein Unterschied gemacht, während die
thatsächlich zur Ausführung gekommenen Urtheile die
gleichen sind. In der einen Sentenz ist gesagt, daß
einzelne Angeschuldigte ihre frühere Gesinnungsart
völlig geändert hätten, und doch werden sie ebenso
bestraft wie Diejenigen, die ihre Gesinnung nicht
verändert haben. — In mehreren Verurtheilungen
ist gesagt, daß der Beschuldigte sein Vorhaben auf
Kaisermord aufgegeben habe, und doch wird er für
dieses Vorhaben verurtheilt. Von Michail Nasimow
ist gesagt, daß er an dem „Aufstande" Theil genommen
habe, indem er einen Kameraden in die geheime Gesell=
schaft aufgenommen! Es kommen sogar Verurtheilungen
für „verwegene" Redensarten in Privat=Unterhal=
tungen vor.

Ebenso willkührlich ist es mit den Begnadigungen
zugegangen, von denen viele gradezu den Charakter des
Zufälligen trugen und auf nichts weniger als sachlichen
Motiven beruhten. — Wie beispiellos erscheint endlich
die Verschärfung des gegen den Lieutenant Zebrikow

gefällten Urtheils, die nichtsdestoweniger unter der Rubrik der Begnadigungen paradirte.

Schließlich sei erwähnt, daß von den zur Krönung des Kaisers Nikolaus nach Moskau gekommenen aus= ländischen Gesandten sich die Vertreter von Frankreich und England, der Marschall Mortier und der Herzog von Wellington, ihren Instruktionen gemäß besonders lebhaft für die Linderung des Urtheils gegen die Staats= verbrecher verwandten, ebenso Karamsin, der den Kaiser darauf aufmerksam machte, daß es sich nicht um Ver= irrungen einzelner Personen, sondern um die Irrthümer einer ganzen Zeit handle. Dem Herzog von Wellington soll Nikolaus gesagt haben: „Ich werde Europa durch meine Milde in Erstaunen setzen.‟

IV. Die Reise nach Sibirien.

An dem Tage der Urtheilsexekution begann sogleich die Abfertigung der Verurtheilten nach Sibirien. Ich weiß nicht, aus welchem Grunde die zur Zwangsarbeit Verurtheilten gegen den Gebrauch schon für die Reise in Eisen geschmiedet wurden; solch' verschärfter Strafe werden sonst nur Individuen unterworfen, die sich durch neue Vergehen oder durch Versuche zum Entlaufen eine Verschärfung der Strafe zugezogen hatten. Da die wegen des Aufstandes Verurtheilten je einen Gensd'armen beständig zur Wache bei sich hatten und immer vier Mann zusammen, in Begleitung eines Feldjägers und einer Wache von vier Gensd'armen, mit Postpferden nach Sibirien transportirt wurden, war bei uns an ein Entrinnen nicht zu denken. Die Beförderung per Post war eine Ausnahmemaßregel, über deren Gründe vielfach gestritten worden ist. Die Einen meinten, man habe uns den weiten Marsch ersparen wollen,

Andere, man habe uns vor der „Volkswuth" schützen
wollen, wieder Andere waren der Meinung, es habe
der Gefahr der Verbreitung revolutionärer Ideen
durch uns vorgebeugt werden sollen und man habe
darum das rascheste Beförderungsmittel gewählt. —
Aus der ersten der erwähnten elf Verbrecher-Kate=
gorien wurden acht Personen sofort und direkt in die
Quecksilber-Bergwerke von Nertschinsk verschickt: Fürst
S. P. Trubetzkoy, Fürst E. P. Obolensky, Fürst S.
G. Wolkonsky, V. L. Dawidow, A. Z. Murawjew,
A. J. Jakubowitsch und die beiden Brüder J. A.
und P. J. Borissow; sie haben in den unterirdi=
schen Minen gleich den übrigen Zwangsarbeitern
Jahre lang gearbeitet. Diesen acht schwer Kom=
promittirten folgte die ganze Kategorie der zur Ansiede=
lung in Sibirien Verurtheilten. Die betreffenden
Männer wurden zu je vier und vier abgefertigt und
gingen einem äußerst harten Loose entgegen, da sie
einzeln und in der nördlichsten Region Sibiriens,
zwischen Obdorsk und Kolymsk angesiedelt wurden, in
einer Gegend, wo die Erde kein Korn mehr hervor=
bringt. Hier blieben sie über ein Jahr, um darauf
etwas südlicher zwischen Beresow und Jakutsk placirt
zu werden. Sie waren die erste Zeit über ganz allein,
keine Freundesstimme, kein Sonnenstrahl erwärmte sie,

und es erscheint natürlich, daß Einzelne von ihnen
wahnsinnig wurden, Andere sich einer Verzweiflung
ergaben, die ihrem Leben ein baldiges Ende machte;
dem ersten Unglück verfielen der Fürst Schachowskoy und
N. S. Bobrischtschew-Puschkin, dem zweiten Fuhrmann
und Schachirew, die beide nach zwei Jahren starben.
— M. A. Nasimow lebte über ein Jahr in Nishni-
Kolymsk, wohin man ihn theils auf Packpferden, theils
auf einem kleinen mit Hunden bespannten Schlitten
brachte; sein Nachtlager hat er auf dieser Reise oft
unter freiem Himmel, im Schnee und bei 30° (Réaumur) Kälte halten müssen. Nishni-Kolymsk ist derselbe
Ort, an welchem zur Regierungszeit der Kaiserin Elisabeth Petrowna der frühere Minister Graf Golowkin
als Verbannter gelebt hatte. Eine lokale Volkssage
erzählt, daß man den bejahrten und kranken Verwiesenen gezwungen habe, an Festtagen in die Kirche zu
gehen, damit er hören könne, wie nach Beendigung der
Liturgie der Geistliche über ihn das Anathema aus-
sprach. — Die nächste Kategorie der noch abgefertigten
Verschwörer umfaßte die Personen, die zu gemeinen
Soldaten degradirt worden waren und als solche ihr
ganzes Leben in Sibirien verbringen sollten; sie wurden
in verschiedenen kleinen Festungen und Burgen Sibiriens
untergebracht und später in die kaukasischen Berge versetzt.

Im August hörte die „Abfertigung" der Staatsver=
brecher für einige Monate auf, weil man die zur Zwangs=
arbeit Verurtheilten nicht Alle in Nertschinsk vereinigen,
auch nicht in einem andern Bergwerke koncentriren wollte,
indem man einen Aufstand in den größeren Bergwerken
befürchtete; diese Vorsicht war nicht überflüssig, wie die
Begebenheiten in Nertschinsk später bewiesen haben. —
Im August 1826, kurz vor der Krönung des Kaisers Niko=
laus, wurde der Kommandeur des Sewersky'schen reiten=
den Jägerregiments, Obrist S. R. Leparsky, zum Kom=
mandanten der nertschinsk'schen Bergwerke ernannt. Ihm
war befohlen einen Ort jenseit des Baikal=Sees zu ermit=
teln, der zur Anlegung eines provisorischen Gefängnisses
geeignet sein sollte, bis ein anderer Ort zur Erbauung
eines festen Gefängnisses oder eines Zuchthauses be=
stimmt sein würde. — Leparsky reiste sogleich ab und
wählte die sibirische Festung Tschita, zwischen Wyschne=
Udinsk und Nertschinsk gelegen und etwa 400 Werst
von letztgenannter Stadt entfernt. In Erwartung seiner
Entscheidung und seines Berichts wurde unsere (d. h.
meine und der übrigen Verurtheilten der fünften Kate=
gorie) Absendung aufgeschoben. Um die überfüllte
Festung in Petersburg zu räumen, wurden Einige von
den Verurtheilten auf mehrere Monate nach Schlüssel=
buch, Andere in die Gefängnisse Finnlands und der

Alandsinseln versetzt; die Uebrigen blieben in den Kasematten sitzen, wo nach der Verurtheilung die Ueberwachung nicht mehr so streng blieb, wie zur Zeit des Verhörs und der Untersuchung.

Die uns zu Theil werdenden Erleichterungen bestanden darin, daß man uns einzeln der Reihe nach in ein Vorhaus führte, wo Thüren und Fenster offen waren und wo wir täglich etwa zwanzig Minuten lang frische Luft schöpfen konnten; ferner führte man uns alle zehn oder vierzehn Tage in der Festung und auf dem Walle spazieren. Diese Maßregel war dringend nothwendig: die blaßgelben Gesichter der meisten Eingekerkerten zeugten von dem zerstörenden Einfluß der unreinen und feuchten Gefängnißluft; ich litt an Skorbut, mein Zahnfleisch war geschwollen und ganz weiß. — Eine dritte sehr wichtige Erleichterung bestand in der Erlaubniß Bücher zu erhalten. Mit großem Vergnügen las ich alle Romane von Walter Scott; die Stunden vergingen so schnell, daß ich oft das Geläute der Festungsuhr gar nicht hörte. Durch Sokolow theilte ich meine Bücher mit einem Mitgefangenen. In einem Tage verschlang ich zuweilen vier Bände und befand mich in diesen Stunden nicht in der Festung, sondern im Schlosse Kenilworth, im Kloster, in einem schottischen Wirthshause, in den Palästen Ludwigs XI., Eduards und Elisabeths. Am Abende freute ich mich auf den kommenden Morgen, um ein neues Buch vorzunehmen. Die stete Erwartung einer baldigen Abfertigung nach Sibirien erlaubte nur diese leichte Lektüre; ernsthafte und wissenschaftliche Bücher vorzunehmen, wäre mir zu jener Zeit unmöglich gewesen. Ich wünschte Schriften über Sibirien, aber damals war noch wenig über dieses Land geschrieben worden. Außer den Reisebeschrei= bungen von Pallas, Martynow, Martus und einigen Personen, die mit einer Mission über Kiachta nach China gereist, waren schriftliche Nachrichten nicht zu haben, und die meisten dieser Nachrichten waren, wie sich in der Folge zeigte, unvollständig und voller Fehler. — Diejenigen meiner Mitgefangenen, welche in Peters= burg keine Verwandte hatten, erhielten Bücher aus der Festungsbibliothek: die Reisen Cooks, die Geschichte des Abbé Leporte und alte russische Zeitungen. Ein Ka= merad übersandte mir einst ein Zeitungsblatt von 1776, das einen Artikel über Nordamerika enthielt, in welchem beständig von dem schändlichen Rebellen General Washington die Rede war.

Eine Woche nach Vollziehung des Urtheils erhielt ein Verwandter und Dienstkamerad Erlaubniß mich zu sehen und Abschied von mir zu nehmen. Das Wieder= sehen fand in der Kommandantenwohnung in Gegen=

wart eines Platzadjutanten statt. Am 25. Juli erhielt meine Frau die Erlaubniß mich meinen neugeborenen Sohn in der Kommandantur sehen zu lassen. Obgleich in Thränen, war meine Frau gefaßt und standhaft; sie erkundigte sich nach der Zeit und dem Orte unserer Wiedervereinigung. Mein Sohn, sechs Wochen alt, lag auf dem Divan des Kommandanten, er schien uns durch das Lächeln seines Mundes und seine blauen Augen trösten zu wollen. Ich bat meine Frau, mir nicht sogleich nach Sibirien zu folgen, sondern erst, wenn mein Sohn gehen könne und ich ihr über meinen neuen Aufenthaltsort Nachricht gegeben. Sie segnete mich mit einem Muttergottesbilde, ich bemerkte, daß auf der Kehrseite desselben etwas angeklebt sei; es waren tausend Rubel in Banknoten. — Ich wies die Summe zurück, Geld war mir unnütz; ich bat dagegen mir einen breiten Mantel aus grauem Tuch nähen und mit Wachs= tuch füttern zu lassen. Dieses Kleidungsstück war mir später von großem Nutzen bei Regen und Kälte. Noch bat ich meine Frau, die Wittwe und die Tochter Ry= léjews zu besuchen und sie nicht zu vergessen. — Die festgesetzte Stunde des Wiedersehens war bald zu Ende, wir trennten uns in der festen Hoffnung auf Wieder= vereinigung, gleichviel wann und wo. Dann kehrte ich mit schnellem Schritt in meine Kasematte zurück; ich bemerkte kaum das Grün, freute mich nicht der Blumen im Garten, die Luft war trübe von dem Rauch der in weitem Umkreis brennenden Wälder — sogar die Sonne sah aus wie eine glühende eiserne runde Platte.

Die Abfertigung meiner zur Ansiedelung und zum Soldatendienst in Sibirien bestimmten Kameraden nahm unterdessen unaufhörlich ihren langsamen Fortgang; alle drei Tage wurden nur vier Mann abgeschickt, damit der Postenlauf nicht gehemmt werde. — Im September bekamen wir die Erlaubniß, bis zu unserer Abfertigung unsere nächsten Verwandten eine Stunde in der Woche sehen zu dürfen. Meine Frau besuchte mich· jede Mittwoch. — Auch meine Brüder durften mich zuweilen sehen, einer derselben kam aus Estland angereist. Mein jüngster Bruder, Kadet im 1. Kadettencorps, erschien gleichfalls, er weinte bitterlich und bedauerte unter Anderm, daß ich durch meine Verurtheilung das Recht verloren, jemals das Georgenkreuz zu verdienen. Er theilte mir ferner mit, daß die Kadetten stolz darauf seien, mehrere Namen früherer Zöglinge ihres Instituts in der Zahl der Verurtheilten zu finden, und daß sie mich bedauerten, weil ich nicht desselben ehrenvollen Looses wie Rylejew theilhaftig geworden.

10*

So vergingen sieben Monate in steter Erwartung meiner Abreise nach Sibirien. Ein ganzes Jahr der Einkerkerung in den Kasematten lag bereits hinter mir und noch immer mußte ich warten. Im Winter wurden die leergewordenen Nummern unseres Gefängnisses von Polen besetzt, die Kenntniß von der geheimen Gesellschaft in Rußland gehabt hatten. Diese Polen verstanden ihre Sache so gut zu führen, die Haltung der polnischen revolutionären Gesellschaft so gut zu verdecken, daß nur Wenige, Graf Moschinsky, Kryschanowsky und Janusch-Kewitsch nach Sibirien verbannt wurden. Gegenüber meiner Nummer hatte die Stelle von Bobrischtschew-Puschkin I. ein Obrist Worzel eingenommen. Er war mit dem Schicksal der übrigen Verurtheilten nicht bekannt, da er mehrere Monate in einer anderen Festung zugebracht hatte. Singend und in französischer Sprache erkundigte er sich bei mir, seinem gegenüber eingeschlossenen Nachbarn, nach seinen Bekannten, — er nannte Pestel, S. Murawjew, Woltonsky — singend mußte ich ihm antworten: pendu, pendu, exilé à Nertschinsk. — Nach Neujahr 1827 wurden die Abfertigungen wieder neu aufgenommen. Mein Mantelsack war schon lange bereit. Mein Schwager war nach Petersburg gekommen und hatte Renn-thierfelle gekauft, aus denen meine Frau mir einen

Ueberrock nähen ließ. Das Fell des Thieres war nach
außen gekehrt, der Rock von innen mit Seide wattirt.
Dieser Anzug war leicht, warm und bequem; da ich
außerdem einen Pelz besaß, so konnte ich auf der Reise
jeder Kälte trotzen. Der dritte Februar, Namenstag
meiner Frau, war der Tag unsers Abschieds und der
letzten Zusammenkunft in der Festung; Tags darauf
sollte ich abreisen. Ich wußte das im Voraus, weil an
demselben Tage M. M. Naryschkin, Lohrer und zwei
Brüder Beläjew abgefertigt worden waren und nach
diesen die Reihe an mich kommen sollte. Ich bereitete
meine Frau dazu vor und wiederholte meinen Wunsch,
daß sie mir nicht eher folgen möchte, als bis mein Sohn
gehen könne und das Durchbrechen der Zähne über-
standen habe. Wir wußten damals noch nicht, daß
den Frauen der Verurtheilten nicht gestattet sei, ihre
Kinder mitzunehmen. — Um Trostgründe für meine
Abreise war ich nicht verlegen; ich stellte meiner Frau
vor, wie nothwendig es meiner Gesundheit sei, wieder
frische Luft zu athmen, daß das einstündige Wiedersehen
einmal in der Woche auf die Dauer nicht erfreulich für
sie sein werde, zumal sie bemerken müsse, wie rasch die
Einkerkerung meine Gesundheit untergrabe. Seit dem
Anfange des Winters hatten unsere Spaziergänge gänzlich aufgehört, die spärliche Lampe gestattete kaum einige

Minuten nach einander das Lesen, durch Unachtsamkeit
der Wächter brannte der eiserne Ofen bald einen alten
Handschuh, bald einen Fettlappen an, so daß die ohne=
dies schon verpestete Luft noch verderblicher wurde; ich
fühlte wirklich, daß meine Kräfte langsam aber stetig
abnahmen. Alles, was ich meiner Frau in Gegenwart
des Platzadjutanten sagen konnte, theilte ich ihr mit.
Zum zweitenmale schlug ich ab, heimlich Geld mitzu=
nehmen. Jedem von uns war es erlaubt, fünfundneunzig
Rubel Banko=Assign. zu haben, die der Verwahrung
des Begleiters übergeben werden mußten. — So nah=
men wir einen langen, schweren Abschied; meine Frau
gab mir ein kleines hölzernes Kreuz aus Jerusalem,
welches auf ihrer Brust und auf der Brust meines
Sohnes geruht hatte. Meinen Sohn konnte ich an
diesem Abschiedstage nicht sehen, weil Skropheln seine
Wangen bedeckten. Vielleicht hätte der Platzadjutant
Nikolajew unsere letzte Zusammenkunft verlängert,
aber dies würde die Trennung doch nicht erleichtert
haben.

Den 5. Februar saß der Platzadjutant länger als
gewöhnlich auf meinem Bett und zeigte mir an, daß er
mich noch in dieser Nacht zu meiner Abreise abholen
werde. Im Winter erfolgt die Abfertigung Verur=
theilter um Mitternacht. Ich hatte Zeit mich vor=

zubereiten, das heißt, ich empfahl mich und Alles, was mir theuer und lieb war, dem allliebenden, allmächtigen Vater. Die Uhr schlug eilf, noch einmal tönte die einförmige Melodie God save the king an mein Ohr; ich war froh dieses Geläute zum letzten Mal gehört zu haben. Dann schob Sokolow eilig die Riegel meiner Zelle auf; ich konnte ihn umarmen, ehe der Platzadjutant eintrat und mich zum Kommandanten führte. An der Treppe der Kommandantur standen fünf Schlitten. Gleich nach mir wurden N. P. Repin, M. N. Glebow und M. K. Küchelbecker in die Kommandantur geführt. Wir umarmten einander; mit Ersterem hatte ich zusammen gedient, mit den Letzteren am Exekutionstage Bekanntschaft gemacht. Wir hatten unsere eigene warme Kleidung. In demselben Zimmer standen der Platzmajor, zwei Platzadjutanten, ein Feldjäger und an den Ofen gelehnt der wohlbekannte Doctor im schwarzen Frack; auf dem Kaminsims sah ich Arzneigläser. Nikolajew sagte mir, der Doctor wäre bei jeder Abfertigung gegenwärtig, um im Falle einer Ohnmacht oder eines Krankheitsfalles Hilfe zu leisten. Für uns blieb er Zuschauer. Unsere kurze Unterhaltung wurde durch den Eintritt des Kommandanten Sukin unterbrochen; ihm folgte ein Feuerwerker, der die beiden Enden seines Mantels geheimnißvoll in den

Händen zusammenhielt. — Der Kommandant zeigte
uns an, daß er uns auf allerhöchsten Befehl nach
Sibirien abzufertigen habe und zwar in Ketten; bei
diesem letzten Worte ließ der Feuerwerker die Enden
seines Mantels fallen und auf die Diele klirrten die
für uns bestimmten Fesseln. Der Kommandant ent=
fernte sich. — Die Reifen um die Fußknöchel wurden
zusammengeklappt, mit Schlössern zugeschlossen und die
Schlüssel dem Feldjäger, der uns geleiten sollte, gegeben.
Wir traten hinaus; es war etwas schwer die Treppen
hinunter zu steigen; ich hielt mich an dem Geländer
fest, einer von meinen Kameraden stolperte und wäre
beinahe gefallen. Da brachte uns der Platzmajor
rothe Schnüre, die früher zum Zusammenbinden von
Federposen gedient hatten. Ein Ende der Schnur
wurde an einem Ring befestigt, der die eisernen Stäbe
und Glieder der Fesseln vereinigte, das andere Ende
derselben mit den aufgehobenen Eisen an den Gurt ge=
bunden; so konnten wir uns rascher bewegen und
Schritte von etwa einer halben Elle Länge machen.
Dienstfertige Gensd'armen kamen uns an der Treppe
entgegen, setzten uns einzeln in die Schlitten, und so
fing unsere 6600 Werst (944 deutsche Meilen) weite
Reise an. —

Unser Weg war vom Monde und von funkelnden

Sternen hell erleuchtet. In kurzem Trabe fuhren wir
über die Newa; mein Blick war nach Wassily-Ostrow
gewandt; ich wußte, daß meine Frau jetzt für mich
betete. Il n'y'a rien de plus beau dans le monde
que le ciel étoilé et le sentiment du devoir dans
le coeur de l'homme, hatte sie meinem Vater ein=
mal gesagt. — Beim Marmorpalais erreichten wir das
andere Newaufer, lenkten in die Liteinaja ein, in die
Offiziersstraße, zur Newsky'schen Perspective, dann am
Alexander-Newsky-Kloster vorüber zum Schlüsselburg=
schen Thor. Nur wenige Häuser waren noch erleuchtet,
die Straßen waren öde; man hörte nur das Anrufen
der Straßenwächter, die mit ihren Hellebarden auf= und
niedergingen, und begegnete hin und wieder einem ver=
späteten Gaste; es war eben die Butterwoche*). —
Beim Schlagbaume wurde angehalten, der Feldjäger
trat in die Wachtstube, die Postillone lösten unterdessen
die Zungen der Postglocken, die Schildwache hob den
Schlagbaum, muthig und flink sprengten die Pferde
davon. Die Kälte ohne Wind erfrischte uns, die Po=
stillone bemühten sich recht schnell zu fahren und riefen
ihren Pferden beständig: „Butterwoche, Ihr Falken!"

---

*) Bekanntlich heißt die Carnevalswoche vor Beginn der
großen Fasten russisch „Butterwoche" (Maßliniza).

zu. In einer Stunde waren wir auf der nächsten
Station. — In kurzer Frist waren andere Schlitten angespannt, da man auf der Poststation die für die
Abfertigungen bestimmten Tage im Voraus wußte;
nach wenigen Minuten saßen wir in anderen Schlitten,
gutmüthige Postillone umwickelten unsere Füße sorg-
fältig mit trockenem Heu, damit wir nicht frieren sollten, und weiter ging es in unaufhaltsam rascher Fahrt.
Auf den beiden ersten Stationen fanden Einige von
uns Verwandte und Freunde vor, die sich eingefunden
hatten, um noch einmal von den Verbannten Abschied
zu nehmen; der Geistliche Myslowsky hatte die Freund-
lichkeit gehabt, sie über den Tag unserer Abfertigung
zu benachrichtigen. Dann eilten wir weiter.

Mit steigender Unruhe bemerkte ich, daß wir uns
der Festung Schlüsselburg näherten; ich befürchtete,
daß man auch uns in ihre Mauern einschließen würde,
da ich wußte daß Einige unserer Kameraden daselbst
nach Vollziehung der Sentenz längere Zeit eingesperrt gewesen waren. In einer Festung eingeschlossen
zu sitzen erschien mir aber schrecklicher als jedes andere
Loos. Wir kamen an den Kreuzweg, wo es links zur
Festung, rechts zum Dorf und weiter zur Station geht
— mein Herz schlug immer stärker; unsere Schlitten
bogen rechts ab zum Dorfe, wir hatten die Festung

nicht zu fürchten. Rasch waren die Pferde gewechselt,
wir jagten weiter; nur undeutlich konnte ich die Mauern
der Festung sehen, an welcher russische Soldaten einst
eine berühmte Probe ihrer Tapferkeit abgelegt hatten.
Peter, der Schlüsselburg den Schweden entreißen wollte,
ließ die Festung stürmen, aber während des Sturmes
zeigte sich's, daß die Sturmleitern zu kurz seien. Peter,
die Unmöglichkeit eines Erfolgs einsehend, befahl, den
Sturmlauf einzustellen. — „Sagt dem Kaiser," ent=
gegnete der Anführer, Fürst Galitzyn, als er den Befehl
erhielt, „daß ich jetzt nicht ihm angehöre, sondern Gott
allein; vorwärts Kinder!" — Galitzyn stellte sich auf
die Schultern eines Kriegers, der auf der höchsten
Stufe der Leiter stand, und war der Erste auf dem
Walle, die Andern folgten ihm nach und die Festung
wurde genommen.

Noch während der Butterwoche durchreisten wir die
Städte Tichwin, Ustiugna, Molaga. Allenthalben,
wo wir zu Mittag und zu Abend speisten, wurden wir
mit fertigen Blini (Fastnachtspfannkuchen) und Fisch=
suppe aus Sterlett erwartet. Nach mehrtägiger Fahrt
kamen wir Nachts in Rybinsk an, wo wir zum ersten
Male seit dem Beginn unserer Reise einige Stunden
ruhen durften. Auf der Station waren nur zwei Zim=
mer vorhanden; im ersten derselben standen blos Tische

und Stühle, das zweite, mit Divan und Betten, war
bereits von Reisenden besetzt. Die Erschöpfung machte
ihr Recht geltend: wir lagerten uns eben auf dem Fuß=
boden, als aus dem hintern Zimmer ein mit dem
Georgenorden geschmückter Mann in Admiralsuniform
heraustrat, dem zwei verschlafene Jünglinge folgten,
von denen jeder ein Kissen und ein Bündel trug. —
Wir entschuldigten uns, daß wir die Herren unwill=
führlich durch das Geklirr unserer Ketten aus der Ruhe
gestört hätten. — „Ich bitte Sie, meine Herren" —
sagte der Admiral höflich — „mit mir das Zimmer zu
wechseln, in meinem Zimmer ist es wärmer, Sie werden
dort besser ruhen als hier; Ihr Weg ist ein weiter, der
meine nur nach Petersburg." — Der Unbekannte reiste
in die Residenz, um seine Söhne ins Kadettencorps zu
bringen; hier gab er ihnen eine vorläufige gute Lehre.
— Nach kurzer Rast ging es unaufhaltsam weiter. An
einem Sonntagvormittag langten wir endlich in Jaros=
law an, in einem Gasthofe auf dem Marktplatze, wo
man die Postpferde wechselte. — Während man uns
den Tisch deckte und ich auf und ab ging, hörte ich be=
hutsam an die Thür klopfen. Eine zarte Stimme
fragte: Ist J. D. Jakuschkin hier? wo ist er? wann
kommt er?" — Es waren des verurtheilten Jakuschkin
Frau und seine Schwiegermutter die Gräfin N. N. Scher=

metjew.*) Diese Fragen konnte ich nicht beantworten, ich wußte nur, daß Jakuschkin schon längst aus der petersburger Festung in eine andere nach Finnland versetzt worden war. Die beiden in Luxus und Wohlleben aufgewachsenen Damen lebten seit Monaten in diesem elenden Gasthause, um Jakuschkin zu erwarten; er wurde erst im folgenden Sommer nach Sibirien abgefertigt.

Während wir speisten, versammelte sich das Volk auf dem Platze; in einer Viertelstunde war der Platz so dicht von Menschen angefüllt, daß, wenn man von oben herab einen Apfel geworfen hätte, er nicht in den Schnee gefallen wäre, ohne eine Mütze oder eine Schulter zu berühren. Unsere Schlitten standen im inneren Hofe bereit, die Pforte war geschlossen, an der Außenseite standen zwei Gensd'armen mit blank gezogenem Säbel. — Im Korridor begrüßten uns Frau von Jakuschtin und ihre Mutter und wünschten uns eine glückliche Reise. Als wir die Treppe hinabstiegen, befahl der Feldjäger, daß sein Schlitten vorfahre und daß die Gensd'armen nicht hinter ihm zurückbleiben sollten; im Hofe setzten wir uns ein. Kaum hatte die Wache die Pforte geöffnet, als wir pfeilschnell über den Platz

---

*) Die Grafen Schermetjew gehören den reichsten und vornehmsten Geschlechtern des russischen Adels an.

fuhren, wo von beiden Seiten eine unzählige Menge
Volks stand. Ich hatte kaum Zeit meine Hand an die
Mütze zu legen und zu grüßen, als alle Hüte herunter-
flogen und uns ehrfurchtsvoll grüßten; von „Volkswuth“ war keine Spur zu entdecken. In wenigen Minuten hatten wir die Wolga passirt, auf deren östlichem
Ufer es jetzt weiter fort ging.

Wie Feldjäger jagten wir unaufhaltsam Tag und
Nacht weiter; im Schlitten zu schlafen war fast unmöglich, in Ketten und Kleidern zu nächtigen beinahe
ebenso unbequem; daher schlummerten wir immer nur
einige Minuten auf den Stationen, während die Pferde
umgespannt wurden; die eilige Fahrt wurde immer
angreifender und unerträglicher. Kostroma, Makarjew,
Kotolnitsch, Wjätka, Glasow, Perm, Kungur, Katherin-
burg, Tjumen zogen in gespenstiger Eile an unseren
Blicken vorüber. In Glasow nächtigten wir und hier
wurden zum ersten Mal unsere Ketten auf einige Augenblicke abgenommen, während wir die Wäsche wechselten.
— Jetzt, wo wir von den Hauptstädten des europäischen
Rußlands weit entfernt waren, hatten wir Gelegenheit
die eigenthümlichen Praktiken des Feldjägers, der uns
beigegeben war, kennen zu lernen. Unser Begleiter
verstand es vortrefflich seine Börse zu füllen. Von Tisch-
win an ließ er nur vier Schlitten anspannen; er lud

mich ein, mit ihm in seinem Schlitten zu sitzen, setzte
meinen Gensd'armen in den folgenden Schlitten und so
blieben die Vorspanngelder für die drei Pferde, welche
einen fünften Schlitten hätten ziehen sollen, für volle
dreitausend Werst in seiner Tasche. Das hätte man
sich noch gefallen lassen können, denn er übervortheilte
dadurch Niemand, nicht den Stationshalter, nicht die
Postillone, nicht die Postpferde, denn drei Pferde konn=
ten ohne Anstrengung einen Verurtheilten mit zwei
Gensd'armen fortschleppen; sogar der Krone that er
keinen Schaden, sie hatte ihm eine bestimmte Summe
verabfolgt, für welche er die Arrestanten bis zum be=
stimmten Orte zu begleiten hatte. Aber der Feldjäger
begnügte sich damit nicht: sobald die Pferde angespannt
waren, fragte er den Posthalter mit lauter Stimme:
„wie viel habe ich Dir Vorspanngeld zu zahlen?" —
Wenn dieser nur die Hälfte des gesetzlichen Betrages
verlangte, so befahl er ruhig, daß der Feldjägerschlitten
hinterdrein fahren, die Gensd'armen mit den Verur=
theilten vorausfahren sollten. So ging es dann in
vollem Trabe; neben mir sitzend schlummerte er ruhig
oder stellte er sich schlafend, und wir fuhren glücklich
weiter. Wo der Posthalter aber die volle Summe des
Vorspanngeldes verlangte, da donnerte die Stimme des
Feldjägers: „Mein Dreigespann fährt voraus, Gens=

d'armen bleibt nicht nach!" Dann begann ein wildes
Jagen, welches die unglücklichen Pferde absichtlich
ruiniren sollte. Immerwährend stieß der Feldjäger den
Postillon mit seinem Säbel, indem er „Vorwärts! Vorwärts!" brüllte. „Du solltest nur Leichen fahren, aber
nicht Feldjäger!" — und drohend und fluchend trieb
er den Postillon zu wahnsinniger Eile an. Ich mußte
bisweilen mit dem Aermel meines Pelzes Mund und
Nase bedecken, das schnelle Fahren bei der strengen
Kälte hemmte mir den Athem. Durch solche Chikanen
brachte der schändliche habsüchtige Mensch es dahin,
daß allein bis Tobolsk sieben Pferde todt zu Boden gestürzt waren. Er hoffte dadurch die Posthalter zu einem
theilweisen Nachlaß des Vorspanngeldes zu zwingen.
— Ich remonstrirte und schalt vergebens und konnte
oft kaum an mich halten, wenn ich sah, daß der Postillon
auf solche Weise sein bestes, feurigstes Pferd verlor und
schluchzend die Stränge desselben durchschnitt. Ich
wollte, daß der Feldjäger auf der nächsten Station ihm
einen Revers ausstelle, nach welchem der Eigenthümer
20 Rubel Silber Entschädigung erhielt, obgleich das
Pferd 40 Rubel werth war. „Ach was," rief der Feldjäger, „wie können Sie sich für einen Betrüger und
Taugenichts verwenden, der mir mit Absicht ein krankes
Pferd vorgespannt hat; das ist eine alte Finte dieser

Kanaillen," und dabei blieb es. Doch auf den Stationen, die von Tataren gehalten wurden und jenseit
Tjumen immer zahlreicher wurden, konnte der Feldjäger
Nichts ausrichten; man verlangte von ihm die volle
Summe des Vorspanngeldes und fuhr so schnell, daß er
den Fuhrleuten Nichts anhaben konnte. Wenn wir uns
einer Station näherten, so hoben die Fuhrleute uns
sogleich aus den Schlitten, damit die Pferde keine Minute stehen blieben und eine Stunde lang zur Erholung
umher geführt werden konnten. Mit Schadenfreude
und Lächeln sahen wir auf den Feldjäger; die Postillone
waren gewandt und ihrer Sache sicher, ihre Pferde leicht
und rasch wie der Wind.

Am 22. Februar früh Morgens kamen wir in Tobolsk im Hause des Polizeimeisters an; hier empfing
uns ein Polizeibeamter, der uns ersuchte, nicht aus den
Schlitten zu steigen, sondern zum Polizeihof zu fahren.
Wir waren überrascht über diesen höflichen Empfang,
der zu der Wohnungsanweisung einen schroffen Kon-
trast bildete: wir erhielten ein Zimmer im Polizeizucht-
hause. Unterdessen hatte man unsere Postschlitten nicht
weggeschickt, unsere Reisesäcke nicht herausgetragen. Wir
waren nämlich so schnell gereist, daß wir unsere Kameraden
eingeholt hatten, die zwei Tage vor uns aus Petersburg abgefertigt worden waren; bis man sie weiter

expedirte, wurden wir in der Polizei aufgehalten, dann aber in die Wohnung des Polizeimeisters Alexéjew geführt, wo wir zwei Tage in dessen Gastzimmern ruhten und auf Befehl des Civilgouverneurs Bantysch-Kamensky außerordentlich gut bewirthet wurden. Zum Frühstück reichte man uns allein zwölf verschiedene Fischgattungen aus den fischreichen Flüssen Sibiriens. Diese Ruhe und Pflege war uns nothwendig und wurde in vollen Zügen genossen. Am Morgen des dritten Tages mußten wir unsere Reise fortsetzen; statt des Feldjägers gab man uns einen Assessor des Kurganschen Kreisgerichts, J. M. Gerassimow mit, statt der Postpferde spannte man Bauerschießpferde vor. Vor unserer Abreise aus Tobolsk wurden wir zum Civilgouverneur geführt, der uns höflich empfing und sich freundlich erkundigte, wie unsere Gesundheit die Einsperrung in der Festung und die weite Reise ertragen habe? Dann verbeugte er sich und sagte unserem Begleiter: „Das sind Ihre Arrestanten; Sie werden aber nicht vergessen, daß Sie es mit Gentlemen (wörtlich: wohlgeborenen Leuten) zu thun haben.“

Jetzt reisten wir auf der großen Hauptstraße, die quer durch ganz Sibirien führt; Alles war auf zu transportirende Verbrecher eingerichtet, jede Station zugleich ein Etappenort. Die Gegend südlich von die-

ſer großen Straße iſt die bevölkertſte des ganzen Lan=
des: immerhin iſt die Bevölkerung ſo ſchwach, daß
Städte immer nur auf je 100—400 Werſt vorkommen.
In Tara konnten wir von der Gaſtfreundlichkeit des
Polizeimeiſters Stepanow, eines kaukaſiſchen Kriegers aus
Jermolows Zeiten, nicht Gebrauch machen, weil wir dieſe
Stadt Nachts paſſirten. Gefährten, denen wir ſpäter begeg=
neten, mußten den Edelmuth dieſes Mannes nicht ge=
nug zu preiſen, der wegen ſeiner Humanität ſpäter zur
Verantwortung gezogen wurde, übrigens kurz erwiderte,
er ſei einfach den Vorſchriften der chriſtlichen Liebe ge=
folgt. — Die Schießpferde wurden in den Höfen der
Gemeindegerichtshäuſer gewechſelt, wo wir zuweilen
Gemeindeberathungen antrafen und uns nicht ſelten
über den einfachen raſchen Gang der Kommunal=
angelegenheiten und den geſunden Sinn der ſibiriſchen
Bauern freuten. Die Nächte brachten wir in rein=
lichen Bauerhäuſern zu, wo die Eigenthümer uns treu=
herzig aufnahmen und jede Zahlung ablehnten. —
Ueber Sibirien und deſſen Bewohner werde ich bei Ge=
legenheit der Schilderung meiner Rückreiſe ausführlicher
berichten, da dieſe im Sommer erfolgte und ich im Winter
keine Gelegenheit hatte, Land und Leute auf der raſchen
Reiſe kennen zu lernen. Hier will ich nur noch kurz des
Wohlthätigkeitsſinnes der Sibirier Erwähnung thun: an

gewissen Tagen und an bestimmten Orten sahen wir
eine Menge Bauern, die am Wege unter freiem Him=
mel bei großer Kälte dastanden. Es war Gebrauch,
daß die Bewohner der an der großen Straße liegenden
Dörfer sich versammelten, um die Züge der „Unglück=
lichen" (so werden die Verbannten und Verwiesenen
in Sibirien genannt) zu erwarten und denselben Eß=
waaren, warme Strümpfe u. s. w. zu verkaufen. Die
Aermeren erhielten diese Dinge regelmäßig geschenkt.
Das geschieht zwei Mal wöchentlich an den Tagen, wo
die Verurtheilten von Etappe zu Etappe geführt werden,
und die Bewohner der Dörfer lösen sich dabei nach
einem bestimmten Turnus ab. Ich erfuhr, daß dieser
christliche Gebrauch schon seit alter Zeit bestehe. —
Ueberall, von Tobolsk bis Tschita, nahm man uns
liebreich auf; auf unsere offenen Schlitten wurden
schützende Verdecke gebunden, unsere Füße sorgsam in
wärmendes Heu gehüllt, wir selbst mit Segenssprüchen
begleitet.

Unser Weg führte durch die Städte Tara, Kainsk,
Kolywan, Tomsk, Atschinsk, Krasnojarsk, Kansk,
Nishny=Udinsk, Irkutsk; neun Städte auf einer Strecke
von 3000 Werst (etwa 430 deutschen Meilen). Von
Krasnojarsk an fuhren wir mehrere Stationen weit
auf Rädern. Die wellenförmigen Berge von gelblich=

rother Kreide hatten den Schnee abgeworfen, der Weg
staubte bereits. — Die Hauptstraße von Krasnojarsk
war mit gut gebauten steinernen Häusern von nicht selten zwei Stockwerken eingefaßt; wir hielten auf dem
Markte bei der Polizeiverwaltung an, wo verschiedene
Einwohner lange um die Ehre stritten, uns bei sich be-
herbergen zu dürfen. Endlich bat ein Greis den Polizeimeister uns in sein Haus aufnehmen zu dürfen, es
war ein Kaufmann Starzow. Er gab uns seine besten
Zimmer, bewirthete uns freigebig und hatte nach russischer Art ein erquickendes Bad bereiten lassen. Bei
unserm Eintritt in sein Haus stellte er uns seine Söhne
und Schwiegertöchter vor; wir führten mit ihm eine
angenehme Unterhaltung über die uns unbekannte
Gegend. — Ich freute mich, daß ich zufällig gerade bei
ihm einquartirt war, und hoffte auf diese Weise hinter
ein Geheimniß zu kommen, daß uns schon lange plagte;
aber alle meine Fragen und Anspielungen blieben vergeblich, Starzow sagte immer, daß er Nichts wisse.
Die Sache war die, daß von Tjumen an die Postillone
und Bauern uns überall gefragt hatten, ob wir nicht
Afanassy Petrowitsch gesehen hätten? Dann erzählten
sie, daß der Polizeimeister aus Tobolsk, Alexéjew, und
der Kaufmann aus Krasnojarsk, Starzow, diesen Mann
ehrerbietig nach Petersburg begleitet hätten, daß der-

selbe einen Tag in Tobolsk geruht und den General-
gouverneur Kopzewitsch, der an einer halb geöffneten
Thür dagestanden, bemerkt, sogleich erkannt und gefragt
habe: „Nun, Kopzewitsch, Favorit von Gatschina, er-
kennst du mich noch?" — Der Unbekannte sei sehr alt,
aber noch frisch gewesen und habe sich durch eine sehr
feine Kleidung ausgezeichnet. Im Volk cursirten die
verschiedensten Gerüchte. Einige behaupteten, Afanassy
Petrowitsch sei ein vom Kaiser Paul verschickter Bojar,
Andere hielten ihn für einen leiblichen Bruder dieses
Monarchen. Mein Wirth war wahrscheinlich in das Geheimniß eingeweiht, aber er schwieg hartnäckig. Als
ich später auf meiner Rückreise in seinen Wohnort kam,
fand ich ihn nicht mehr am Leben; seine Kinder wußten
nur, daß er und der Obrist Alexéjew die geheimnißvolle
Person nach Petersburg begleitet hätten.

Den 22. März kamen wir endlich in Irkutsk an;
die letzten 3000 Werst waren wir mithin noch einmal
so langsam gefahren, als die ersten 3000 Werst von
Petersburg bis Tobolsk: dafür war kein einziges Pferd
gefallen und wir hatten ein- bis fünfmal wöchentlich
genächtigt. In Irkutsk hatten wir einen Rasttag, den
wir in einem schlechten Gefängniß zubringen mußten.
Hier trennten wir uns von unserem zweiten Begleiter
und erhielten einen neuen in der Person eines Kosaken-

unteroffiziers. Zwei Poststationen jenseit Irkutsk fuhren wir über den Baikalsee, hier das heilige Meer genannt. Die Pferde liefen über sechzig Werst weit ohne
anzuhalten; die Fuhrleute hatten in ihren Schlitten
einige Bretter mitgenommen, um über die breiten Eis-
spalten des Sees Nothbrücken zu schlagen. Ueber diese
Spalten, die oft mehrere Ellen breit waren, sprangen
die Pferde mit einer solchen Geschwindigkeit hinweg, daß
die langen Schlitten kaum das Wasser berührten; überhaupt sind die sibirischen Pferde ungewöhnlich aus-
dauernd und rasch, obgleich klein und unansehnlich, — ohne
Anstrengung laufen sie 80 Werst in einem Strich. —
Das jenseitige Ufer des Baikal erreichten wir beim
Kloster Podolsky. Die schöne Umgegend dieses Ortes,
den ich später kennen lernte, war jetzt mit einer Schnee-
decke belegt, deren Einförmigkeit nur hier und da durch
Dörfer, Berge und Wälder unterbrochen wurde. Einige
Stationen diesseit Tschita sahen wir zum ersten Mal
die Jurten (Filzzelte) herumziehender Burjäten. Auf
der letzten Station vor Tschita, in Klutschewoy, spannte
man uns Postwagen vor, weil um Tschita herum das
ganze Jahr hindurch der Schnee nicht liegen bleibt.
Dieser Ort ist sehr hoch gelegen und sieht beständig
einen klaren, unbewölkten Himmel über sich; wenn
auch bisweilen Schnee fällt, so wird er sofort durch den

Wind wieder in die Thäler geweht. In gewissem Sinne
läßt sich sagen, daß Tschita zu kalt für den Schnee sei;
die Kälte stieg bis zu 40 Grad Réaumur, sodaß das
Quecksilber im Thermometer zufror und nur noch ein
Spiritus-Thermometer den Grad der Kälte angeben
konnte. — Kurz vor diesem Ort unserer Bestimmung
hatten wir noch ein Abenteuer zu bestehen. Am
29. März fuhr ich mit Glebow in einem verdeckten
Postwagen die letzte Station unserer weiten Reise nach
Tschita; der Fuhrmann war ein heidnischer Burjäte,
der die Geschirre nur nachlässig aus Stricken zusammen-
gebunden hatte. Nachdem wir 10 Werst gefahren
waren, befanden wir uns auf einem hohen Berg, von
welchem aus das kleine Dorf Tschita sichtbar wurde.
Wir fuhren langsam und behutsam die Anhöhe hinab;
plötzlich aber rissen die Stricke des Geschirrs, gleichzeitig brach der hölzerne Nagel, der die Vorderräder
mit dem Wagen verband — in einem Augenblicke
waren wir herausgeschleudert. Glebow fiel über das
rechte Seitenpferd auf den Weg, der Fuhrmann warf
sich seitwärts, ich blieb mit dem rechten Fuße an den
Strängen des einen Seitenpferdes hängen, mich mit
beiden Händen an der Mähne des Mittelpferdes fest-
haltend. Die Pferde jagten zwei Werst weit unaufhaltsam in gestreckter Carrière vorwärts, nur die Vorder-

achſe des zerbrochenen Wagens mit ſich führend; zwi=
ſchen ihnen hielt ich mich mit meinen ſchweren Ketten
nur mühſam feſt, bis Repin und Küchelbecker, die vor
uns am Fuße des Berges angekommen waren, meine
mißliche Lage ſahen, die Pferde anhielten und mich
herunter nahmen. Meine Ketten hatten mich an jeder
Art von Selbſthilfe gehindert. Merkwürdigerweiſe blieb
ich unbeſchädigt; ſogar meine Kleidung war nicht zer=
riſſen worden. Der Wagen wurde reparirt und nach
einer Stunde gelangten wir endlich an das Ziel unſerer
Reiſe, in das Gefängniß von Tſchita, ein von einem
Zaune umgebenes Holzhäuschen. Wir hofften, einige
unſerer Kameraden, die vor uns aus Petersburg ab=
gefertigt worden waren, vorzufinden; aber dieſe be=
wohnten ein anderes temporäres Gefängniß, in welchem
für uns kein Platz war, da daſſelbe nur 24 Mann be=
herbergen konnte.

Wir wurden von dem Kapitän eines Linienbataillons,
einem Platzadjutanten, einem Schreiber und einigen
Schildwachen in Empfang genommen. Der Kapitän
fragte, ob wir Geld oder Koſtbarkeiten bei uns führten,
die ſtreng verboten ſeien. — Ich nahm ſogleich die
ſeidene Schnur von meinem Halſe, an welcher ein ein=
gefaßtes Portrait meiner Frau, ein Medaillon mit den
Locken meiner Eltern und ein Päckchen Staub der hei=

mathlichen Erde hingen. Als ich diese Sachen dem
Kapitän einhändigte, bemerkte er an meinem Finger
einen goldenen Ring und rief mit Stentorstimme:
„Was hast Du da an dem Finger?" — „Meinen Trau=
ring." — „Herunter damit!" Ich entgegnete ihm höf=
lich, daß man mir den Trauring im Winterpalaste und
in der Festung gelassen habe und daß das Tragen eines
solchen nicht verboten sei. — „Herunter damit, sage
ich Dir!" kreischte der rohe Mensch noch einmal. Ich
antwortete ihm mit vornehmer Ruhe: „Nehmen Sie
den Ring mit dem Finger zusammen" — kreuzte meine
Arme über die Brust und lehnte mich kaltblütig an den
Ofen. — Der Adjutant gab dem Kapitän keine Zeit
ein Wort zu sagen, flüsterte ihm etwas ins Ohr, nahm
unsere Kostbarkeiten zusammen und entfernte sich.
Unterdessen untersuchte ein Schreiber unsere Reisesäcke
und Bücher und notirte alle Sachen. Nach einer halben
Stunde kehrte der Adjutant mit der Anzeige zurück, daß
der Kommandant mir das Portrait meiner Frau zurück=
sende und mir den Trauring zu tragen gestatte; die übri=
gen Andenken sollten sorgsam in der Kanzlei aufbewahrt
bleiben. — So endete unser Empfang. Von dieser Stunde
an, während meines ganzen Aufenthaltes in Tschita und
später im Gefängniß von Petrowsky, benahm sich der
Kapitän Stepanow übrigens sehr höflich gegen mich.

Anderen Tages besuchte uns unser Kommandant
St. R. Leparsky, ein uralter Kavallerieoffizier, der
Jahrzehnte lang das Sewersche reitende Jägerregiment
befehligt hatte, dessen Chef der Großfürst Nikolaus gewesen war, ehe er Kaiser wurde. Wenn in anderen
Regimentern Unannehmlichkeiten vorfielen, in Folge
deren man Offiziere versetzen mußte, so wurden die so-
genannten unruhigen Köpfe stets in Leparsky's Regiment übergeführt, der mit Allen umzugehen verstand
und sich nie Feinde machte. Obgleich er sein ganzes
Leben in entfernten Garnisonen zugebracht hatte, so
machte sich doch sofort geltend, daß er in der Jugend
eine gute Bildung empfangen hatte. Er war Zögling
der Jesuitenschule von Polozk gewesen, konnte Lateinisch
und drückte sich im Französischen und Deutschen geläufig
aus. Dabei war er ein edler Mensch und vollkommner
Gentleman. — Der Greis erkundigte sich mit Theilnahme, wie wir die weite Reise zurückgelegt hätten und
ob wir nicht der Hilfe eines Arztes bedürften? Er fügte
hinzu, daß er gern zur Erleichterung unseres Schicksals
beitragen werde. Darauf bat ich ihn um die Erlaubniß, meiner Frau schreiben zu dürfen: diese Bitte mußte
er mir abschlagen, weil uns das Schreiben ausdrücklich
streng verboten war.

Zwei Tage nach uns langte die folgende Reihe

unſerer Gefährten aus Petersburg an: B. N. Licharew,
v. Tieſenhauſen, S. T. Kriwzow und Tolſtoy. Zwei
Tage darauf kamen Ljublensky, Wigabowsky, Liſſowsky
und N. A. Sagorezky an; dieſen folgten noch von der
Brüggen, A. B. Jentalzow, A. J. Tſcherkaſſow und
J. A. Abramow II. Wir hatten es enge, aber geſellig;
unſere ſchweren ·Ketten erlaubten uns nicht, viel zu
gehen, aber wir gewöhnten uns an dieſelben und lernten
ſie mit Riemen aufzubinden und am Gurt oder der
Halsbinde zu befeſtigen. Zwiſchen unſerem Häuschen
und dem hohen Pfahlzaun war ein Raum von zwei
Faden Breite; um dieſes Viereck bewegten wir uns
mehrere Mal täglich. — Im April wurden die Tage
wärmer. Ende Mai begann die Erde aufzuthauen,
ſodaß wir mit unſerer Arbeit beginnen konnten. ·Eines
Morgens führte man uns auf einen freien Platz, wo
wir unſeren Kameraden aus dem anderen Gefängniſſe
begegneten. Das Wiederſehen war ein höchſt erfreu=
liches und wiederholte ſich zwei Mal täglich, Morgens
von 8 bis 12, Nachmittags von 2 bis 5 Uhr. Dann
begann unſere regelmäßige Beſchäftigung. Man hatte
eine Menge Spaten, Hämmer, Grabſchaufeln, Karren
und Tragbahren zuſammengebracht; unſere erſte Arbeit
beſtand in dem Ausgraben des Fundaments zu unſerem
neuen Gefängnißgebäudes und des Grabens um das=

selbe. Diese Arbeit erinnerte uns daran, daß einst die
Schweizer gezwungen worden waren, für sich selbst die
Festung Zwing = Uri zu bauen, und das traurige Ge=
bäude, das wir aufführen sollten, hieß fortan „Zwing=
Uri". Jeden Tag, die Sonn= und Feiertage aus=
genommen, trat der wachehaltende Unteroffizier früh
Morgens zu uns herein und rief: „Meine Herren, an
die Arbeit!" — Gewöhnlich rückten wir mit Gesang
aus, um dann nach Kräften zu arbeiten; Zwang wurde
uns dabei nicht angethan. Das hatten wir unserem
Kommandanten zu verdanken, der in seiner Instruktion
zwar die Vorschrift erhalten hatte, uns schonungs=
los zur Arbeit zu gebrauchen, es durch Vorstellungen
aber dahin zu bringen wußte, daß das Maß unserer
Leistungen von seinem Gutdünken abhing.

V. Sträflingsleben in Tschita.

Ende Mai begannen die Berge und Wiesen um
Tschita zu grünen. Dieses kleine Dorf liegt an der
großen Straße zwischen dem Baikalsee und Nertschinsk,
auf einer Anhöhe, von zwei Seiten von hohen Bergen
umgeben. Der kleine Fluß Tschita ergießt sich in der
Nähe des Dorfs in den schiffbaren Fluß Ingoda und
bildet ein reizendes Thal. Nach Norden hin sieht man
den See Onon, an dessen Ufern Tschingis-Chan seinen
Gerichtshof hielt (er pflegte die Schuldigen in siedendem
Wasser zu kochen) als er nach Rußland marschirte.
Die Nachkommen seiner Mongolen, die Burjäten,
ziehen noch heute in dieser an Wiesen und Wasser
reichen Gegend als Nomaden umher; mit ihren Filzzelten sind sie bald hier bald dort, immer zu Pferde,
oft mit der Flinte, gewöhnlich mit Bogen und Pfeilen
bewaffnet, um das Pulver, das sie wohl kennen, für
besondere Nothfälle zu sparen. Ein Theil der Burjäten

hat sich angesiedelt, er treibt Ackerbau und berieselt seine
Felder und Wiesen ebenso geschickt, wie die Mailänder es
thun. Obgleich die hohe Lage Tschitas die Kälte im
Winter beträchtlich vermehrt, so hat dieser Ort doch
eine besonders reine, gesunde Luft. Der Himmel ist
fast immer heiter, außer im August, wenn die Gewitter
einige Tage lang fast ununterbrochen donnern und
dann ein Platzregen folgt, der mit ungeheuren großen
einzelnen Tropfen anfängt uud die Straßen binnen
weniger Stunden überschwemmt, weil das Wasser längs
dem Abhange Fall hat und sich tiefe Schluchten aus=
gräbt. — Bemerkenswerth ist noch die große elektrische
Kraft der Luft; die leichteste Berührung an Tuch oder
Wolle gab Funken und Knistern. Das Klima war ge=
sund, die Vegetationskraft des Landes ungewöhnlich zu
nennen, denn binnen 5 Wochen, vom Juni, wo die
Nachtfröste aufhören, bis Ende Juli, wo sie wieder an=
fangen, reifen Korn und Gemüse. Von letzterem
waren viele Gattungen in dieser Gegend unbekannt;
einer meiner Kameraden war der Erste, der hier
Gurken (im Freien) und Melonen (in Mistbeeten)
zog.

Berühmt ist das Thal von Tschita durch seine
Flora, um welcher willen man diese Gegend den
„Garten von Sibirien" nennt. Gewisse Gattungen

der Lilie, der Iris und verschiedene Zwiebelgewächse
habe ich nirgend schöner gesehen. — Die Zahl der
Einwohner des Dorfes, in dem wir lebten, betrug kaum
300; sie sind arm wie alle Bergwerksbauern. Sie
wohnten in kleinen Häusern, auf welche eine baufällige
hölzerne Kirche trübselig heruntersah, und ernährten
sich vom Ackerbau und vom Fischfang, der in der Ingoda und im Ononsee ergiebig ist. Das Land gehörte
der Krone, die es den Bauern anwies; dafür waren
diese zum Brennen von Kohlen verpflichtet, welche sie
zu Wasser in die Bergwerke von Nertschinsk schiffen
mußten. Bis zu unserer Ankunft bildete die einzige
Civilautorität des Orts ein Bergwerksbeamter, Smol-
läninow, der uns während der ersten vier Monate unseres Aufenthaltes für unsere eigene Rechnung be-
köstigte; die Krone gab uns Brot und zahlte außerdem
täglich zwei Kopeken Kupfer (etwa 2 Pfennige preußisch)
für jeden Mann. In den drei Jahren und sechs
Monaten, die wir in Tschita verlebten, erhielt dieser
Ort eine völlig neue Gestalt sowohl durch viele neue
Gebäude als durch die neuen Gäste, die eine bedeutende
Zahl von Militärbehörden und Wachen in ihrem Gefolge hatten. Bei unserer Ankunft zählte Tschita 26
Hütten und drei ordentliche Häuser, die der Bergwerks-
beamte, der Kommandant und der Platzmajor einnahmen.

Anfangs lebten nur 30 von uns Staatsverbrechern in Tschita; 8 unserer Kameraden waren gleich nach Vollstreckung der Sentenz in die Bergwerke von Nertschinsk zur Zwangsarbeit abgefertigt worden, die Uebrigen saßen noch in den Festungen von Schlüsselburg und auf den Alandsinseln. All' diese Verurtheilten wurden im August 1827 mit uns vereinigt, als der Bau des größeren Gefängnisses vollendet war, das uns Alle aufnehmen konnte. Bis zu unserer Vereinigung lebten wir, die zuerst in Tschita Angelangten, in zwei befestigten Bauernhäusern und kamen nur bei der Arbeit zusammen. Als wir das Fundament zum neuen Gefängnisse und die tiefen Gräben zur Umzäunung desselben ausgegraben hatten, ließ man uns eine tiefe Schlucht hart an der Hauptstraße mit Erde und Sand ausfüllen. Diese Schlucht drohte den ganzen Weg durch abströmendes Gebirgswasser zu durchschneiden. Das Wasser riß binnen weniger Tage die Arbeit eines ganzen Sommers weg, so daß wir im folgenden Jahre gezwungen waren einen Damm aus Balken aufzuführen, um eine Unterlage für unsere Schüttungen von Sand und Erde zu gewinnen; diese Stelle der Schlucht nannten wir Teufelsgrab.

Das Leben spann sich in trostloser Einförmigkeit ab. Bücher hatten wir im Anfange sehr wenige, alles

Schreiben war streng verboten und nirgend Papier
und Tinte aufzutreiben. Ein Sängerchor, der uns
später manche trübe Stunde verkürzte, bildete sich erst
als Alle vereint wurden. — Das Schachspiel bildete in
der Zeit zwischen Arbeit und Schlaf die einzige Unterhaltung. Spielkarten hätten wir durch die Wächter
bekommen können, aber wir hatten uns das Wort gegeben, kein Kartenspiel zu dulden, um jedem Anlaß zu
Unannehmlichkeiten oder Streitigkeiten vorzubeugen.
Die Enge unserer Behausung verschuldete, daß unser
Zimmer eigentlich nie vollkommen rein war; wir
schliefen auf Pritschen, die wir mit Filzdecken oder
Pelzen belegten; unter den Pritschen lagen unsere
Mantelsäcke und Stiefel. In der Nacht bei geschlos-
senen Thüren und Fenster war die Luft unerträglich
drückend und die Thüren wurden schon mit Sonnenuntergang geschlossen; da man sie früh Morgens öffnete, habe ich den Aufgang der Sonne kein einziges
Mal verschlafen, um sogleich heraustreten und mich
durch die frische Luft erquicken zu können. Tabak
rauchte ich nicht, fast alle Uebrigen rauchten und er-
trugen dadurch die gepreßte Luft leichter als ich.

Eine Seele lebte schon vor meiner Ankunft in
Tschita, die meine aufrichtige Theilnahme und mein
innigstes Mitleiden erweckte: Alexandrine Murawjew,

geborne Gräfin Tschernytschew. Ihr Mann, Nikita
Michailowitsch Murawjew, war schon im Februar in
Tschita angelangt; sie hatte ihren einzigen Sohn und
ihre beiden Töchter der Pflege der Großmutter, Katharine Fedorowna Murawjew, anvertraut und eilte zum
Bestimmungsorte ihres Mannes, um mit ihm die Verbannung und alle Prüfungen zu theilen. Aber wie
grausam wurde sie enttäuscht, als der Kommandant ihr
anzeigte, daß seine Instruktion ihm nicht gestatte, sie
mit ihrem Manne zu vereinigen und daß sie ihn nur
zwei Mal wöchentlich eine Stunde lang in Gegenwart
eines Düjouroffiziers sprechen dürfe, wie es früher in
der Peter-Pauls-Festung der Fall gewesen war. —
Zum ersten Male sah ich diese unvergeßliche Frau, als
wir einst zur Arbeit geführt wurden, in der Nähe ihrer
Wohnung, die sich gegenüber dem Gefängniß befand,
wo ihr Mann eingeschlossen war. Um einen Vorwand
zu haben, ihn wenigstens von Weitem zu sehen, öffnete
und schloß sie ihre kleinen Fensterladen Morgens und
Abends selbst. Außer ihrem Manne befanden sich in
der Zahl der Verurtheilten ihr Schwager, Alexander
Murawjew, und ihr leiblicher Bruder, Graf Zacharias
Tschernytschew, einziger Erbe eines großen Majorats;
dieses Vermögen suchte der spätere Kriegsminister A. J.
Tschernytschew zwei Jahre später an sich zu bringen; trotz

seines großen Einflusses wurde er vom Reichsrathe ab-
gewiesen, nachdem N. S. Mordwinow deducirt hatte,
daß dieser Bewerber in gar keiner Verwandtschafts-
beziehung zu der Familie des Verurtheilten stehe, also
auch gar kein Recht auf dessen Besitzungen habe. Das
große Vermögen und der Familienname gingen später
auf einen gewissen Kruglikow über, der die älteste
Schwester des Majoratsherrn geheirathet hatte. —
Alexandrine Murawjew war erst 24 Jahre alt, wohl
aussehend, schön gewachsen, voller Geist und Leben.
Ihrem Manne gegenüber zeigte sie sich zufrieden, sogar
heiter, um ihn nicht zu betrüben; aber sobald sie allein
war, wurde die zärtliche Mutter von der Sehnsucht nach
ihren fernen Kindern gefoltert. Sie wußte, das Niemand ihnen die Mutter ersetzen könne, obgleich die vor-
treffliche Großmutter ihre Großkinder wie Augäpfel
bewachte. Nach einem Jahre der Trennung starb der
einzige Sohn, die Töchter verloren ihre Gesundheit,
vielleicht in Folge allzu ängstlicher Wartung und
Schonung. — Anfangs glaubte ich, daß diese sonder-
bare Absonderung von Mann und Frau in Tschita
nicht lange dauern würde und nur die Folge eines
Mißverständnisses sei; auch in der Wohnung seiner
Frau wäre Murawjew Arrestant geblieben, hätte er
seine Ketten tragen, auch von da die täglichen öffent-

lichen Arbeiten mitmachen können; aber unglücklicher=
weise wurde diese Maßregel drei Jahre lang streng bei=
behalten, bis wir in das große Staatsgefängniß über=
geführt wurden, das während unseres Aufenthalts in
Tschita an einem anderen Orte gebaut worden war.

Zwei Monate nach unserer Ankunft in Tschita traf
Elisabeth Naryschkin*), geborene Gräfin Konownitzin,
in Begleitung einer anderen Dame, Alexandrine Jen=
talzow, ein. Diese Frauen mußten sich demselben
Loose fügen, sie konnten nur zwei Mal wöchentlich zu
einer bestimmten Stunde ihre Männer sprechen. Es
zerriß mir das Herz, wenn ich sah, wie diese Damen
uns traurig nachsahen, wenn wir in Ketten an ihnen
vorübergeführt wurden und sie von ihren Männern,
denen sie an das äußerste Ende der Welt gefolgt waren,
kaum einen Blick erhaschen konnten, und ich gestehe,
daß ich jeden Tag Gott dankte, daß sich meine Frau
entschieden hatte, meine Bitte zu erfüllen und bei
meinem Sohne zu bleiben, bis ich sie zur Herreise auf=
forderte. Zu ihrem Glücke hatte Frau Naryschkin in
ihrer Heimath keine Kinder zurückgelassen, da ihre ein=

---

*) Die Naryschkin gehören ebenso wie die Tschernytschew
zum höchsten russischen Adel. Peters des Großen erste Frau
war eine Naryschkin.

zige Tochter, Natalie, in Moskau bereits vor längerer
Zeit gestorben war. — So schwierig und traurig auch
die Lage der Verheiratheten war, so hatte doch die Ankunft dieser Frauen einen höchst wohlthätigen Einfluß
auf unser Gefängnißleben. Wir durften unseren Verwandten keine Briefe schreiben; Einige von uns wurden von ihren Verwandten vernachlässigt und vergessen; vielleicht würde ein solches Loos die Mehrzahl
getroffen haben, wenn diese Frauen uns nicht gefolgt
wären und nicht die Korrespondenz mit unseren Verwandten geführt und durch diesen Briefwechsel unser
Andenken in der civilisirten Welt wach erhalten hätten.
Diese Frauen waren auch in den Gefängnissen unsere
Schutzengel: für alle Bedürftigen waren ihre Beutel
offen, für die Kranken bauten sie ein besonderes
Krankenhaus. Alexandrine Murawjew verschrieb durch
ihre Großmutter eine ausgezeichnete Apotheke und verschiedene chirurgische Instrumente aus Moskau. Einer
meiner Kameraden, früher Stabsarzt in der II. Armee,
Ferdinand Wolff, bewohnte dieses Krankenhaus, fungirte als Arzt desselben und half den Leidenden nach
Kräften. Unsere Wohlthäter'innen konnten sogar unsere Dankesworte nicht vernehmen; nur von Weitem
und höchst selten konnten wir ihrer durch die Spalten
unserer Gefängnißmauer gewahr werden, am häufigsten

wenn sie zu Fuß und zu Pferde die umliegenden Berge durchstreiften.

Alexandrine Jentalzow war kinderlos und hatte in früher Jugend ihre Eltern verloren; sie wünschte das Schicksal ihres Mannes zu theilen und zu erleichtern. Nur wenige Monate lebte sie mit uns, weil ihr Mann, früher Kommandeur einer Artillerie=Batterie, nur zu einjähriger Zwangsarbeit verurtheilt war und Tschita bald verließ. Diese Ansiedelung war für die Jental= zowschen Gatten in den ersten Jahren fast unerträg= licher, als uns das Leben im Gefängniß, denn man hatte ihnen Beresow zum Aufenthaltsorte angewiesen! Drei Jahre später wurden sie südlicher nach Jalutorowsk versetzt, wo der Mann 1847 starb; seine Wittwe suchte bis zum Jahre 1856 vergeblich um die Erlaubniß nach, in ihre Heimath zurückzukehren, und trauerte einsam am Grabe ihres Gatten.

Im Herbst 1827 war das große für uns bestimmte Gefängniß, dessen Fundament wir selbst ausgegraben hatten, fertig ausgebaut. Im September wurden Fürst Trubetzkoy und die übrigen Staatsverbrecher, welche direkt nach Nertschinsk in die Quecksilbergruben verschickt worden waren, mit uns vereinigt; wenig später auch die übrigen in Schlüsselburg und Finnland internirt gewesenen Kameraden. Die Sträflinge von

Nertschinsk waren von zwei Frauen begleitet, die sich
in jeder Hinsicht als unsere Schutzengel bewährten.
Die Fürstin Katharine Trubetzkoy, geborene Gräfin
Laval, war 1826 gleich nach der Abfertigung ihres
Mannes demselben in Begleitung eines Sekretärs ihres
Vaters nach Sibirien gefolgt. In Krasnojarsk zer=
brach der Reisewagen der Fürstin und ihr Begleiter
erkrankte; sie konnte sich nicht aufhalten, setzte sich in
ein elendes Fuhrwerk ohne Federn und erreichte in
diesem nach langer mühsamer Reise Irkutsk. Trubetz=
koy war schon nach Nertschinsk weiter befördert worden,
das 700 Werst (100 deutsche Meilen) von Irkutsk
liegt; die Fürstin wandte sich an den dortigen Civil=
gouverneur B. J. Zeidler, um von diesem einen Be=
gleiter für die Weiterreise zu erbitten. Hier fing eine
Reihe schwerer Prüfungen für die edle und muthige
Frau an. Die Gouvernementschefs hatten den Befehl
erhalten, alle Mittel anzuwenden, um die Frauen der
Staatsverbrecher, welche ihren Männern nachzufolgen
wünschten, von diesem Entschluß zurückzuhalten. Der
Gouverneur Zeidler stellte der Fürstin zuerst die
Schwierigkeiten der Existenz an einem Orte vor,
welcher 5000 schwere Verbrecher beherbergte, mit
denen sie in gemeinschaftlicher Kaserne zu wohnen
hätte, ohne eigene Bedienung, ohne irgendwelche Be=

quemlichkeit. Diese Vorstellung schreckte die Fürstin
nicht ab: sie erklärte sich bereit, alle Entbehrungen zu
tragen, wenn sie nur mit ihrem Manne zusammen sein
könne. Anderen Tages erklärte ihr der Gouverneur,
daß er die Ordre habe, von ihr eine schriftliche Er=
klärung darüber zu verlangen, daß sie allen ihren Adels=
rechten entsage und auf jedes Eigenthum, bewegliches
wie unbewegliches, welches sie schon besitze und welches
ihr durch Erbschaften noch zufallen könne, verzichte.
Katharine Trubetzkoy unterzeichnete diese Erklärung
ohne die gerinste Widerrede und hoffte sich dadurch
den Weg zu ihrem Manne gebahnt zu haben. Aber
die Reihe ihrer Prüfungen war noch nicht zu Ende.
Einige Tage nach einander wurde sie vom Gouverneur
nicht empfangen, indem dieser sich durch Unwohlsein
entschuldigen ließ. Die Fürstin wartete geduldig und
Zeidler mußte sie endlich doch empfangen; nachdem er
sie vergeblich beschworen, von ihrem Unternehmen ab=
zustehen erklärte er ihr endlich, daß sie nicht anders zu
ihrem Manne gelangen könne, als mit den wöchentlich
abzufertigenden Zwangsarbeitern, mit Stricken gebun=
den und diesen von Etappe zu Etappe folgend. — Die
Fürstin willigte mit der größten Ergebung auch in diese
Bedingung. Jetzt konnte der Gouverneur seiner Be=
wegung nicht mehr Herr bleiben, er brach in Thränen

aus und sagte: „Sie werden zu Ihrem Manne
fahren." — Um dieselbe Zeit kam unser Kommandant Leparsky nach Irkutsk; er war von der Handlungsweise der Fürstin Trubetzkoy tief ergriffen und hat
gewiß dazu mitgewirkt, daß ihr keine weiteren Schwierigkeiten gemacht wurden. — Eine Frau mit weniger
Seelenkraft hätte gewankt, hätte Bedingungen gemacht,
die Sache durch Korrespondenz mit den petersburger
Oberbehörden verzögert und dadurch die übrigen Frauen
abgehalten, die weite und mühsame Reise zu unternehmen. Ohne das Verdienst und die Energie dieser
übrigen Frauen zu schmälern oder herabzusetzen, muß
ich doch sagen, daß die Fürstin Trubetzkoy die erste gewesen, die sich nicht allein den weiten und ungewissen
Weg zur Vereinigung mit ihrem Manne gebahnt, sondern zugleich das Widerstreben der Regierung be-
siegt hat.

Einige Wochen nach der Fürstin Trubetzkoy langte
die Fürstin Marie Wolkonsky, geborene Rajewsky, in
Tschita an. Ihr Vater, der berühmte Held von 1812,
hatte die Abreise seiner Tochter dringend widerrathen;
er wußte, daß sie die Heirath mit dem Fürsten Serge
Wolkonsky, der schon während des großen Feldzuges von
1813 zum General befördert worden war und seinem
Alter nach der Vater seiner Gemahlin hätte sein können,

nicht aus Neigung, sondern nur aus Gehorsam gegen
seinen Willen geschlossen hatte. — Marie Wolkonsky
war außerdem Mutter eines Säuglings, ihres erstge-
borenen Sohnes, der sie vollständig in Anspruch nahm.
Sie entschloß sich, diejenige Pflicht zu erfüllen, die am
meisten Opfer und Selbstverleugnung verlangte: sie
sagte ihrem alten, kranken Vater, an dem sie mit leiden-
schaftlicher Liebe hing, daß sie nur auf kurze Zeit abreise, um ihren Mann zu sehen, ließ ihren einzigen
Sohn bei der Großmutter, der ältesten Staatsdame
des kaiserlichen Hofs, zurück und unternahm die Reise
nach Sibirien. In Irkutsk erwarteten sie dieselben
Hindernisse und Schwierigkeiten, welche die Fürstin
Trubetzkoy zurückgehalten hatten; auch Marie Wolkonsky verpflichtete sich schriftlich zum Verzicht auf die
Rechte ihres Standes und ihr Vermögen. Dieselbe
schriftliche Erklärung wurde von allen Frauen verlangt,
die ihren Männern nach Sibirien folgen wollten, auch
von meiner Frau, welche die Zahl der Frauen beschloß,
die freiwillig die Verbannung ihrer Männer theilten,
und im Jahre 1830 zu mir kam. Die Fürstinnen
Trubetzkoy und Wolkonsky waren die Ersten, die ihren
Männern nachgeeilt waren, ihre Lage war darum die
schwierigste. Anfangs fehlte es noch an einer ausführ-
lichen Instruktion für die sibirischen Behörden, die jeg-

liche Anfrage in Petersburg scheuten. Ein Briefwechsel
auf 7000 Werst Entfernung konnte nicht anders als
langsam gehen; die in Petersburg und Moskau weilen=
den Verwandten der beiden Damen wußten nicht recht,
an wen sie sich bei Geldversendungen zu wenden hätten,
ob an den Düjour=General Potapow, ob an den Grafen
A. Benkendorff. So litten die Damen anfangs an
allem Nöthigen Mangel, sie haben einige Monate lang
selbst Kälte und Hunger erdulden müssen. Daß sie ihre
Wäsche selbst wuschen und mit einer Nahrung vorlieb
nehmen mußten, wie sie dem ärmsten Tagelöhner zu
schlecht gewesen wäre, verstand sich für sie, die von
Kindheit an nur auf Gold und Silber gespeist hatten, von
selbst; aber sie hatten Leiden zu erdulden, die noch sehr
viel härter waren: sie sahen ihre Männer in unterir=
dischen Bergwerken unter der Aufsicht roher Bergwerks=
beamten arbeiten! — Als diese Frauen mit uns in
Tschita vereinigt wurden, veränderte sich ihre Lebens=
weise zum Besseren. Die Zusendung von Briefen und
Geldern wurde jetzt durch den Civilgouvernenr Zeidler
und den uneigennützigen Kommandanten Leparsky ver=
mittelt; die Geldsummen waren nicht beschränkt, be=
fanden sich zwar nicht in den Händen der Eigenthümer,
wurden aber nach deren Verlangen und Bedürfnissen
durch die Vermittelung der Kanzlei des Kommandanten

verausgabt. Der Posttag, der nur einmal wöchentlich
wiederkehrte, bildete so jedesmal eine wichtige Epoche
in unserem eintönigen Leben. In der Folgezeit wurde
uns noch gestattet, russische und ausländische Journale
zu verschreiben.

Im September 1827 wurden wir, wie erwähnt, in
das neuerbaute Gefängniß übergeführt. Der Komman=
dant theilte uns in fünf Abtheilungen ein. In einem
Zimmer befanden sich die acht zuletzt angekommenen
Kameraden aus Nertschinsk; die übrigen vier Ab=
theilungen wurden nicht nach der Reihenfolge der
Strafkategorien, sondern nach dem Gutdünken des
Kommandanten besetzt. Eines dieser Zimmer wurde
von uns Moskau benannt, weil seine Bewohner meist
aus Moskau stammten, ein anderes hieß Nowgorod,
weil hier ebenso viel politisirt wurde, wie weiland in
den Volksversammlungen dieser berühmten Republik;
die Abtheilung, in welcher ich mich mit siebzehn Kame=
raden befand, wurde Pleskau, die Schwester Nowgo=
rods, genannt. Statt der Pritschen hatten wir uns für
eigene Rechnung Betten machen lassen, nicht sowohl
um bequemer zu schlafen, als um unsere Zimmer rein=
licher halten zu können; unter den Bettstellen konnte
man die Diele fegen, was bei den Pritschen unmöglich
war. Wir hatten eine gemeinsame Tafel, speisten in

unseren Abtheilungen, deckten selbst den Tisch u. s. w.; der
Reihe nach mußte stets einer von uns du jour sein. Nach
der russischen Gefängnißordnung war uns gestattet, aus
unserer Mitte einen Aeltesten zu wählen, der unsere
Anliegen dem Düjour-Adjutanten oder dem Komman=
danten vortrug. Dieser Aelteste verfügte über unsere
Geldmittel, kaufte Vorräthe ein, hatte aber keinen
Kopeken in Händen; seine Anweisungen wurden
von der Kommandantur-Kanzlei ausgezahlt. Fünfzig
Schritte von dem Gefängnisse standen unsere Küche
und Vorrathskammer. Der Aelteste hatte die Erlaub=
niß, im Laufe des Tages und unter Geleit, so oft er
wollte, dahin zu gehen; er wurde auf je drei Monate
erwählt. Der erste Aelteste war der frühere Obrist
Iwan Semenowitsch Powalo=Schweikowsky, der dieses
Amt zwei Mal nach einander bekleidete. Unsere
Nahrung war einfach und gesund; oft bewunderte ich
die Genügsamkeit derjenigen meiner Unglücksgefährten,
die ihr Lebelang gewohnt gewesen waren, die besten
französischen Köche zu haben nnd nie ohne Champagner
zu speisen; jetzt begnügten sie sich mit Kohlsuppe und
Brei und tranken Kwas oder Wasser dazu. Wir hatten
viele Gastronomen unter uns; sie gestanden sämmtlich,
daß sie in Tschita nie an Hunger gelitten, sich aller=
dings aber auch nie völlig gesättigt gefühlt hätten. — Ich

habe schon erwähnt, daß etwa die Hälfte meiner Kame=
raden nicht bemittelt war und daß Viele von ihren
Verwandten vernachlässigt wurden; die Uebrigen waren
sehr reich. Nikita und Alexander Murawjew erhielten
allein 60,000 Rubel jährlich! — Jedesmal nach Ab=
lauf von drei Monaten, bei der Wahl des neuen
Aeltesten, cirkulirte ein Bogen, auf welchem Jeder seinen
Mitteln nach zu den gemeinsamen Ausgaben contri=
buirte; die eingegangene Summe wurde vom Aeltesten
zur Anschaffung von Nahrungsmitteln, Thee, Zucker,
Hausgeräth ꝛc. verwandt. Kleidung und Wäsche schafften
wir selbst an; die Bemittelten kauften die nöthigen
Artikel und theilten sie mit den Unbegüterten. — Alles
wurde brüderlich getheilt, Geld und Leib. Um das
Geld nicht unnütz zu vergeuden, wurde die Bekleidung
von einigen Kameraden selbst zugeschnitten und genäht.
Die besten Schneider waren Paul Puschkin, Fürst
Eugen Obolensky, Paul Mosgan, Anton Arbusow.
Die schönsten Mützen und Schuhe wurden von Nikolai
und Michael Bestushew und Peter Fallenberg genäht;
sie ersparten durch ihre Arbeit eine Summe Geldes,
mit der wir auch andere unglückliche Verbannte unter=
stützen konnten. — Als der Geistliche Myslowsky (der=
selbe, der die fünf Führer der Verschwörung zum
Galgen begleitet hatte) diese Details unserer Lebens=

weise durch Alexander Kornilowitsch erfahren hatte,
theilte er sie meiner Frau mit, indem er die Bemerkung
hinzufügte, daß wir in Tschita das Leben der Apostel
führten.

Unsere Arbeiten dauerten wie früher ununter=
brochen fort; an die Ketten, welche wir trugen, hatten
wir uns allmählig gewöhnt. Vom Mai bis zum Sep=
tember füllten wir die Teufelsgruft aus, besserten wir
den großen Weg, pflanzten und begossen wir die Pflan=
zen des Gartens, der uns Gemüse und Kartoffeln
lieferte. Als ich nach Schweikowsky's Rücktritt zum
Gefängnißältesten erwählt wurde, salzte ich in großen
Branntweinfässern 60,000 Gurken aus unserm eignen
Garten ein. — Vom September bis zum Mai führte
man uns täglich zweimal in ein besonders gebautes
Gebäude, außerhalb des Gefängnißhofes, wo Hand=
mühlen eingerichtet waren; Jeder von uns mußte täg=
lich 80 Pfund Roggen mahlen. Anfangs war diese
Arbeit schwer, bis unsere Hände und Arme sich an die=
selbe gewöhnten; die gesünderen und stärkeren meiner
Unglücksgefährten halfen den schwächeren ihr Quantum
fertig bringen. Oft wurde unsere Arbeit, die im
Reiben der Mahlsteine bestand, mit melodischem Gesang
begleitet; ein musikalischer Kamerad machte den Kapell=
meister, die Kirchenmusik von Bortniansky wurde be=

sonders gut gegeben. In die Kirche wurden wir nur
einmal jährlich zur Fastenzeit geführt, um zu kommu-
niciren; an den Vorabenden großer Festtage kam der
Geistliche in unser Gefängniß um Gottesdienst zu
halten. Ich werde nie vergessen, wie rührend und er-
hebend dieser Gottesdienst am Ostersonnabend des
Jahres 1828 gefeiert wurde, wie um neun Uhr vor
dem Zapfenstreich von allen Seiten der Ruf „Christus
ist auferstanden!" ertönte und die Ketten der Gefangenen klirrten, die sich in brüderlicher Begeisterung
einander in die Arme warfen. In Gedanken umarmten wir zugleich unsere entfernten Verwandten und
Freunde, denen wir uns im Gebet verbunden wußten.

Unsere Freistunden wurden nach den ersten schweren
Jahren durch angenehme und belehrende Lektüre ausgefüllt: außer Zeitschriften in russischer, französischer,
englischer und deutscher Sprache, deren Anschaffung
uns gestattet wurde, hatten wir die guten Bibliotheken
zu unserer Disposition, welche Nikita Murawjew,
Wolkonsky und Trubetzkoy sich nachkommen ließen.
Die Zeitschriften wurden unter mehrere Leser vertheilt,
die über die wichtigsten Neuigkeiten und Begebenheiten
den Uebrigen referiren mußten. Da mehrere Kameraden wissenschaftliche Bildung erhalten hatten, wurde
beschlossen, daß diese uns die langen Winterabende

durch Vorträge verkürzen sollten. Nikita Murawjew, der schöne Militärkarten und Pläne besaß, trug uns Strategik und Taktik vor; Ferdinand Wolff hielt Vorlesungen über Chemie und Anatomie; Puschkin II. trug höhere Mathematik vor; Alexander Kornilowitsch und Peter Muchanow lasen über russische Geschichte; Fürst Alexander Odojewsky über russische Literatur. Mit Liebe und Erkenntlichkeit muß ich noch erwähnen, daß derselbe die Geduld hatte, mich, den geborenen Estländer, der nur mangelhaft russisch konnte, vier Jahre lang in dieser Sprache zu unterrichten. — Um 9 Uhr Abends schloß man unsere Thüren und mußten unsere Lichter ausgelöscht werden. Da wir nicht so zeitig einschlafen konnten, dauerten die Unterhaltungen im Dunkeln gewöhnlich noch mehrere Stunden lang fort oder wir hörten den Erzählungen M. Küchelbeckers zu, der eine Seereise um die Welt gemacht hatte. A. Kornilowitsch machte dann zuweilen noch Mittheilungen aus der vaterländischen Geschichte, mit welcher er sich als Redacteur des Journals „die russische alte Zeit" fleißig beschäftigt hatte. Mehrere Jahre lang hatten er und der Professor Kunitzin freien Zutritt zu dem Staatsarchiv gehabt und die Regierungszeit der Kaiserinnen Elisabeth und Anna besonders eifrig studirt. — Nach einem halben Jahre mußten wir uns

von diesem kenntnißreichen Kameraden trennen: ein
Feldjäger, der uns S. Wabkowsky aus Schlüsselburg
brachte, führte Kornilowitsch mit sich fort. Später er=
fuhren wir, daß dieser wieder in die Peter=Pauls=
Festung eingesperrt worden sei, wo man ihn öfter über
die polnische geheime Gesellschaft verhört hatte; 1834
wurde er als Soldat nach dem Kaukasus geschickt, wo
er einige Expeditionen mitmachte und zwei Jahre später
an einem bösartigen Fieber starb.

Der Jahre lange intime Verkehr mit gebildeten
Kameraden hatte einen großen Einfluß auf Diejenigen
unter uns, die früher die Zeit und die Mittel nicht
besessen hatten, sich mit Kenntnissen zu bereichern.
Einige begannen fremde Sprachen zu erlernen; unter
diesen machte Zawalischin I. die größten Fortschritte:
er erlernte nicht nur das Griechische und Lateinische,
sondern noch acht europäische Sprachen. Zur Erlernung
jeder dieser Sprachen fand er einen Lehrer unter
den Kameraden, als besonderer Schlüssel und als all=
gemeines Wörterbuch diente ihm die Bibel. Die
Sprachübungen, die gemacht wurden, führten zu
manchem komischen Auftritt. Allgemein war das Ge=
lächter, wenn Jemand sich um die Aussprache der eng=
lischen Worte abmühte und M. Lunin, der dieser
Sprache vollkommen mächtig war, bittend sagte:

„Lesen Sie und schreiben Sie, meine Herren, englisch, so viel Sie wollen, nur sprechen Sie diese Sprache nicht." — Unsere fünf Zimmer waren sehr eng, denn auf allen vier Seiten standen Betten. Einige von uns äußerten den Wunsch, die Geige zu spielen, oder die Flöte zu blasen, sie waren aber zu gewissenhaft, um die Ohren der anderen Kameraden zu quälen; ich wählte mir später das undankbarste Instrument — den Czakan (Stockpfeife) und widmete diesem täglich eine halbe Stunde. Ein Jahr später wurde uns gestattet, in unserm Gefängnißhofe ein Häuschen von drei kleinen separaten Zimmern zu bauen. In einem standen Hobel- uud Drechselbänke nnd eine Presse zum Buch= binden; die besten Erzeugnisse auf diesem Gebiet lieferten die Gebrüder Bestushew, Puschkin, Frolow und Borissow I. — In den andern Zimmern standen ein Royal und ein Fortepiano; zu festgesetzten Stunden kam man der Reihenfolge nach dahin, um die Flöte, den Czakan zu blasen, die Geige und die Guitarre zu üben. Auf dem Royal spielte A. P. Juschnewsky sehr geläufig; mit Wadkowsky, einem ausgezeichneten Violinspieler, Krjukow II. und Soistunow, der Violoncello spielte, bildete er ein gutes Quartett. Den 30. August 1828, da wir 16 Namenstage gleichzeitig feierten, spielte unser Orchester zum ersten Mal im Gefängnisse.

Ein Jahr nach unserer Ankunft in Tschita verließen
uns unsere Kameraden von der siebenten Kategorie, da
ihr Termin für die Zwangsarbeit zu Ende war und sie
zur „Ansiedelung in Sibirien" übergehen mußten. Wir
freuten uns für die Abreisenden, daß diese fortan mehr
Freiheit genießen sollten — sie trauerten, uns in Ketten
und im Gefängniß zurücklassen zu müssen; die Zeit
lehrte, daß wir es doch besser hatten als sie. Die Gesellschaft edler, gesitteter Männer schmückt das Gefängnißleben eben so sehr, als die Gesellschaft von Tauge-
nichtsen das Leben in der Freiheit verdunkelt. Die
Abreisenden hatten anfangs viel zu leiden, da sie an
entfernt liegenden nördlichen Ortschaften und von einander getrennt angesiedelt wurden; erst nach zwei Jahren
wurden sie in eine südlichere Gegend versetzt, wo sie zu
je zwei und drei Kameraden zusammen leben durften.

In den ersten Tagen des August 1828 langte ein
Feldjäger in Tschita an, er brachte Niemand mit und
führte Niemand fort; wir konnten darum über den
Grund seines Erscheinens Nichts erfahren, zumal keine
Veränderung in unserer Behandlung eintrat. Ende
September erschien der Kommandant aber plötzlich in
großer Uniform mit breitem Bande über der Schulter
im Gefängniß; er versammelte uns in einen Kreis und
kündigte an, daß der Kaiser allergnädigst zu befehlen ge-

ruht habe, uns in Ansehung unserer guten Führung die
Ketten abzunehmen, die wir auf der Reise und dann
noch anderthalb Jahre lang getragen hatten. Später
erfuhren wir, daß der Kaiser am 8. Juli, dem Tage
des Festes der Kasanschen Kirche zu St. Petersburg,
aus dieser heraustretend befohlen hatte, einen Feldjäger
nach Tschita abzufertigen mit der Ordre, denjenigen
Staatsverbrechern, die solche Gnade durch ihre gute
Führung verdient hätten, die Ketten abzunehmen. Der
Kommandant hatte diese Ordre Anfang August erhalten,
aber beschlossen die Sache zu verheimlichen, bis er
Antwort auf die Anfrage erhalten hätte, ob die bewilligte
Gnade auf die Staatsverbrecher aller Kategorien aus=
gedehnt werden dürfe. Er wünschte Allen und nicht nur
einem Theile der Gefangenen die Ketten abzunehmen —
mußte sich zugleich aber sagen, daß, wenn er uns Alle
davon befreite, er das Mißtrauen der höheren Behörde
auf sich geladen hätte, die ihn stürzen und durch einen
harten Nachfolger ersetzen konnte. Leparsky wünschte
sich unsertwegen auf seinem Posten zu erhalten und berichtete, daß wir Alle diese Gnade verdient hätten. Sein
Vorschlag war genehmigt worden und er hatte die Freude,
uns selbst davon in Kenntniß zu setzen: ein Unteroffizier
öffnete die Schlösser unserer Eisen — zum letzten Mal
klirrten sie, auf den Fußboden fallend. Ich betrauerte

sie in diesem Augenblick fast; sie hatten so lange und so oft meine Lieder begleitet, wenn ich den Takt zu denselben mit meinen gefesselten Füßen schlug. Die ersten Nächte nach der Befreiung schien es mir noch immer, als ob die Ketten meine Füße umschlängen, weil dieselben an eine bestimmte Richtung und Lage gewöhnt worden waren. Ich erinnere mich nicht, welchem meiner Kameraden es gelang, sich ein Paar von unseren Ketten zu verschaffen und aus diesen Andenken für uns arbeiten zu lassen; ich habe noch einen Ring und ein Kreuz, das Jakubowitsch aus diesem Eisen geschliffen. Wenn ich zu umständlich und zu sentimental von meinen Ketten rede, so halte man mirs zu gut; ich habe die Erfahrung gemacht, daß Leiden für eine Idee auch ihre süßen Seiten haben.

Um dieselbe Zeit wurde ich zum Aeltesten erwählt, um J. P. Schweikowsky abzulösen. In Angelegenheiten meiner Unglücksgefährten hatte ich bisweilen Veranlassung, mit dem Kommandanten Leparsky zu verhandeln: er empfing mich stets außerordentlich höflich. Mehrere Male sagte er: „Was wird alles über mich in Europa geschrieben werden? Man wird sagen, daß ich ein herzloser Gefängnißwächter, ein Scharfrichter und Unterdrücker gewesen sei! Ich bewahre meine Stellung nur, um Sie, meine Herren, vor den Verfolgungen und Un-

gerechtigkeit gewissenloser Beamten zu schützen. Was
habe ich von meinen Bändern und meinen Sternen, die
ich hier doch Niemanden zeigen kann? Möchte ich bald
von hier befreit werden, aber nicht anders, als mit
Ihnen zugleich!"

Im Jahre 1828 gelangten noch drei Frauen zu uns
nach Tschita. Natalie von Wisin, geborene Opyhtin,
hatte ihrem Manne wegen zweier minderjähriger Söhne
nicht sogleich folgen können. In ihrer frühesten Jugend
schon zeichnete sie sich durch Schönheit und religiösen
Sinn aus; vor ihrer Verheirathung wollte sie sich von
der Welt zurückziehen und sich in ein Kloster einschließen.
Später die Verbannung und die Leiden ihres Mannes
theilend, wahrte sie sich eine unbedingte Ergebenheit in
Gottes Willen, aber ihre Nerven wurden so zerrüttet,
daß sie oft mit Krankheit zu kämpfen hatte. Zu gleicher
Zeit mit ihr kam Alexandrine Dawydow, die Gemahlin
des Husarenobristen Wassily Ljwowitsch Dawydow, nach
Tschita; sie hatte eine zahlreiche Familie verlassen und
mußte vor ihrer Abreise ihre Kinder bei Verwandten
unterbringen. Eine ungewöhnliche Sanftmuth, be=
ständiger Gleichmuth und große Ergebung zeichneten
den Charakter dieser liebenswürdigen Frau aus. — In
demselben Jahre kam noch Mademoiselle Pauline, die
Braut P. A. Annenkows, nach Tschita; die Verlobung

war in der Stille vollzogen, die Erlaubniß, zu ihrem
Bräutigam zu reisen, öffentlich und glänzend von dem
Kaiser selbst ertheilt worden, an den die heldenmüthige
Braut sich persönlich bei Gelegenheit eines großen
Manövers gewandt hatte. Der Kaiser empfing sie zur
guten Stunde mit der größten Theilnahme und gab ihr
Reisegeld, während den übrigen bereits verheiratheten
Frauen alle möglichen Hindernisse in den Weg gelegt
worden waren. Jetzt befanden sich acht Damen in
Tschita: die Fürstinnen Katharine Trubetzkoy und
Marie Wolkonsky, Alexandrine Murawjew, Elisabeth
Naryschkin, Alexandrine Jentalzow, Natalie von Wisin,
Alexandrine Dawydow und Pauline Annenkow. Sie
besorgten die gesammte Correspondenz mit den Ver=
wandten aller anwesenden Staatsverbrecher; sie waren
die Vermittlerinnen zwischen den Lebenden und den
politisch Todten. Sie selbst führten ein Leben voll
Selbstverleugnung: ihre Männer konnten sie, wie er=
wähnt, nur zwei Mal wöchentlich während einer Stunde
sehen, in Gegenwart eines Düjouroffiziers und einer
Schildwache. Dieses Verhältniß dauerte fast vier
Jahre, bis zu unserer Versetzung in ein neues Ge=
fängniß bei der Petrowski'schen Eisenfabrik.

Wir waren anfangs in Tschita unserer 82 Mann.
Nach der Abfertigung der Staatsverbrecher von der

sechsten und siebenten Kategorie, die nach Verbüßung
der Strafarbeit zur Ansiedelung weggesandt worden
waren, und der Abreise Tolstoy's (nach dem Kaukasus)
und Kornilowitschs (in die Festung von Petersburg)
blieben 70 Männer und 7 Frauen in Tschita zurück;
Frau von Jentalzow war ihrem Manne im ersten Jahre
ihrer Ankunft an den Ort seiner Ansiedelung gefolgt. —

Jeder Gefangene ist unaufhörlich mit Gedanken an
seine Befreiung beschäftigt; auch wir dachten an die Möglichkeit einer Befreiung für uns und die unschuldig leidenden Damen: derselbe Gedanke beschäftigte noch Andere
außerhalb unseres Gefängnisses. In den Bergwerken
von Nertschinsk, wo anfangs acht meiner Kameraden
mitgearbeitet hatten, waren noch einige von den Offizieren des meuterischen Tschernigowschen Regimentes
geblieben, die nicht mit uns zugleich gerichtet, sondern
durch ein besonderes Kriegsgericht verurtheilt worden
waren. Unter ihnen befanden sich der Baron Solowjew, Bystritzky, Massalewsky und ein gewisser Suchanow.
Der Letztere, der kurz vor seiner Verurtheilung in ein
Husarenregiment übergeführt worden war, entschloß sich,
die vielen Tausende in Nertschinsk internirter Zwangsarbeiter aufzuwiegeln, uns mit ihrer Hilfe aus Tschita
zu befreien und sich über das Weitere mit uns zu ver-
ständigen. Die Mehrzahl der Zwangsarbeiter hatte

eingewilligt; es war verabredet, die Wachen in der
Nacht zu entwaffnen und am folgenden Morgen auf=
zubrechen, als am Vorabend ein Verräther die Ver=
schwörung entdeckte und Suchanow und die Hauptführer
in Ketten in ein Gefängniß geworfen wurden. Die
Sache wurde sogleich nach Petersburg berichtet und
Suchanow sammt zehn Hauptführern zum Tode ver=
urtheilt. In der Nacht vor Vollziehung des Urtheils
hatte Suchanow sich an dem Ofen seines Gefängnisses
aufgehängt; die Uebrigen wurden erschossen. Solowjew,
Bystritzky und Massalewsky wurden zu uns nach Tschita
versetzt, um ähnlichen Versuchen vorzubeugen. In
Tschita wurden wir von einer Kompagnie Infanterie
und von 50 sibirischen Kosaken bewacht. Mehrere
von uns waren fleißig mit Befreiungsgedanken und
Vorbereitungen zur Flucht beschäftigt, andere aber sahen
die Unmöglichkeit eines solchen Unternehmens ein und
wiesen dieselbe nach. Mit der Wache hätte man zurecht
kommen können; die Soldaten waren uns ergeben, sie
hätten freiwillig oder gezwungen ihre Gewehre gestreckt;
aus dem Gefängnisse, aus dem Thor hätten wir ent=
weichen können, aber was sollte dann geschehen? —
Wir hätten südlich nach China flüchten und so die
Grenze erreichen können, aber die Chinesen würden uns
ausgeliefert haben. An der Grenze wären überdies

50 Kosaken hinreichend gewesen, um uns Tag und
Nacht zu verfolgen, keinen Augenblick Ruhe zu geben
und uns dadurch in einigen Wochen aufzureiben. —
Ein anderer Weg führte südöstlich zu den Ufern des
Amur; wir hätten in einer Bucht dieses Flusses ein
Fahrzeug bauen, auf dem Flusse in den großen Ocean
segeln und nach Amerika gehen können. Wie aber
sollten wir an das Ufer des Amur gelangen? die burjätischen Nomaden hätten uns nicht geholfen; sogar
nach Erreichung des Amur wären wir immer noch weit
vom Ocean entfernt gewesen und die Verfolger hätten
unsere Flotille leicht vernichten können. — Ein dritter
Weg ging nach Westen; 4000 Werst waren es allein
bis zur Grenze des europäischen Rußland; bei einer
solchen Entfernung wären unzählige Hemmnisse zu überwinden gewesen. — Ein vierter Weg ging über die
Tundren, morastige mit Moos bewachsene Flächen zum
Eismeer. — Leichter wäre die Flucht Einzelner zu be-
werkstelligen gewesen. Wir wußten, daß einige verschickte
Tscherkessen glücklich über den Aralsee und das kaspische
Meer in ihre heimathlichen Gebirge gelangt waren.
Die Befreiung Einzelner hätte aber die härtesten Maß-
regeln gegen die Zurückgebliebenen zur Folge gehabt;
Niemand wollte die Verantwortung dafür gegen die
Kameraden und deren Frauen auf sich laden. Anders

stand es mit Denjenigen, die als Ansiedler verschickt
worden waren und abgesondert von einander lebten;
aber auch hier würde das Entweichen des Einen die
grausamsten Folgen für die Uebrigen gehabt haben.
So blieb nichts übrig, als sich gehorsam unter das
Gesetz der Nothwendigkeit zu beugen.

VI. Die Aebersiedelung nach Petrowsk.

In Tschita verlebten wir drei Jahre und sieben Monate. Dieses provisorische Gefängnißleben war von längerer Dauer, weil der Bau des uns definitiv bestimmten unweit der Stadt Werchne-Udinsk bei der Petrowky'schen Eisenfabrik belegenen Gefängnisses erst im Jahre unserer Ankunft in Tschita geplant und durch einen eigens dazu belegirten Ingenieur-Stabsoffizier sammt Gehilfen angelegt worden war. Dieses neue, sehr geräumige Gebäude war im Sommer 1830 vollendet worden und unser Kommandant erhielt um dieselbe Zeit Befehl, uns dahin zu bringen. Unsere Vorbereitungen waren schnell gemacht: die Mantelsäcke wurden gepackt, unsere Gemüse sammt Garteneinrichtungen und unsere hölzernen Geschirre den Einwohnern Tschita's geschenkt. Wir mußten in zwei Abtheilungen marschiren, weil allenthalben unterwegs nur sehr dürftiges Unterkommen für Reisende, an einigen Orten gar keines zu finden war. Die erste Abtheilung marschirte unter Aufsicht des Platzmajors Obristlieutenant Leparsky, eines Neffen unseres Kommandanten, die zweite wurde von dem greisen Kommandanten selbst geführt; jede Abtheilung war von einer hinlänglichen Anzahl Geleitssoldaten und von Kosaken eskortirt. Zum Transport der Sachen waren Fuhrwerke gemiethet worden, deren Benutzung zum Fahren aber nur denjenigen meiner Kameraden gestattet wurde, die entweder eine schwache Gesundheit hatten oder von Wunden bedeckt waren; unter Letzteren befanden sich von Wisin, Fürst Trubetzkoy, Schweikowsky, Lunin, Fürst Wolkonsky, Jakubowitsch, Mitkow, Dawydow und Abramow. — Jede Abtheilung hatte einen er- wählten Aeltesten: bei der ersten fungirte N. N. Suthoff, bei der zweiten meine Person; wir mußten, ebenfalls unter Geleite, einen Tag früher als die Uebrigen mit Küche und Proviant ausrücken, um die Mittags- und Abendmahlzeiten vorbereiten zu lassen. Nach je zwei Marschtagen hatten wir einen Rasttag. Unsere Reise war volle 100 Meilen (700 Werst) lang und dauerte 48 Tage. Die Frauen begleiteten uns einige Tage- märsche weit, dann fuhren sie, da sie keine Quartiere finden konnten, bis Werchne-Udinsk voraus; von diesem Punkt an kamen wieder große Dörfer vor, die uns be- herbergen konnten.

Die erste Abtheilung rückte am 4. August aus, anderen Tages folgte die zweite. Die Bewohner von Tschita begleiteten uns mit ungeheuchelter Rührung eine Strecke Weges, denn unser Aufenthalt hatte ihnen große Vortheile verschafft: sie hatten reichlichere Einnahmen gehabt, sie hatten sich besser angebaut und durch die neuen Häuser des Kommandanten und der Damen Trubetzkoy, Wolkonsky und Annenkow eine wirkliche Verschönerung ihres Orts erfahren. Die Damen Murawjew, Naryschkin und Dawydow lebten in- gemietheten Häusern, die sie hatten ausbauen lassen. — Bis zur Stadt Werchne-Udinsk führte eine Poststraße; an jeder Station waren ein kleines Posthaus und einige Hütten zu finden, auf der ganzen Strecke dagegen, die von Burjäten eingenommen ist, existirte kein einziges Dorf. Unsere Nachtlager und die Punkte, an denen wir die Rasttage verbrachten, waren mit Jurten der Burjäten versehen: kegelförmigen Filzzelten, in welchen je vier Mann Platz hatten. Mehrere solcher Zelte, in eine Linie aufgestellt, boten das Ansehen eines kleinen Lagers dar, zumal sie rings von Wachtposten und Pikets umgeben waren. Gekocht wurde im Freien, bei Regenwetter der Kessel mit einem aus Latten und Baumästen gefertigten Nothdach bedeckt. — Die stärkende Herbstluft, die am Tage warm genug war, Nachts aber bis zu acht Grad Kälte stieg, und die Bewegung in einer bergreichen Gegend erfrischten die Gesundheit unserer Schaar. Einige Tage lang führte unser Weg durch Berg und Thal, von allen Seiten starrten uns Berge entgegen, kaum daß der Weg eine Werst weit zu über= sehen war; erst am Fuß des Berges zeigte sich dann seitwärts ein Engpaß, durch den man wieder ein neues Thal sehen konnte. Rechts und links sah man Tabunen (Pferdeheerden) weiden, größtentheils aus kleinen weißen und grauen Pferden bestehend; die Hüter, mit Flinte und Bogen bewaffnet, waren gleichfalls beritten und führten zweiräderige Fuhrwerke mit Filzzelten, in denen ihre Weiber und Kinder saßen, mit sich. Die noma= dischen Burjäten nähren sich von Jagd, Fischfang und vom Aas gefallener Thiere. Diese Nachkommen der Mongolen haben ebenso wenig Bedürfnisse wie ihre Vorfahren aus der Zeit Tschingis=Chans, der mit un= zähligen Heerschaaren ungeheure Märsche durch Wüste= neien ohne Vorrathsmagazine unternehmen konnte. Unsere burjätischen Begleiter und Fuhrleute führten weder Brod noch andere Mundvorräthe mit sich; sie entfernten sich abwechselnd in Partien zwei Mal täglich aus dem Lager und hielten sich dann eine halbe Stunde im Walde auf, um daselbst ihren Hunger mit Strick= beeren zu stillen. Allmälig näherten sie sich uns; Einige

14

unter ihnen sprachen ruſſiſch, und dienten den Anderen als Dragomans, die ſie tolmatſch (Dolmetſcher) hießen. Regelmäßig verſammelte eine Gruppe ſich um den Tiſch, an welchem Trubetzkoy und Wadkowsky Schach ſpielten; dieſe Zuſchauer gaben durch Ausrufungen und Beifalls= zeichen zu verſtehen, daß ſie dieſes Spiel genau kannten. Einem von ihnen wurde eine Partie angeboten: er ſchlug unſere beſten Spieler und erklärte, daß das Schachſpiel den Burjäten ſchon längſt bekannt geweſen und aus China überkommen ſei.

Die Neugierde dieſer Nomaden wurde am meiſten durch meinen Kameraden M. S. Lunin erregt: ſeine Wunden hatten ihm die Erlaubniß verſchafft in einem Fuhrwerke zu fahren, welches er mit Wachstuch ver= decken ließ; er ſchlief auch des Nachts darin und verließ es nie am Tage. Mehrere Tagemärſche nach einander, ſobald wir zum Nachtlager oder zum Raſttage anhielten, war ſein Fuhrwerk von einem Burjätenhaufen umringt, der ungeduldig erwartete, daß der Gefangene ſich zeige; aber die Vorhänge aus Wachstuch blieben feſt zuge= ſchnallt, der geheimnißvolle Mann, in welchem ſie den Hauptverbrecher zu erkennen glaubten, war unſichtbar. Endlich fiel es ihm ein herauszutreten und nach ihrem Begehr zu fragen. Der Dolmetſcher erklärte im Namen der Zuſchauer, daß ſie ihn zu ſehen und zu erfahren

wünschten, weshalb er eigentlich nach Sibirien verschickt
sei. — „Kennt Ihr Euern Taischa?" — Taischa ist der
höchste Rang, der Titel des Oberhaupts der Burjäten.
„Wir kennen ihn." — „Kennt Ihr aber auch den Taischa,
der über Euerm Taischa steht, ihn in ein Fuhrwerk
setzen und ihm den Ugei (Garaus) machen kann?" —
„Ja, wir haben von ihm gehört." — „Nun, ich wollte
seiner Macht ugei machen, dafür bin ich verschickt." —
„Ho! ho! ho!" hallte es in der bewundernden Schaar,
und mit tiefen Verbeugungen zogen die Neugierigen sich
von dem Fuhrwerke und dessen mysteriösem Besitzer
wieder zurück. — Ein kleiner Theil dieses Nomaden=
stammes ist zum Christenthum bekehrt, lebt in Häusern
und treibt Ackerbau; die Uebrigen sind Götzendiener
und werden von ihren Priestern, den Schamanen, ge=
leitet, welch' letztere den Aberglauben absichtlich erhal=
ten, sich gelegentlich bis zur Ohnmacht verrenken und
in dem Zustande völliger Bewußtlosigkeit prophezeien
und verwünschen. Die Unreinlichkeit der Burjäten er=
reicht den höchsten überhaupt denkbaren Grad: sie haben
keine Wäsche, tragen ihre Pelze auf dem bloßen Körper,
eine Fußbekleidung aus Gemsenfell und Winter und
Sommer kleine Pelzmützen; ihr Haupthaar rasiren sie
bis auf einen Zopf, der den Scheitel krönt, völlig ab.
Kleine Augen, niedrige und flache Stirn, viereckige Ge=

14*

sichter mit breit hervorstehenden Backenknochen, blaß=
gelbe Gesichtsfarbe sind die Kennzeichen ihres Stammes.
Unter sich nennen sie sich Mendu; der Gruß, den wir
täglich mit ihnen wechselten, lautete amur-mendu.

Bis zur Stadt Werchne=Udinsk nächtigten wir stets
in Filzzelten, die gut gemacht waren und keinen Wind
durchließen; an kalten Abenden wurde in der Mitte des
Zeltes Feuer angemacht. Im Mittelpunkte des Daches
ist eine Oeffnung mit Klappen angebracht, aus welcher
der Rauch entweicht. Um das Feuer setzt sich die
Familie des Burjäten auf Filzdecken nieder; nackte
Kinder wälzen sich zwischen den Erwachsenen, welche
Thierfelle mit den Zähnen zerreißen und zuschneiden,
Pfeile drechseln, Kugeln gießen oder Filz walken. Der
Leckerbissen und die hauptsächlichste Nahrung der Wohl=
habenden ist eine besondere Art von Thee: ein Gemisch
von abgefallenen und verdorbenen Theeblättern, das
durch Kirschleim und andere klebrige Stoffe in Formen
gepreßt wird, welche glatten Ziegelsteinen von 1—2 Fuß
Länge, 7 Zoll Breite und 3 Zoll Dicke ähnlich sehen;
dieser Thee heißt um solcher Aehnlichkeit willen in
Sibirien Ziegelsteinthee. Von diesen Platten schlagen
die Burjäten mit Beilen kleine Stückchen ab, stampfen
oder pulverisiren diese in Mörsern, kochen das Thee=
pulver in einem Kessel, legen etwas Mehl, Milch oder

Butter und Fett dazu und trinken dieses Gebräu mit
Genuß aus hölzernen lackirten Schalen, die etwas tiefer
und größer als unsere Untertassen sind. — Die Bur=
jäten lieben den Tabak leidenschaftlich und rauchen ihn
aus kleinen kupfernen Pfeifen. Wenn sie die Pfeifen
anrauchen, ziehen sie allen Rauch ein. Die Pfeifen
sind klein, weil der Tabak sehr theuer ist; gegenwärtig
wird derselbe übrigens vielfach in den südlichen Re=
gionen Sibiriens gebaut. Ohne Zweifel werden diese
Nomaden mit der Zeit dem Beispiele ihrer ansässigen
Stammesgenossen folgen, die meist in einem gewissen
Wohlstande leben.

Zwei Wochen vor unserem Ausrücken aus Tschita
hatte ich einen Brief meiner Frau aus einer jenseit des
Baikalsees gelegenen Station (wo sie einer schrecklichen
Ueberschwemmung halber drei Wochen aufgehalten wor=
den war) erhalten. — Mein Sohn zählte schon vier
Jahre; meine Frau hatte sich lange mit dem Gedanken
gequält, wem sie seine Erziehung anvertrauen sollte.
Unterdessen hatte ihre Gesundheit durch die Trennung
und schwere Sorgen empfindlich gelitten, besonders seit=
dem sie eine entschieden abschlägige Antwort auf ihr
Gesuch, unser Kind nach Sibirien mitnehmen zu dür=
fen, erhalten hatte. Der General=Adjutant Dibitsch
hatte der Frau von J. D. Jakuschkin, die ihrem Manne

nicht sofort gefolgt war, weil sie zwei minderjährige Söhne versorgen mußte, das Versprechen gegeben, daß sie ihre Söhne werd emitnehmen dürfen. Als meine Frau sich persönlich mit dem gleichen Gesuch an den General-Adjutanten Grafen Benkendorff wandte, kündigte dieser ihr die Unmöglichkeit einer Gewährung ihres Wunsches an. Als meine Frau sich auf das Versprechen Dibitsch's berief, hatte Benkendorff entgegnet: „C'est impossible, c'est une étourderie de la part du Général. Et encore je dois Vous prévenir, Madame, si vous voulez partir sans votre fils, il n'y aura jamais de retour pour vous, jamais!" — Dann fügte er noch hinzu: „Si vous avez besoin de quelque autre chose, j'intercederai auprés de Sa Majesté." — Meine Frau konnte nur antworten: „Je vais prier ne pas revenir, et je n'ai rien à demander quand on me refuse mon fils." — Benkendorff war bis zu Thränen gerührt und bat, sie möchte ihm vor ihrer Abreise noch eine Mittheilung zugehen lassen, damit er ihr die erforderlichen Papiere zuschicken könne. — Die Drohung Benkendorffs „Il n'y aura pas de retour pour vous" war keine leere, sondern eine beschlossene Regierungsmaßregel. Zwei meiner verheiratheten Kameraden, Juschnewsky und Jentalzow, starben im Jahre 1846 in Sibirien; ihre kinderlosen Wittwen baten um

Erlaubniß, in die Heimath zurückzukehren, erhielten aber eine abschlägige Antwort.*) — Meine Frau war, als sie in ihre Wohnung zurückkehrte und ihren Sohn auf den Arm nahm, wie zerschlagen; von diesem Augenblicke an stellte sich eine durch beständiges Ohrenbrausen bewirkte Schwäche ihres Gehörs ein, die mehrere Jahre währte und sich später bei jeder Gemüthsbewegung erneuerte. Während der Zeit unserer Trennung lebte sie sehr eingezogen, widmete sich ganz dem Sohne und reiste im letzten Jahre auf ihr Landgut in die Ukraine. Ihre Gesundheit schwand merklich; liebende Verwandte nahmen warmen Antheil an ihrem Kummer, wußten aber nicht, wie ihr zu helfen sei. — Erst als ihre jüngste Schwester für das Kind zu sorgen versprach, wurde meine Frau ruhiger, denn jetzt wußte sie dasselbe wohl aufgehoben. Ihre Vorbereitungen zur Reise waren kurz, sie benachrichtigte Benkendorff von der Zeit ihrer Abreise und erhielt mit umgehender Post seine Antwort und vier Packete, welche an die Gouverneure von To=bolsk, Jenisejsk, Irkutsk und an unsern Kommandanten Leparsky adressirt waren.

Bis Moskau ließ meine Frau sich von ihrem Sohne begleiten. Hier angelangt, erhielt sie die Besuche vieler

---

*) Diese Aufzeichnungen sind im Jahre 1853 gemacht.

Verwandter meiner Unglücksgefährten; die Gräfin Wera Tschernytschew, Schwester unserer Alexandrine Murawjew, jetzige Gräfin Pahlen, bat meine Frau mit Thränen, sie unter dem Namen einer Dienstmagd mitzunehmen, damit sie in Sibirien ihrer Schwester helfen könne. — Ich übernehme es nicht, den letzten Tag zu beschreiben, den meine Frau mit ihrem Sohne zubrachte.

Am 17. Juni 1830 verließ meine Frau in Begleitung eines Dieners und einer Magd Moskau und reiste ebenso schnell wie die Briefpost; bis Tobolsk hatte sie nur eine Nacht geruht. Als sie hier Benkendorffs Brief dem General-Gouverneur J. A. Weljaminow zugesandt hatte, erhielt sie von diesem das Anerbieten, einen Begleiter in der Person des Postillons Sedow bis Irkutsk mitzunehmen. In Irkutsk traf sie am 31. Juli ein und wurde daselbst einige Tage aufgehalten; obgleich man ihr nicht so große Hindernisse in den Weg legen konnte wie früher der Fürstin Trubetzkoy, so verlangte man doch einen schriftlichen Verzicht auf ihre adligen Standesrechte. Den 4. August wurde die Reisekalesche meiner Frau auf ein großes Fischerboot, ein Segelfahrzeug, gesetzt, das sie über den Baikalsee führen sollte; nach stürmischer Seefahrt, die zum Einlaufen in einen Nothhafen zwang, trafen die Reisenden in der

Station Stepnaja ein; hier mußten sie liegen bleiben, weil das Austreten der Flüsse Selenga und Uda die ganze Umgegend überschwemmt hatte. Zehn Tage lebte meine Frau in einem armseligen Dorfe in einer Scheune, bis das Wasser endlich zurücktrat. Sie mußte ihre Kalesche zurücklassen, einige Werst zu Boote fahren und konnte die folgende Station nur mit Mühe und nach großen Gefahren erreichen. Der Diener war bei der Equipage zurückgeblieben; sie setzte sich mit der Magd in einen Postwagen und jagte dann weiter. — Obgleich ich schon in Tschita den Brief meiner Frau aus Stepnaja erhalten hatte, war es doch unmöglich ihre Ankunft an einem bestimmten Tage zu erwarten; der Entfernung nach konnte sie täglich eintreffen. Die Frau meines Gefährten Juschnewsky war zwei Wochen vor meiner Frau aus Moskau abgereist und weder von dem Baikalsee, noch durch Ueberschwemmung aufgehalten worden. Es war ihr übrigens nicht bestimmt, auf längere Zeit das Gefängniß und die Verbannung ihres Mannes zu theilen — er wurde von seinen Leiden durch einen plötzlichen Tod befreit, während er in der Kirche des Dorfes, wo er angesiedelt war, vor dem Sarge unseres Kameraden Wadkowsky stand. — Am 27. August hielten wir in Ononsky-Bor, einem Dörfchen, Rasttag, wo wir in Filzzelten einquartirt waren. Nachmittags

legten wir uns schlafen, ich konnte aber kein Auge schlie=
ßen; die Zelte waren längs der Poststraße aufgestellt,
die über einen Bach in den Wald führte. Ich hörte
Postglocken, das Rollen eines Postwagens, blickte durch
die Ritze des Zeltes und als ich einen grünen Schleier
bemerkte, warf ich meinen Rock über die Schulter und
lief hinaus dem Wagen entgegen. Nikolai Bestushew
lief mir nach, konnte mich aber nicht einholen; die vor
uns aufgestellten Schildwachen warfen sich mir ent=
gegen, um mich aufzuhalten, aber vergeblich, ich schlüpfte
durch — einige Schritt von den Schildwachen hielt der
Postwagen, einen Augenblick später hielt ich meine Frau
in den Armen.

Die Schildwachen blieben unbeweglich stehen; in
den ersten Augenblicken gab ich mich einer unbeschreib=
lichen Freude hin. Aber wohin sollte ich meine Frau
führen? sie konnte nach der angreifenden Fahrt kaum
gehen. Glücklicherweise kam der Platzadjutant Kapitän
Rosenberg, der mich benachrichtigte, daß er vom Kom=
mandanten den Befehl erhalten habe, mich mit meiner
Frau in einem Bauernhause einzuquartieren und eine
Wache daselbst aufzustellen. Meine Frau hatte nur
eine Magd und einen Reisesack mit sich. Fragen und
Antworten über meinen Sohn, meine Verwandten,
über das vergangene und bevorstehende Leben erfüllten

die ersten, schnell verrauschten Stunden. Ich mußte
fortgehen, um das Abendbrot auszutheilen, und über=
redete meine Frau, während dessen Frau Naryschkin zu
besuchen. Als ich mich den Zelten näherte, kamen mir
meine Kameraden sämmtlich entgegen, um mir Glück
zu wünschen; sie umarmten mich und in manchem Auge
sah ich Thränen stehen. Man ließ mich nicht zur Küche
gehen, sondern hatte mein Geschäft bereits verrichtet.
Ich wollte meine Frau mit unserer Kost bewirthen, aber
Jakubowitsch hatte ihr bereits eine treffliche Brühe zum
Willkommen bereitet. Andern Tags rückte ich mit mei=
nem Geleite und meinen Kesseln weiter; meine Frau
holte mich in einem Postwagen ein. Den ganzen Tag
ging ich neben ihrem Wagen und unterhielt mich mit
ihr. Ich wollte mich nicht aufsetzen, weil ich mir das
Wort gegeben hatte, aus Tschita nach Petrowsk zu
Fuße zu gehen. — In den ersten Tagen konnte meine
Frau kaum eine Werst mit mir gehen; nach einer
Woche, als wir uns dem Ufer der Selenga näherten,
ging sie mit mir schon sechs bis zehn Werst. Das
Wetter war schön; von 10—2 Uhr wärmte die Sonne
so tüchtig, daß meine Frau in einem leichten Sommer=
kleide gehen konnte. — Eine Nacht brachten wir in
einem Filzzelte zu, wo wir Briefe von unserem Sohne
und unseren Verwandten lasen; dieses Nachtlager ge=

fiel meiner Frau besonders, weil sie durch die Rauch=
öffnung des Zeltes gerade über ihrem Haupte den ge=
stirnten Himmel sehen konnte.

Nach einigen Tagen erreichten wir das Ufer der
Selenga, die reizendste nnd großartigste Gegend Si=
biriens. Man stelle sich einen breiten Fluß vor, dessen
rechtes Ufer von hohen Felsen gebildet wird, die aus
vielen, ganz verschiedenfarbigen Schichten bestehen:
rother, gelber, grauer, schwarzer Granit wechselt mit
Spath, Schiefer, Sand, Lehm, Kies und Kalksteinen.
Dieses Felsenufer ist etwa 60 Fuß hoch. Bei klarem
Wetter blitzte die senkrechte Felsenwand in tausend präch=
tigen Farben. — Die Umgegend des Flußthals ist von
Hügeln durchkreuzt, die mit großen Felsblöcken, welche
Schlössern und Burgen ähnlich sehen, gekrönt sind, ver=
muthlich infolge von Erdbeben; die Ufer des Baikal=
sees bestätigen eine solche Vermuthung. Dieser See,
welcher in Sibirien das heilige Meer genannt wird, ist
unermeßlich tief. — Pallas, der berühmte Reisende aus
der Zeit Katharina's II., beschreibt diese Gegend aus=
führlich und zählt sie zu den schönsten Landschaften, die
er je gesehen. Ich weiß nicht, ob Pallas im Kaukasus
und in Grusien gewesen ist? Die Natur an der Se=
lenga ist schön, aber es fehlt an Menschen; die Be=
völkerung ist sehr schwach: ein Mangel, der sich auch

für den Beschauer stärker fühlbar macht, als man ge=
wöhnlich annimmt.

Bei der Stadt Werchne=Udinsk bogen wir links
vom großen Wege ab; nach drei Tagemärschen gelang=
ten wir in ein großes Dorf Tarbagatay, welches durch
seine Häuser und seine Bewohner ganz das Aussehen
eines Dorfs der großrussischen Gouvernements hatte.
Hier leben auf einer Strecke von 50 Werst die so=
genannten Semeiskije, Leute, deren Vorfahren unter
der Regierung der Kaiserin Anna 1733 und unter Ka=
tharina II. im Jahre 1767 größtentheils wegen Sek=
tirerei aus Dorogobusch und Gomel nach Sibirien ver=
schickt worden waren. Man hatte ihnen gestattet, ihr
Hab und Gut zu verkaufen und mit ihren Weibern und
Kindern in die Verbannung überzusiedeln. Daher er=
hielten sie in Sibirien die Benennung Semeiskije,
d. h. Leute, die mit ihren Familien ins Land kamen.
Als diese Verwiesenen über den Baikalsee gegangen
und in Werchne=Udinsk angelangt waren, erhielten sie
von der Ortsbehörde Befehl, sich hier an wüsten, von
anderen Ansiedelungen entfernten Orten anzubauen.
Der Regierungs=Kommissar führte sie in einen Urwald
längs des kleinen Flusses Tarbagatay und erlaubte
ihnen, sich hier einen beliebigen Wohnort auszuwählen.
Von Zahlung der Kronabgaben waren sie vier Jahre

lang befreit. Wie groß war die Verwunderung des Beamten, als er sie nach Jahresfrist aufsuchte und ein schön angebautes Dorf, Gemüsegärten und Felder an einem Ort sah, wo noch vor Jahresfrist ein dicker Wald Alles bedeckt hatte! Dieses Wunder war durch die Arbeitsamkeit der Leute und durch das Geld bewirkt worden, daß sie mitgebracht hatten. Da sie in der Heimath alle Habe verkauft hatten, waren sie mit reichlicher Baarschaft angekommen: sobald ihre Ankunft bekannt wurde, strömten aus den umliegenden Bergwerken geschickte Handwerker zu ihnen und die Arbeit ging rasch von Statten. — Von Werchne-Udinsk an hielten wir unsere Nachtlager und Rasttage nicht mehr in burjätischen Filzzelten, sondern in diesen großen Dörfern. In Tarbagatay hatten wir Zeit, Alles umständlich in Augenschein zu nehmen. Mit meiner Frau war ich in dem Hause eines Bauern einquartirt: die Häuser enthielten mehrere Zimmer, bedeckte Treppen, große Fenster, bretterne Dächer; auf der einen Seite der Flur befanden sich eine geräumige Stube für die Arbeiter und ein mächtiger russischer Backofen, auf der anderen 2—5 Zimmer mit holländischen Oefen; hier war der Fußboden mit eigens dazu fabricirten Teppichen bedeckt, die Tische und Stühle waren sauber angestrichen, selbst Spiegel, die in Irbit zur Jahrmarktszeit gekauft worden waren, fehlten nicht. Unsere Wirthin nahm uns gastfrei mit Schinken, Stör und verschiedenen Gattungen Kuchen auf. — In den Höfen sahen wir mit Eisen beschlagene Wagen, gute Geschirre, starke wohlgenährte Pferde und gesunde wohlgestaltete Menschen, die einen vortrefflichen Eindruck machten. Es war Sonntag, Alles ging ins Bethaus, die Männer in langen Röcken aus blauem Tuch und mit stattlichen Zobelmützen, die Weiber in seidenen mit Zobelkragen besetzten Halbmänteln, die sie Seelenwärmer nannten; ihr Kopfputz war aus Seidenstoff gefertigt und mit Gold und Silber durchwebt. Alles zeigte Wohlhabenheit, Arbeitsamkeit und Ordnung. Nur Eines fehlte dem Beobachter: die Kirche; als Altgläubige hatten die Ortsbewohner blos ein Bethaus und keinen Priester. Wie alle Altgläubige gebrauchen sie keinen Tabak, keinen Thee, keinen Wein, keine Arzenei, auch impfen sie keine Pocken ein, da sie das Alles für Sünde halten; ich habe unter ihnen übrigens keinen einzigen Pockennarbigen gesehen. Sie sind sehr gottesfürchtig, lesen fleißig die heilige Schrift und beobachten aufs strengste die Gebräuche ihrer Secte.

Viele dieser Leute sind Kapitalisten; Einige besitzen Kapitalien im Betrage von 100,000 Rubeln, unternehmen große Kornlieferungen und handeln mit den

Chinesen, denen sie vortheilhaft Waizen und Schaf=
felle verkaufen. — „Warum sind Eure Nachbarn so
arm?" fragte ich meinen Wirth. — „Wie sollen sie
nicht arm sein!" — antwortete er — „wenn der Hahn
kräht, sind wir schon auf dem Felde und pflügen in den
kühlen Morgenstunden, indessen der einheimische Bauer
kaum aufgestanden ist und seinen Ziegelthee kocht; bis
er sich zu seinem Felde schleppt, steht die Sonne schon
hoch am Himmel. Wir haben unsere erste Arbeit schon
beendet und ruhen, während der Sibirier sich in der
Hitze mit seinem Anspann abquält; weder er selbst
noch sein Pferd haben Kräfte das Land gut durch=
zupflügen. Außerdem sind die früher Angesiedelten dem
Branntweintrinken ergeben; sie bringen jeden Kopeken
durch und können daher keine Kapitalien sammeln." —
Bestushew fragte einen dieser Bauern, warum sie nicht
zur Erleichterung und Beschleunigung der Arbeit bei
sich Maschinen einführten, wenigstens Dresch= und
Saatreinigungsmaschinen? Der Gefragte antwortete:
„Wir haben meist gedörrtes Korn, welches wir bei
fruchtbaren Jahren und niedrigen Preisen oft fünf Jahre
lang aufbewahren. Zum Windigen dient uns eine
breite Schaufel. Wie viel kann die Maschine in einem
Tage windigen?" — „Mehr als sechszig Loof." —
„Meine Schaufel und meine Hand windigen nicht

weniger," entgegnete der Bauer, seine starke Hand vor=
zeigend, deren Handgelenk über vier Zoll breit war. —
Das ganze Wesen dieser Leute zeugte von Wohlstand
und Zufriedenheit: sie haben eine Kommunalverfassung,
durch welche sie ziemlich unabhängig gestellt sind, be=
zahlen ihre Abgaben pünktlich und haben nur mit Kron=
beamten zu thun, welche sie richtig zu behandeln verstehen.

Am folgenden Tage nächtigten wir in einem Dorfe
derselben Kolonie und fanden daselbst das nämliche
thätige Leben. In einem dritten Dorfe, Dessiätnikowo,
hielten wir den dritten Rasttag; unser Wirth war ein
rüstiger Greis von 110 Jahren, welcher der Zahl der
ersten Verschickten aus der Regierungszeit Anna's (1733)
angehörte. Er war damals 13 Jahre alt gewesen und
erinnerte sich noch deutlich aller Umstände der weiten
Reise und der ersten Einrichtung. Der Alte lebte im
Hause seines jüngsten, vierten Sohnes, der selbst ein
Greis von 70 Jahren war. Obgleich der Vater nicht
mehr arbeitete, hatte er die Gewohnheit, stets ein Beil
im Gurt zu tragen; frühmorgens weckte er seine Kinder
und Enkel zur Arbeit. Er führte mich zu seinen an=
deren drei Söhnen; für Jeden hatte er ein besonderes
Haus mit Hof und Scheuer, und für jedes Haus eine
besondere Wassermühle angelegt. — „Warum hast du,
Großvater, so viele Mühlen gebaut?" fragte ich den

Alten. — „Sieh doch, was wir für Felder haben," er=
wiberte er und zeigte auf die umliegenden Berge, wo
jeder Winkel bearbeitet war. Der Boden erzeugt guten
Waizen, der vortheilhaft veräußert werden kann. Nach
dem Reichthum und Wohlstande dieser Bauern zu ur=
theilen, schien es mir, als hätte ich arbeitsame Russen
in Amerika und nicht in Sibirien vor mir; in dieser
Gegend ist Sibirien um nichts schlechter als Amerika.
Fruchtbares Land im Ueberfluß, und Arbeitsamkeit
von Menschen, die sich selbst regieren.

In diesem dritten Dorfe fanden wir die Kalesche
meiner Frau, welche der Ueberschwemmung wegen zurück=
geblieben war. Noch blieben vier Tagemärsche bis zu
unserem neuen Gefängniß übrig; ich überredete meine
Frau vorauszufahren, um für sich und die Diener eine
Wohnung zu miethen und einige Vorräthe einzukaufen.
— In unserem letzten Nachtlager angelangt, legte ich
das Amt eines Tafel= oder Küchenbesorgers nieder.
Hier, am Vorabende unserer Ankunft in Petrowsk, er=
hielten wir Briefe und die wichtige Nachricht von der
Julirevolution in Frankreich; das war von guter Vor=
bedeutung für unseren neuen Aufenthaltsort und eine
desto angenehmere Nachricht, als uns die vorletzten Zei=
tungen die unsinnigen Ordonnanzen Karls X. mit=
getheilt hatten. — Jedem Reisenden ist es angenehm,

sich dem Ziele der Reise zu nähern; nicht so uns, die
wir von einem neuen Gefängniß erwartet wurden. Die
letzten Werste schlängelte sich der Weg durch einen Wald,
der, jemehr wir uns Petrowsk näherten, immer lichter
und dünner wurde, endlich durch Gebüsch und Morast
führte, bis plötzlich hohe Berge gegen Norden nnd Osten
zum Vorschein kamen. In einem tiefen Thale zeigten
sich ein großes Dorf, eine Kirche, ein Fabrikgebäude
mit vielen Schornsteinen, ein Bach und hinter demselben
das rothe Dach des Gefängnisses. Näher gekommen
sahen wir endlich ein mächtiges Gebäude auf hohem stei=
nernen Fundament, in Galgenform gebaut; dasselbe
zeigte eine Menge von Schornsteinen aus Ziegeln,
aber alle Wände waren fensterlos, einen Ausbau aus=
genommen, an welchem der Eingang, die Hauptwache
und die Wachtstube angebracht waren. Als wir durch
das Thor gekommen waren, erblickten wir an den inneren
Mauern Fenster, Treppen und eine hohe Umzäunung
aus aufrecht stehenden und zugespitzten Balken, die den
ganzen inneren Raum in acht gesonderte Höfe eintheilte.
Jeder Hof hatte seine eigene Pforte, jede Abtheilung
faßte fünf bis sechs Mann. Jede Treppe führte in
einen hellen Korridor von vier Ellen Breite, aus wel=
chem Thüren in die einzelnen Zellen führten; jede Zelle
war sieben Schritt lang und sechs Schritt breit. Diese

15*

Zellen waren faft ganz dunkel, denn fie erhielten ihr
Tageslicht nur aus dem Korridor durch ein vergittertes
Fensterchen, welches über der Zellenthür angebracht war;
es war fo dunkel, daß man am hellen Tage nicht lefen,
nicht die Zeiger und Ziffern an der Uhr unterscheiden
konnte. Am Tage war es erlaubt, die Thüre zu öffnen
und bei warmer Witterung im Korridor zu arbeiten;
aber wie lange dauert der Schein der fibirifchen Sonne?
Schon im September mußten wir im Dunkeln fitzen
oder den ganzen Tag Licht brennen. Es waren in
Allem fechszig Zellen; in einigen wurden zwei Gefangene
zufammen einquartirt.

Der erfte Eindruck war peinlich, umfomehr, als er
völlig unerwartet gekommen war. Wie konnten wir
ahnen, daß man uns, nachdem wir faft vier Jahre lang
in dem engen aber erträglichen Gefängniffe von Tfchita
zugebracht hatten, ohne Urfache durch Verfetzung in ein
fehr viel fchlechteres Gefängniß beftrafen und fogar des
Tageslichtes berauben würde? Mir thaten befonders
diejenigen meiner Kameraden leid, die in diefem Gefängniffe zwölf Jahre zubringen follten. — Zwei Abtheilungen des Gefängnißgebäudes, die erfte und die
zwölfte, waren den Verheiratheten angewiefen; die
Frauen zauderten nicht einen Augenblick, das Gefängniß ihrer Männer zu theilen, was in Tfchita wegen der

Enge und der gemeinschaftlichen Einsperrung verboten gewesen war; hier hatte Jeder seine besondere Zelle. In unserer Abtheilung lebten die Frauen Trubetzkoy's, Naryschkins, von Wisins und die meinige. Serge Trubetzkoy pflegte zu sagen: „Wozu brauchen wir Fenster, da wir vier Sonnen haben!“ — Alexandrine Murawjew und Katharine Trubetzkoy konnten in dem Gefängnisse nur die Tagesstunden zubringen, weil es nicht gestattet war Kinder in dasselbe mitzunehmen; die Thüren der Zellen wurden jeden Abend nach dem Zapfenstreiche abgeschlossen — kleine Kinder, die oft plötzlicher Hilfe bedürfen, wären der größten Gefahr ausgesetzt gewesen, zumal Nachts kein Feuer angemacht werden durfte. Die Mütter brachten die Nächte bei ihren Kindern im eigenen Hause, die Tage bei ihren Männern im Gefängnisse zu. — Jeder von uns suchte seine Zelle nach Kräften auszuschmücken; eine gemeinschaftliche Küche befand sich in einem besonderen Gebäude in der Mitte des ganzen Gefängnißhofes. Jeder der abgetheilten Höfe konnte gänzlich abgesperrt werden, sobald man die Pforten desselben verschloß. Ein Raum, ebenso groß wie der den das ganze Gefängniß einnahm, war von einem hohen aus Balken gezimmerten Zaun eingeschlossen, sodaß die Gefängnißwände und der eingezäunte Platz ein rechtwinkliges und gleichseitiges Viereck bildeten.

Nach dem anfänglichen Plane sollte das ganze Viereck mit Gefängnissen bebaut werden; da aber ein Theil der Gefangenen schon aus Tschita zur Ansiedelung verschickt worden war und mit der Zeit nach bestimmten Terminen die übrigen Kategorien folgen sollten, so wurde nur die Hälfte des Raumes bebaut, und die andere eingezäunte Hälfte diente uns zum Tummelplatz und zur Promenade; im Winter legten wir Rutschberge und eine Eisbahn zum Schlittschuhlaufen an. Ein Korridor oder gemeinschaftlicher Durchgang führte an allen Zellen vorüber; um aber einige Ruhe herbeizuführen und das Geräusch zu vermindern, befahl der Kommandant, diejenigen Thüren des Korridors, die eine Abtheilung von der anderen trennten, gänzlich zu schließen.

Als wir dem Kommandanten Leparsky über die Finsterniß in unsern Zellen Vorstellungen machten und unsere Verwunderung darüber aussprachen, daß er den Bau nach einem so verkehrten, gleichsam auf unsere Erblindung abzielenden Plane zugegeben, erklärte er achselzuckend, der Plan zu unserem Gefängniß sei persönlich vom Kaiser bestätigt worden und darum an kein Remonstriren zu denken gewesen.

VII. In den Gefängnissen von Petrowsk.

Wie eingreifend die Verschlechterung unserer Lage
war, welche wir durch die Uebersiedelung nach Petrowsk
erlitten, sollten wir erst einige Wochen nach unserer
Ankunft ermessen. Beim Beginn des Winters wurde
ein dauernder Aufenthalt in den relativ hellen Korri-
doren, welche unsere Zellen verbanden, der Kälte wegen
unmöglich. Wir mußten uns in unsere Zellen zurückziehen und den ganzen Tag über Licht brennen.
Meine Augen waren bald so angegriffen, daß ich die
Brille zu Hilfe nehmen mußte. Unterdessen hatten
unsere Damen, besonders Frau Murawjew, die
Fürstinnen Trubetzkoy und Wolkonsky, sowie Frau
Naryschkin, ihren in der Petersburger Gesellschaft
lebenden Verwandten wahrheitsgetreue Beschreibungen
unserer finsteren Wohnungen gemacht; der Kommandant hatte seiner Seits den Behörden vorgestellt, daß
die dunklen Zellen üble Folgen für Diejenigen von uns

befürchten ließen, die schwach an Gesundheit und einen
Hang zur Melancholie hätten. — Endlich im Frühling
des folgenden Jahres benachrichtigte uns Leparsky,
daß der Kaiser auf Verwendung des Grafen A. Benkendorff befohlen habe, in die äußere Wand jeder Zelle ein
Fenster zu brechen. Diese Bestimmung kam im Mai
zur Ausführung.

Unsere gemeinschaftlichen Arbeiten gingen fort wie
in Tschita — im Sommer waren wir mit dem Bau
einer Straße und im Gemüsegarten beschäftigt, im
Winter arbeiteten wir mit den Handmühlen. In den
Freistunden beschäftigte sich Jeder nach Belieben —
an Büchern war glücklicher Weise kein Mangel. Fürst
Odojewski besuchte mich zweimal wöchentlich und nahm
meine Uebersetzungen und schriftlichen Arbeiten durch.
Jeden Mittwoch brachte ein alter Seemann, C. P.
Torson, bei mir zu, um von seinen Reisen um die
Welt, und seinen Arbeiten und Plänen zu erzählen.
Andere Kameraden besuchten uns und unsere Nach-
barn Abends, so daß unser Korridor bis zum Zapfenstreich gewöhnlich recht belebt war. Mit meiner Frau
lebte ich zurückgezogener als die Uebrigen, weil wir unsere beständigen Beschäftigungen hatten; alle Stunden
des Tages waren eingetheilt, sogar die zum Auf- und
Abgehen im umzäunten Hofe bestimmten. Meine

Frau ging jeden Tag 10 Uhr Morgens in ihr gemie=
thetes Quartier, um die kleine Wirthschaft zu besorgen;
Mittags brachte der Koch unser Essen in die Wacht=
stube, von wo uns eine Schildwache die Speisen in den
Korridor trug. Meine Frau erinnert sich noch jetzt
mit Entzücken unseres Lebens im Gefängnisse, wo wir
in einem Jahre mehr beisammen waren, als es anderen
Eheleuten in zwanzig Jahren zu theil wird.

Im Juli 1831 verließen uns zwei unserer Kame=
raden, N. P. Repin und Michail Küchelbecker, die mit
mir in derselben Kategorie standen, deren Termin für
die Zwangsarbeit aber verkürzt worden war, während
meine Verurtheilung nicht gemildert wurde. Im Herbst
erfuhren wir, daß Repin mit Andréjew, der schon
früher angesiedelt worden war, nach Werchne=Udinsk
gesandt worden sei. Ungefähr 200 Werst von
Irkutsk waren die Freunde in Repins erstem Aufent=
haltsort zusammengetroffen. Repin hatte eine Woh=
nung im Hause einer Kaufmannsfrau gemiethet; ein
Vorhaus trennte sein Zimmer von der Stube der
Wirthin. — Das Wiedersehen war für beide ein Fest
und ihre Unterhaltung dauerte bis spät nach Mitternacht;
plötzlich spürte die Magd einen Rauchgeruch, sie weckte
die Wirthin und beide Frauen untersuchten die Küche
und den Ofen, fanden aber Nichts, während der Rauch

im Vorhause immer stärker wurde. Man klopfte an Repins Thüre, keine Antwort, man klopfte an die Fensterläden — Alles blieb still. Als man die Thür aufbrach, schlug die Flamme den Eintretenden entgegen und die beiden Verbannten wurden als unkenntlich verbrannte Leichen gefunden. Die Ueberreste beider Unglücksgefährten wurden in einem gemeinschaftlichen Sarge auf dem örtlichen Kirchhof begraben. Der Civil-Gouverneur begab sich sogleich an Ort und Stelle, die Untersuchung blieb aber erfolglos. Vermuthlich hatten die beiden Männer lange gesprochen, das Licht nicht ausgelöscht, oder durch ihre Pfeifen die Bettdecken angezündet, so daß sie von Dunst betäubt umgekommen waren.

Einige Monate nachdem ich diesen Unglücksfall erfahren, erhielt ich einen Brief von Repin; dieser Brief hatte, um nach Petrowsk zu gelangen, über Petersburg durch die dritte Abtheilung der Kaiserlichen Kanzlei gehen müssen, mithin einen Umweg von über zwölf tausend Werst gemacht. Man kann sich die Gefühle denken, mit denen ich den Brief meines verunglückten Gefährten und ehemaligen Dienstkameraden las, der mich mit dem Leben auf der Ansiedelung bekannt machte, und der das Gefängniß mit frohen Hoffnungen auf die Umgestaltung seines Lebens verlassen hatte.

Ein Jahr hatten wir in dem neuen Gefängnisse
verlebt, als ich mich von meiner Frau trennen mußte,
weil die Zeit ihrer Entbindung nahe war. Sie mie=
thete eine Wohnung, in welcher die Fürstin Trubetzkoy
gelebt hatte, während deren eigenes neues Haus gebaut
worden war. Alle unsere Damen hatten ihre eigenen
Häuser, und alle, außer den Frauen Juschnewskys
und von Wisins, hatten Kinder. Eine Woche vor der
Entbindung meiner Frau wurde mir gestattet bei ihr
zu bleiben; vor unsere Wohnung wurde eine Schild=
wache gestellt, die mich indessen nur begleitete, wenn ich
zur Arbeit und zur Mühle gehen mußte. — Den 5. Sep=
tember 1831 wurde mein zweiter Sohn, Konrad, ge=
boren; mit Liebe und Dankbarkeit hob ich ihn auf
meinen Arm, aber in der Folgezeit, als mir noch
drei Söhne und eine Tochter geboren wurden, drückte
mich der Gedanke an ihre Zukunft fast zu Boden. In
solchen Augenblicken, wo meine Kräfte wankten, war es
schwer sich der besten Kinder zu freuen. Seit der
Geburt meines zweiten Sohnes gab ich mir das Wort,
alle Mühe anzuwenden, um selbst im Stande zu sein
meine Kinder zu erziehen, und ihnen, die nicht nur kein
Vermögen, sondern keine bürgerlichen Rechte besaßen,
die Möglichkeit einer selbständigen Laufbahn durch das
Leben zu bieten. — Sobald meine Frau das Bett

verlassen hatte, blieb sie allein; ich mußte in mein Gefängniß zurückkehren, von wo aus ich sie zwei Mal in der Woche auf einige Stunden besuchen durfte. Diese Zwischenzeit war eine sehr schwere; wir trösteten uns indeß damit, daß sie nicht von Dauer sein konnte, weil im Juli des folgenden Jahres mein Termin zur Ansiedelung heranrückte.

Obgleich in Petrowsk Jeder von uns seine abgetheilte Zelle und darum mehr Raum und Ruhe als in Tschita hatte, die Unterhaltsmittel aber auch hier gemeinschaftliche waren, so war doch der ideale Reiz verschwunden, welcher unser Leben in dem engen Gefängnisse in Tschita verklärt hatte. Die zunehmenden Jahre, die abnehmende Gesundheit mochten dazu wesentlich beitragen. Da wir getrennt lebten und jeder seinen näheren Umgang wählen konnte, waren wir nicht mehr mit Nothwendigkeit auf einander angewiesen. Außerdem bedingte die Anwesenheit der zahlreichen Frauen eine gewisse Zurückhaltung. Das thätigste Leben von uns Allen führten F. B. Wolff und Artamon Murawjew. Wolff war ein ausgezeichneter Arzt, Murawjew hatte sich zum praktischen Chirurgen gebildet, sie durften in Begleitung eines Wachtsoldaten jeder Zeit das Gefängniß verlassen, um den Kranken des Orts zu helfen. Unser bejahrter Kommandant, die Beamten und die Arbeiter der Fabrik wandten sich in allen Krankheitsfällen an Wolff; auch aus der Umgegend kamen zahlreiche Kranke, seinen Rath zu suchen. Seine große Apotheke besorgte er mit A. Ph. Frolows Hilfe selbst, und bald war er in der ganzen Gegend als Wunderdoktor bekannt. — Artamon Murawjew ließ zur Ader, zog Zähne aus und verband Wunden; als Kommandeur des Achtyrschen Husaren= regiments hatte er nicht geahnt, daß ihm dereinst das Amt eines Feldscheerers zufallen werde; während einer Reise ins Ausland hatte er zum Vergnügen Vor= lesungen über Chirurgie gehört. Als er in der Um= gegend von Irkutsk angesiedelt wurde, setzte er diese Beschäftigung, die ihm zum Bedürfniß geworden war, fort, bis er im Jahre 1847 starb. — Während der ganzen Zeit meines Aufenthalts in Tschita und Petrowsk, im Laufe von sechs Jahren, war kein einziger Todesfall unter meinen Kameraden vorgekommen, — ein bemerkenswerther Umstand, wenn man berücksich= tigt, daß von 75 Menschen durchschnittlich zwei im Jahre sterben; wir waren unserer 82, nicht Alle jung, Etliche hatten ein Alter von sechszig Jahren erreicht, die Meisten waren in fürstlichem Luxus aufgewachsen, Alle an einen gewissen Komfort gewöhnt und plötzlich zu ungewohnten Entbehrungen gezwungen worden.

Das einförmige Leben und die einfache mäßige Nahrung
waren uns Allen gut bekommen.

  Petrowsk ist eine der Krone gehörige Eisenfabrik, in
welcher eiserne Gefäße gegossen, Bandeisen und Drahte
geschmiedet und gezogen werden. In der Fabrik bestand
außerdem eine Wasser=Sägemühle, die seit Jahren
außer Gebrauch war, da der Mechanismus verdorben
und wie man glaubte irreparabel war. Der Direktor
der Fabrik hatte durch den Platzadjutanten erfahren,
daß Einige unter uns Mechanik getrieben hätten, und
bat den Kommandanten, er möchte „diesen Herren" ge=
statten, die Maschinerien der Fabrik in Augenschein
zu nehmen und ihre Brauchbarkeit zu begutachten.
N. Bestushew und Torson begaben sich an Ort und
Stelle, und zur Verwunderung der Beamten, Meister
und Handwerker waren die Maschine und Sägemühle
schon nach einigen Stunden in Gang gebracht! —
N. Bestushew nährte damals den Gedanken, einen
Chronometer neuer und wohlfeilerer Konstruktion her=
zustellen. Diese Idee brachte er zwanzig Jahre später,
als er in Selenginsk angesiedelt war, zur Ausführung.
Seine neue Uhr hatte er im Winter in einem Vorhause
aufgestellt, wo eine Kälte von 25 Grad Réaumur
keinen Einfluß auf den richtigen Gang hatte. — Als
wir den Schmerz hatten, die von uns Allen geliebte und

verehrte Alexandrine Murawjew durch einen frühen
Tod zu verlieren, fertigte Bestushew eigenhändig einen
hölzernen Sarg sammt Schrauben und Verzierungen
an; auch goß er einen Blei=Sarg, in welchen der
hölzerne gethan wurde. Nebenbei war er noch Maler;
er malte unsere Portraits und zeichnete sehr hüb=
sche Ansichten von Tschita und Petrowsk. Torson
beschäftigte sich mit der Anfertigung von Modellen zu
Dresch=, Mäh= und Säemaschinen. N. A. Zagoretzky
stellte mit Hilfe eines gewöhnlichen Tischmessers eine
recht gute hölzerne Uhr her.

In unserem Tischlerzimmer wurden die Tische,
Stühle, Armsessel, Bänke und Kommoden, deren wir be=
durften, gefertigt; die besten Tischler waren N. Bestu=
shew, Frolow, P. S. Puschkin und A. T. Borissow. —
Mit Malerei beschäftigten sich außer Bestushew noch
Repin, Kyréjew und Andréjewitsch, der ein großes
Altar=Gemälde in Oel fertigte und der Kirche in
Tschita widmete. Auch die Musik hatte ihre Jünger:
F. F. Wadkowsky und N. A. Krjukow spielten die
Geige, P. N. Swistunow Violoncello, A. P. Jusch=
newsky das Klavier, M. M. Naryschkin, Lunin und
J. F. Schimkow die Guitarre, Graf Igelström blies
die Flöte. — Der Dichtkunst huldigten Fürst A. J.
Odojewsky und W. P. Jwaschew. — Puschkin schrieb

ſinnreiche Fabeln und überſetzte Pſalmen und Epiſteln
metriſch. Jwaſchew verfaßte ein Epos Stenka Raſin*).
Das Leſe= und Zeitungskabinet war in jeder Freiſtunde
belagert. — Sonntags verſammelten wir uns, um aus
der heiligen Schrift und aus guten Erbauungsbüchern
zu leſen; in die Kirche wurden wir nie geführt, außer
ein Mal jährlich zur Kommunion. In Petrowsk wie
in Tſchita hielten wir das Abkommen, nicht Karten zu
ſpielen; dafür erlaubten wir uns, ungeachtet des
ſtrengen Verbots, Papier und Tinte zu haben.

Auf höchſt originelle Weiſe lebte M. S. Lunin.
Er ſaß in Nr. 1, einem ganz finſteren Zimmer, in dem
kein Fenſter durchgebrochen werden konnte, weil an
der Außenwand deſſelben eine kleine Wachtſtube ange=
baut war. Er nahm keinen Antheil an unſerer gemein=
ſchaftlichen Tafel, hielt ſeine Faſten nach den Ge=
bräuchen der katholiſchen Kirche, zu welcher er ſchon
vor Jahren übergetreten, nachdem er in Warſchau ein
Schüler und Anhänger des bekannten Meiſter geweſen
war. Der dritte Theil ſeines Zimmers war durch einen
Vorhang abgetheilt, hinter welchem auf einer Erhöhung
von einigen Stufen ein großes vom Papſt geweihtes Kru=
zifix ſtand, das ihm ſeine Schweſter aus Rom geſandt

---

*) Ein bekannter ruſſiſcher Rebell und Räuber.

hatte. Im Verlauf des Tages hörte man bisweilen laute
lateinische Gebete. Lunin war aber durchaus kein
Heuchler; wenn er in unsere Mitte trat, war er immer
geistreich, heiter und witzig. Wer ihn in seinem Gefängniß
besuchte, fand bei ihm zu jeder Zeit ein weltliches, oft ein
scherzhaftes Gespräch. Einst kam unser Kamerad M.,
der gern mit Sachen tauschte, in seine Zelle und erkundigte sich nach Lunins Befinden und seinen Beschäftigungen. — Je viens de prier Dieu pour le salut
de mon âme et pour la conservation de mes effets,
war die Antwort. Sehr aufgebracht war er über
Victor Hugo's Notre Dame de Paris, das selbst in
unsere Wildniß drang und fleißig gelesen wurde; er
hatte die Geduld, das gesammte Werk an einem Lichte
zu verbrennen! — Unsere Zukunft (die Zeit der Ansiedelung) schilderte Lunin stets in den düstersten Farben,
indem er behauptete, daß uns nur drei Wege offen
stünden, die alle drei zum Untergang führten: Heirath,
Mönchthum und Saufen. — Er selbst nahm ein trauriges
Ende. Er lebte auch als Ansiedler ganz eingezogen,
umfriedete sein Häuschen mit einem hohen Zaun, hielt
die Pforte desselben zu jeder Zeit verrammelt, und
hatte blos einen Diener, einen Burjäten, bei sich.
Vermuthlich hatten diese Sonderbarkeiten Verdacht er-
weckt: er wurde plötzlich arretirt und seiner Papiere

beraubt, die nach Petersburg geschickt wurden. Infolge dieser seiner Schriften wurde er nach Nertschinsk verwiesen, wo er unter strenger Aufsicht lebte und 70 Jahre alt im Jahre 1847 starb. — In seiner Jugend hatte Lunin im Chevalier=Garderegiment gedient; als sein reicher Vater ihm nicht mehr die nöthigen Mittel zum Leben in der Hauptstadt gab, nahm er seinen Abschied und ging nach Paris, später nach London, wo er für Geld Unterricht in der französischen Sprache gab. Nach seines Vaters Tode kehrte er in sein Vaterland zurück, trat wieder in Militärdienste und diente in letzter Zeit im Grodno'schen Garde=Husarenregimente zu Warschau, wo er beim Großfürsten Konstantin so beliebt war, daß dieser, als er im December 1825 Ordre erhielt, Lunin arretiren zu lassen, nach ihm schickte, um ihn vorzubereiten und ihm Gelegenheit zur Flucht ins Ausland zu bieten: Lunin zog es vor, das Schicksal seiner Kameraden zu theilen.

Ein außerordentlich verdienstvoller Mann war A. P. Juschnewsky, früher General=Intendant der zweiten Armee. Ein Stoiker im ächten Sinne des Wortes, war er sehr innig mit P. J. Pestel verbunden gewesen, der ihm keinen seiner Gedanken verhehlt und ihn stets um seine Meinung gefragt hatte. Juschnewsky war verheirathet, seine Gemahlin folgte ihm; sie lebten in

Petrowsk in bedrängten Umständen, weil sein Vermögen mit Sequester belegt war und sogar sein Bruder, der rechtmäßige Erbe desselben, von der Benutzung ausge= schlossen blieb, bis die Revision der Intendantur der zweiten Armee vollendet war. Diese Untersuchung währte lange und machte Juschnewsky vielen Kummer, weil er als Gefangener etwaigen Beschuldigungen gegen= über jedes Mittels zur Rechtfertigung beraubt war. Man kann sich das Entzücken des alten Mannes vor= stellen, als er nach acht Jahren den Bericht der Unter= suchungs-Kommission erhielt, in welchem ausdrücklich ausgesprochen war, daß der frühere General=Intendant der zweiten Armee A. P. Juschnewsky gar keinen Ver= lust für die Krone herbeigeführt, sondern derselben im Gegentheil durch verständige und zeitgemäße Maßregeln bedeutende Vortheile verschafft habe. Bei den großen Summen, welche durch die Hände der Intendanten gingen, und dem verwickelten Geschäftsgang wäre es Juschnewsky's Feinden leicht gewesen, ihn, den ver= bannten Hochverräther, ohne Grund des Unterschleifs zu beschuldigen und um seine Ehre zu bringen. Daß das nicht geschah, kam uns Allen, die wir die Verhält= nisse kannten, unerwartet. Er starb 1839 als An= siedler in der Nähe von Irkutsk, als er eben am Sarge eines verstorbenen Kameraden betete.

16*

Schließlich sei noch erwähnt, daß sieben meiner Kameraden verlobt waren, ohne daß ihre Bräute zu ihnen kamen, und daß acht Ehemänner unter ihnen den Kummer hatten, daß ihre Frauen ihnen nicht nur nicht folgten, sondern (wie wir erfuhren) neue Ehen eingingen. Der Eindruck, den diese Nachricht machte, war um so ergreifender, als wir an den Damen, die ihren Männern in Elend und Verbannung gefolgt waren, Muster ehelicher Treue kennen gelernt hatten, die nicht nur ihren Männern, sondern uns Allen zum reichsten Segen geworden waren.

VIII. Von Petrowsk nach Kurgan.

Die Zeit rückte heran, wo ich Petrowsk verlassen mußte, um angesiedelt zu werden; der Termin meiner Zwangsarbeit und damit zugleich mein Gefängnißleben waren am 11. Juli 1832 zu Ende. Ich wußte, daß die Verwandten meiner Frau die Regierung gebeten hatten, uns in Kurgan in Westsibirien anzusiedeln und daß diese Bitte erhört worden war; da meine Frau Ende August ihre Entbindung erwartete, so überredete ich sie, schon den 3. Juli nach Irkutsk voraus zu reisen und daselbst die Expedition der erforderlichen officiellen Papiere auszuwirken, damit wir gleich nach meiner An= kunft unsere weite Reise fortsetzen könnten. Den 2. Juli trug ich meinen Sohn Konrad zu mir ins Gefängniß, um von ihm Abschied zu nehmen; das Kind hatte einen hellblauen Mantel um sich, den Fürst Obolensky ihm mit großer Geschicklichkeit genäht hatte, und wurde nicht verlegen, als meine Kameraden es umringten und mit

sichtbarem Antheil liebkosten. Meine Frau nahm einen
rührenden Abschied von unseren treuen Gefährten; un=
sere Damen fürchteten für ihre Gesundheit und ihren
Zustand, dem die Strapazen der bevorstehenden Reise
gefährlich werden konnten. Alexandrine Murawjew
schickte ihr einen zusammenzuklappenden Reisesessel, bot
ihr tausend Sachen an und beredete sie, während der
Ueberfahrt über den Baikalsee eine Kuh mitzunehmen,
damit das Kind zu jeder Stunde frische Milch haben
könne. Torson verfertigte eine Hängematte aus Segel=
tuch, N. Bestushew Schrauben und Schnallen, mit denen
er das Bettchen an das Verdeck der Kalesche befestigte,
in welcher meine Frau die Ueberfahrt machen sollte. —
Den 3. Juli trat meine Frau die Reise an; ohne Auf=
enthalt erreichte sie das Ufer des Baikal, wo sie ein
Fischerboot mit Segeln miethete; die Kalesche wurde
aufgerollt und so ging es in Begleitung der Fischer und
einiger Reisegefährten in See. Mitten auf dem Baikal
erhob sich ein Sturm, der einige Tage anhielt und das
Fahrzeug auf derselben Stelle hin und her schaukelte.
Mein Sohn wurde krank, die vorräthig mitgenommene
Milch sauer, abgekochte Milch wollte er nicht trinken;
anfangs begnügte er sich mit Reiswasser, zuletzt nahm
er gar keine Nahrung zu sich: er schien dem Tode nah.
Den fünften Tag legte sich der Sturm, der Wind wurde

günstig und nach einigen Stunden konnten die Schiffer
landen. Meine Frau erinnert sich noch heute mit Ent=
zücken des Augenblicks, als sie wieder ans Land kam
und ihren kranken Sohn nach fünftägigem Leiden und
Hunger wieder mit frischer Milch erquicken konnte. —
Sie langte den 12. Juli in Irkutsk an und erwartete
mich am folgenden Tage; aber ich traf erst zwei Wochen
später ein. Die Verspätung meiner Ankunft hatte zwei
Ursachen. Der Generalgouverneur Lawinsky besichtigte
damals seine Gouvernements und hatte vergessen un=
seren Kommandanten rechtzeitig über meinen Bestim=
mungsort zu benachrichtigen. Leparsky erhielt dieses
Papier erst am 20. und fertigte mich noch an demselben
Tage ab; so mußte ich neun Tage über den Termin im
Gefängniß bleiben. — Bald nach meiner Abreise wur=
den die Termine der Gefangenschaft und Strafarbeit
auch für meine nachgebliebenen Kameraden in Ver=
anlassung der Geburt des Großfürsten Michael Nikola=
jewitsch bedeutend abgekürzt. Die zweite Ursache meiner
verspäteten Ankunft in Irkutsk war gleichfalls ein Sturm
auf dem Baikalsee.

Den 20. Juli 1832 trennte ich mich von meinen
Kameraden und von meinem Gefängniß: gern und
freudig verließ ich die eingeschlossene Zelle, traurig und
besorgt die zurückbleibenden Gefangenen. Gemeinsame

Erinnerungen und Leiden hatten uns fester aneinander
geknüpft, als Verwandtschaftsbande es thun können. —
Nicht weniger schwer wurde es mir, mich von unseren
Damen zu trennen; mit Entsagung und Freudigkeit
hatten sie Alles gethan, um unseren Zustand zu erleichtern, sie selbst litten mehr als wir; auch sie wünschte
ich wiederzusehen — aber wo und wann? Niemand gab
mir Antwort. — Am Gefängnißthore standen zwei Postwagen, ein Unteroffizier und ein Soldat sollten mich
begleiten. Der Kommandant Leparsky ließ mich in die
Wachtstube rufen, wo er von mir Abschied nahm und
höflich bedauerte, daß er nicht früher meine Bekanntschaft gemacht habe; ich bat ihn, meine Unglücksgefährten
zu schonen, wie er es bis jetzt gethan habe. Als ich
die Stufen der Wachtstube herabstieg, sah ich meine
Kameraden noch einmal sich an das Thor drängen und
mir Lebewohl zurufen. — Ich reiste mit M. N. Glebow
bis Werchne-Udinsk, wo wir uns trennten, weil er in
der Nähe dieser Stadt, im Dorfe Kabansk, angesiedelt
wurde; er starb daselbst zwanzig Jahre später, 1852.
Ich fuhr möglichst rasch und ohne mich aufzuhalten;
die reizenden Ufer der Selenga flogen an meinen Augen
vorüber, die hellen Tage und Nächte erleuchteten alle
Schönheiten derselben bald mit grellem, bald mit blassem
Licht, aber meine Gedanken waren in Irkutsk bei meiner

Frau und meinem Kinde, in dem kürzlich verlassenen Gefängnisse — kaum daß ich auf meine Umgebung Acht gab. Ich fuhr nicht zum Possolsky=Kloster, wo gewöhnlich die Fahrzeuge im Hafen liegen, sondern dem Rathe meiner Begleiter folgend längs des Ufers der Selenga zum kleinen Flußhafen Tschertowkino, von wo aus große Fischerfahrzeuge nach Irkutsk gehen, indem sie aus der Mündung der Selenga in den Baikalsee einlaufen. Kaum hatte ich mich dem Dorfe Tschertow= kino genähert, als ich in der Entfernung einer Werst eine vor kurzer Zeit abgegangene Barke bemerkte; im Hafen waren keine anderen Fahrzeuge; mir blieb nur ein Mittel übrig — die schwimmende Barke am Ufer fahrend einzuholen. — Indem wir durch das Dorf jagten, hörte ich einen kreischenden Zuruf, der sich einige Mal wiederholte; ich sah mich um und erblickte einen Menschen, der meinem Postwagen nachlief, mit der Hand winkte und dann vom Laufen erschöpft nieder= stürzte. Ich kehrte um, hob den Menschen auf und erkannte meinen Wacht= und Geleitesoldaten in Tschita und Petrowsk, den mit dem Georgenorden belohnten Wisgunow, der vor einigen Monaten seinen Abschied bekommen hatte und mich nun inständigst anflehte, ihn mitzunehmen. — „Ich weiß selbst nicht, wohin man mich schickt; auch habe ich keinen Platz für Dich, lieber

Freund!" war meine Antwort. „Wenn ich erst ein-
gerichtet sein werde, so nehme ich Dich gern auf, in
Irkutsk kannst Du meinen Bestimmungsort erfahren."
Damit trennen wir uns.

Wir fuhren längs des Ufers weiter, über Feld und
Wiesen eilend immer dem Boote nach. Nach einer
halben Stunde gelangten wir in die nächste Richtung
zum schwimmenden Fahrzeuge; aus allen Kräften schrie
ich den Steuermann zu: Halt! Nimm mich auf! —
Giebst Du mir dafür auch 25 Rubel? — Gern! —
Aber 30 Rubel? — Gut. — Aber 35 Rubel? — Ab-
gemacht! — Aber 40 Rubel? — Nur geschwind ein
Boot! — Zwei Fischer stiegen aus der Barke in ein
kleines Boot und ruderten zum Ufer. Mit meinen
Begleitern stieg ich hinein, ich hatte nur einen Mantelsack, einen Korb mit etwas Brod und eine Flasche
Wein bei mir, die die Fürstin Trubetzkoy mir zur Reise
mitgegeben. Ich hatte keine Zeit gehabt, mich mit
Lebensmitteln weiter zu versehen; dabei war der Wind
günstig und wir konnten hoffen in fünf Stunden über
den Baikal zu segeln. Auf dem Selenga wurde die
Barke an einem Tau von drei Männern gezogen, die
längs des Ufers langsam fortschritten; der Steuermann
hatte nur sechs Mann, die sein Fahrzeug bedienten.
Quer über der Barke stand ein Tarantaß, in demselben

saß ein Mann mit ergrautem Haar, in einen Militär=
mantel eingehüllt. — Unser kleines Boot glitt rasch
auf dem klaren Wasser der Selenga dahin; bald hatten
wir die Barke eingeholt, wir kletterten hinein, und
nachdem ich meinen unbekannten Reisegefährten begrüßt
hatte, befahl ich dem Unteroffizier, daß er sogleich dem
Steuermann das verlangte Geld für die Ueberfahrt
auszahlen sollte, indem ich Letzteren bat, alle Mittel für
eine schleunige Fahrt anzuwenden, und in solchem
Falle seinen Leuten ein gutes Trinkgeld versprach.
Diese Seeleute, die ihr ganzes Leben auf dem Wasser
mit dem Fischen zubringen, waren aber zögernder und
langsamer als Amphibien und schienen den Begriff Eile
nicht zu kennen. Es war drei Uhr Nachmittags; bis
zur Mündung des Flusses zählten sie noch 16 Werst
und waren im Begriff, das Tau an einem Baume zu
befestigen, um dann auf dem Fahrzeuge zu essen und
zu ruhen. — Wir haben Zeit genug, sprachen sie; der
Wind ist günstig, morgen früh sind wir hinüber, wenn
wir nur glücklich aus der Selenga herauskommen, die
in vielen Armen und Krümmungen sich in den Baikal
ergießt und in ihrem Delta viele Sandbänke und Klip=
pen birgt. — Die Barke blieb am Ufer stehen; ich
überredete meine Begleiter herauszuspringen, um das
Tau zu schleppen, bis die Fischer gegessen und geruht

hätten. Die unermüdlichen Soldaten folgten mir so=
gleich und wir schleppten die Barke vorwärts. Aber
beim Hinausspringen aus derselben hatte ich meinen
Fuß verstaucht, so daß es mir mit jedem Schritte
schwerer wurde aufzutreten. Ich fühlte das aber
kaum, weil ich an meine Frau und an mein Kind
dachte, die mich mit der größten Unruhe erwarteten,
da die Trennung schon 14 Tage länger währte, als
ausgemacht war. Erst am Abend machten wir Halt.
Der Steuermann versicherte mich, daß es im Dunkeln
gefährlich sei, durch die vielen Klippen in die See zu
laufen, daß wir mit Aufgang der Sonne in einer
Stunde aus dem Flusse heraus sein würden und dann
die Segel aufziehen könnten. — Mir schien der Abend
genügend hell zu sein, der Mond stand in seinem ersten
Viertel und leuchtete genugsam; aber was konnte ich
mit meinem beschädigten Fuße und zwei erschöpften
Soldaten thun? Unbekannt mit der Schifffahrt, mit
dem Strome und seinen Windungen mußte ich warten.
Ich hüllte mich in meinen Mantel, streckte mich nieder,
hörte, wie mein Reisegefährte im Tarantaß meine Be=
gleiter über mich ausfragte, und schlief ein.

Als ich anderen Morgens aufwachte, sah ich die
Ufer des Flusses nur noch von fern; wir waren auf dem
See, die Segel waren aufgezogen, der Wind wurde

aber mit jeder Minute schwächer; endlich blieben die Segel hängen, der eiserne Wimpel kreischte auf der Stange, bewegte sich nach allen Richtungen, stand zuletzt unbeweglich Still und wir blieben ungefähr 20 Werst vor der Mündung der Selenga liegen. Man kann sich meine Ungeduld und Verzweiflung vorstellen; die Fischer legten sich schlafen und sagten: „Kommen wir nicht heute, so kommen wir doch morgen an." — Ich hatte Zeit genug den Baikal zu studiren: seine Ufer sind steil, hoch und meist wellenförmig, hie und da schroffe, nackte Felsen aus Granit, Kiesel- und Feuerstein, da-zwischen grüner Rasen, wenig Wald. Ueberall machen sich vulkanische Wirkungen geltend und man kann an-nehmen, daß die Selenga, der Baikalsee und die Angora in früherer Zeit einen einzigen Fluß bildeten. An einigen Punkten ist der See grundlos. Auf der Stelle, wo die Angora aus dem Baikalsee hinausfließt, stehen in der Mitte zwei Granitblöcke, welche als Schleusen dienen; neben diesen Steinmassen zur Seeseite ist die Spur der vulkanischen Einwirkungen deutlich wahr-nehmbar. — Allmälig wurden die Schmerzen meines beschädigten Fußes unerträglich, ich befeuchtete ihn fort-während mit Wasser und bat die Fischer, sie möchten für Zahlung meine Begleiter beköstigen; sie hatten Lebensmittel auf sieben Tage, ohne solchen Vorrath schiffen sie sich nie auf dem Baikal ein, da dieser höchst unzuverlässig ist.

So lagen wir zwei Tage mitten auf dem See; am dritten Tage erhob sich ein Sturm. Die Barke schaukelte, am Anker befestigt, wie eine Wiege von ungeduldiger Hand bewegt. Der Wind war immer konträr; meine Lage wurde immer unerträglicher. Wir wurden Tag und Nacht geschaukelt; meine Augen waren durch das Zurückprallen der Sonnenstrahlen auf der Wasserfläche und durch den Wind stark entzündet; ich konnte nur einige Zeilen aus Goethe's Genius lesen, der sich zufällig in meiner Tasche befand. Schließlich wurde ich seekrank und lag größtentheils auf dem Verdeck, des Nachts in meiner kleinen Kajüte, in die ich nicht hinein gehen, sondern nur hinein kriechen konnte. Je größer meine Ungeduld wurde, desto unüberwindlicher zeigten sich die Hindernisse, nach zweitägigem Sturm blies sechs Tage lang unausgesetzt ein konträrer Wind. Schon sieben Tage lagen wir vor Anker, der Mundvorrath erschöpfte sich: noch einen Tag, und wir hätten nach Tschertowkino umkehren und im Delta der Selenga aufs Neue Zeit verlieren müssen. Am achten Tage wurden bereits die Ueberbleibsel der Brodkrumen gesammelt; die Fischer hatten noch Branntwein, aber nur wenig Brod, und versicherten kaltblütig, daß sie bisweilen zwei Wochen

auf dem See zugebracht und auf günstigen Wind ge=
wartet hätten. Ich mengte Brodstücke und Grützeüber=
reste mit dem Tokayer=Wein, den mir die Fürstin Tru=
betzkoy zur Reise mitgegeben hatte, und lebte von diesem
eigenthümlichen Gemisch Tage lang. Diesen Wein,
aus dem Keller des berühmten Gastronomen Grafen
Laval, hatte ich meiner Frau für den Fall einer Krank=
heit aufbewahren wollen; jetzt mußte er geopfert werden.
Am neunten Tage wurde beschlossen, um die Mittags=
zeit zurückzusegeln. Da begann der Wimpel des Schiffes
sich zu bewegen. Die Fischer riefen: „Entweder kommt
nun Stille oder günstiger Wind! — Richtet den Mast
auf, zieht die Segel aus! Der Wind ist gut!" Es ging.
wirklich vorwärts: nach einigen Stunden erreichten wir
unweit einer Poststation das andere Ufer. Hier erfuhr
ich, daß meine Frau gleich mir viele Tage lang auf dem
See aufgehalten worden war. Bis Irkutsk jagte ich
jetzt mit Windeseile; um Mitternacht kam ich an; ein
Polizeidiener begleitete mich zur Wohnung meiner
Frau.

Die Magd öffnete leise die Thür; ich sah das Licht
einer Nachtlampe und hörte die Stimme meiner Frau,
die ihr schlummerndes Kind wiegte. Die Freude
des Wiedersehens war unbeschreiblich und wir ver=
sprachen einander uns künftig nicht wieder zu trennen;

in den Gesichtszügen meiner Frau las ich aber sogleich
die Krankheit meines Sohnes. Er war gefährlich krank,
nahm keine Nahrung zu sich, seine Gesichtsfarbe war
noch blasser als sonst. Die Mutter hob ihn aus dem
Bette und trug ihn zu mir; er sah mich lange und
starr an, hob dann hastig seine Hand auf und lächelte:
— von diesem Augenblicke an bekam ich Hoffnung auf
seine Genesung. Da der Herbst heranrückte, war an
Aufschub der Reise nicht zu denken, wir mußten uns
trotz der Krankheit des Kindes auf den Weg machen.
Ich fuhr zum Gouverneur J. B. Zeidler, erhielt meinen
Paß und zum Begleiter einen Kosakenunteroffizier.
Den 4. August Nachmittags setzten wir über die klaren
Wasser der Angora. Der Abend war freundlich; jen=
seit der Angora brach die Sonne durch die Wolken und
beleuchtete mit ihren Abendstrahlen die zweite Haupt=
stadt Sibiriens und einige große Gebäude, rings von
Gärten umgeben und sich in der Angora und Irkuta
spiegelnd. — Jeder Schritt führte uns einem neuen
Leben näher; derselbe Weg, den ich vor sechs Jahren
im Winter zurückgelegt hatte, schien mir jetzt völlig ver=
ändert zu sein.

Da es mit der Gesundheit unseres Kindes besser zu
gehen begann, faßten wir frischen Muth und setzten
unsere Reise nach Kurgan, wo uns doch nur eine neue

Art von Gefängniß erwartete, mit einiger Freudigkeit
fort. Wir fuhren sehr schnell und eilten absichtlich, um
zeitig in Kurgan anzukommen. Von Petrowsk bis zu
unserem neuen Bestimmungsorte zählte man nicht
weniger als 4200 Werst (600 deutsche Meilen); die
unvorhergesehene Verzögerung meiner Abfertigung aus
dem Gefängnisse, die Hindernisse auf dem Baikalsee
hatten uns drei Wochen guter Jahreszeit geraubt; es
war schon Anfang August und die Nachtfröste begannen.
Dafür waren wir von den kleinen Fliegen befreit, die
während des kurzen sibirischen Sommers Menschen
und Thiere so schrecklich quälen, daß man am Tage oft
gar nicht arbeiten kann und selbst gemeine Dienstarbeiter
das Gesicht mit Schleiern aus Draht oder Leinwand
bedecken müssen. — Ich habe schon der ungewöhnlichen
Raschheit der sibirischen Pferde erwähnt; wir fuhren
Tag und Nacht; Abends setzte ich mich neben den
Fuhrmann auf den Bock und versprach ihm ein gutes
Trinkgeld, wenn er vorsichtig und etwas langsamer
fahren wolle; aber mein Versprechen und meine
Drohungen waren vergeblich — die Pferde unaufhalt=
sam. Wenn sie auf der Station angespannt wurden,
stand eine Menge Menschen vor diesen unbändigen
Thieren und hielt sie an den Halftern fest; sobald sich
der Reisende eingesetzt hatte rief der Fuhrmann: „Laßt

los!" Die Menschen warfen sich dann rasch nach rechts und links in die Flucht und der Wagen flog ohne Ueber= treibung wie eine Kugel dahin. Alle Anstrengungen des Fuhrmanns sind fruchtlos: je mehr er zurückhält, desto rascher rennen die Pferde, er kann nur die Rich= tung des Weges festhalten. — Nach den ersten vier Werften, wo gewöhnlich Thor und Umzäunung des Weideplatzes für die Dorf= und Stationsheerde den Weg hemmen, werden die Pferde ruhiger und ist die eigentliche Gefahr vorüber, denn die Thiere sehen wenigstens auf den Weg. Ging es im vollen Lauf bergab oder über einen Fluß, so konnte einem immer noch Hören und Sehen vergehen.

Ueberall, wo das Klima in Sibirien es gestattet, werden Ackerbau und Viehzucht getrieben und zwar nicht ohne Erfolg. Der große Weg von Tjumen bis Nertschinsk ist die Haupt=Kommunikationsstraße, die Lebensader der ungeheuren Länderstrecke, deren Schätze zu heben erst künftigen Generationen vorbehalten ist. Schon zur Regierungszeit Katharina II. nannte man Sibirien — mit Beziehung auf seinen Reichthum an edlen Metallen — den goldenen Boden. Obgleich Sibiriens Gebirge und Flußbetten in der That reichhaltige Gold= lager bergen, so besteht der Hauptreichthum dieses Landes doch in der Fruchtbarkeit seines Bodens. Viele

Orte in den Gouvernements Tomsk, Jenifeisk und Irkutsk geben Ernteerträge bis zum vierzigsten Korne; der Düngung bedürfen sie ebenso wenig, wie die Ebenen der Ukraine. Wichtige Ströme erleichtern die Handels= verbindung. Noch ist die Zeit der Kanalverbindungen für Sibirien nicht gekommen, aber schon jetzt besteht eine Kommunikation zu Wasser, welche Ochotsk mit dem Ural in Verbindung setzt und nur an drei Stellen und auf unbedeutende Entfernungen unterbrochen ist. Selbst die ungeheure über 10000 Werst betragende Entfernung von Ochotsk bis St. Petersburg hat eine natürliche Wasserverbindung, die nur an den nachstehenden Punkten stockt: 1) Bei Katschuga an der Lena, von wo aus die Waaren bis zum Baikalsee per Are geführt werden müssen. 2) Bei dem Kirchdorfe Muchowskoje, wo vom Jenisei bis zum Katt, einem Nebenfluß des Ob, 90 Werst Entfernung ist. 3) Von Tjumen bis Perm an der Kama.

Der Fluß Jenisei theilt Sibirien in zwei Hälften, Ost und Westsibirien. Die erstere ist gebirgig, durch= schnitten von Bergströmen, alle ihre Flüsse haben reines, klares Wasser. Westsibirien hat mehr Ebenen, die Flüsse zeigen trübes Wasser, aber der Boden ist in beiden Hälften des Landes gleich fruchtbar, natürlich die nördlichen Regionen ausgenommen. — Die Acker=

17*

bauer Ostsibiriens setzen ihre Produkte in die zahlreichen
Bergwerke und nach China ab. Die Produkte West=
sibiriens werden im Inlande consumirt, außerdem un=
geheure Quantitäten von Talg, Butter, Häuten und
Seife an Großhändler nach Rußland verkauft. Die
Jahrmärkte, welche in den Kreisstädten und den großen
Kirchdörfern drei Mal jährlich stattfinden, werden zu
diesem Behuf von zahllosen Agenten großer Aufkäufer
aus dem europäischen Rußland besucht.

Die Bevölkerung Sibiriens besteht aus drei und einer
halben Million Einwohnern, ungerechnet die wenig zahl=
reichen Ostjaken, Samojeden, Tungusen, Jakuten und
Burjäten. Der größte Theil der Bewohner besteht aus
Verbannten und aus den zahllosen Flüchtlingen, welche sich
aus dem europäischen Rußland nach Sibirien begeben
haben, um der Rekrutenpflichtigkeit oder dem Druck eigen=
mächtiger Herren und Beamten zu entgehen. Aus dieser
Mischung verschiedener Stämme hat sich im Laufe der
Zeit eine neue specifisch sibirische Bevölkerung gebildet.
Die Regierung giebt sich alle Mühe zur Ansiedelung der
Verwiesenen und verwendet große Summen auf die
Einrichtung von Kolonien. Die Unredlichkeit und Un=
fähigkeit der Beamten hat aber verschuldet, daß ein
großer Theil der Kolonistendörfer wieder eingegangen
oder von den gequälten und mißhandelten Bewohnern

verlassen worden ist. Die Namen der einzelnen redlichen
höheren Beamten und deren Einrichtungen stehen noch
heute in gesegnetem Andenken, ein Beweis, daß ihrer
nicht allzu viele gewesen sind.

Zur Zeit Katharina II. und des Kaisers Paul lebte
z. B. in der Gegend von Witim im Kreise Jakutsk ein
gewisser Iwan Iwanowitsch als Kommissär, dessen
Namen ich noch während meines Aufenthaltes oft genug
habe nennen hören. So tief hatte das Gedächtniß dieses
ehrlichen Mannes Wurzel geschlagen, daß die Leute noch
nach 30 und 40 Jahren von seinen Eigenthümlichkeiten
sprachen, z. B. erzählten, daß er Tag und Nacht in
hohen Bottforts gestiefelt gewesen sei, sich stets angekleidet
schlafen gelegt habe u. s. w. Alles segnete sein Andenken.
Er ließ Wege und Brücken bauen und führte in den
Dörfern seines Bezirks die strengste Ordnung ein, die
noch jetzt, von der dritten Generation, beobachtet wird.
Dankbar erzählen die Bewohner dieser Dörfer noch
heute, daß dieser Kommissär oft und unerwartet die
Dörfer besuchte, in die Häuser eintrat und Brod und
Bier verlangte. War das Brod schlecht gebacken, so
bekam die Wirthin Ruthen; war das Getränk zu sauer
oder im Sommer zu warm, so wurde der Schuldigen
gleichfalls eine körperliche Züchtigung diktirt, und
die ganze Familie dankte ihm dann von ganzem

Herzen und die Enkel segneten ihn ein Menschenalter später.

Die Raubsucht der Beamten (deren auf je 40,000 Bewohner glücklicherweise nur 9 kommen) war der Hauptgegenstand der Gespräche, welche wir in den Städten (die alle 500 Werst regelmäßig wiederkehrten) und Dörfern (von 30 zu 30 Werst), welche wir berührten, anzuhören hatten. Zu eingehenderen Studien über Land und Leute war durch die Schnelligkeit der Reise keine Möglichkeit geboten. Das Wetter war günstig, der Weg, namentlich in dem Tomsk'schen Gouvernement, vorzüglich gut, die Stationshalter und Hauseigenthümer in den Städten, wo wir abstiegen oder nächtigten, erzeigten uns Aufmerksamkeit und Gastfreundlichkeit — so ging es rasch und glücklich vorwärts. Ende August erreichten wir die Grenze des Tobolsk'schen Gouvernements; unterwegs erkundigte man sich überall, ob der neue für Tobolsk bestimmte Gouverneur, A. N. Murawjew, bald aus Irkutsk anlangen werde? — Murawjew war 1826 als verabschiedeter Obrist des Garde-Generalstabes wegen seiner Theilnahme an der Verschwörung vom Ober-Kriminalgericht zur Zwangsarbeit verurtheilt worden; der Kaiser hatte dieses Urtheil in Verweisung nach Sibirien ohne Verlust seines Ranges und Adels gemildert. Zuerst wurde Murawjew nach

Irkutsk geschickt, wohin ihn seine treue Gattin, geborene
Fürstin Schachowskoy, seine Kinder und seine Schwägerin,
die Fürstin Barbara, begleiten durften. Noch vor Beendigung dieser mit Entbehrungen und Beschwerden
aller Art verbundenen Reise, erhielten Murawjew und
die Seinigen die Nachricht, daß sie auf Ansuchen guter
Freunde nach Werchne=Udinsk jenseit des Baikalsees
versetzt worden seien und so kehrten sie auf dem Wege um.
Nach einem Jahr wurde Murawjew zum Polizeimeister
von Irkutsk ernannt, einige Jahre später zum Präsidenten
der Gouvernements=Regierung und endlich zum Gouverneur von Tobolsk. In allen diesen Verwaltungszwei-
gen hat er sehr viel Gutes gethan und ein ehrenvolles
Andenken hinterlassen.

Jenseit der Stadt Tara trat eine plötzliche, aber
nicht unerwartete Unterbrechung unserer Reise ein. Im
Dorfe Firstowo angelangt, fühlte meine Frau die Stunde
ihrer Entbindung herannahen. Sie legte sich zu Bett
und ich sandte nach weiblicher Hilfe. Eine Stunde
später war mein dritter Sohn Wassily leicht und glücklich
geboren. Die Wirthin des Hauses, in dem wir ein-
gekehrt waren, besorgte die Pflege meiner Frau, ich
selbst die Wartung des älteren Kindes. Am siebenten
Tage nach der Geburt ließ ich mein Kind durch den —
natürlich stets betrunkenen — Ortsgeistlichen taufen,

am neunten setzten wir unsere Reise fort: Konrad lag in seiner am Wagen befestigten Hängematte, Wassily auf den Knieen und an der Brust der Mutter. Nach zweitägiger Reise langten wir in Tobolsk an.

Hier hatten wir bald eine bequeme Wohnung ausfindig gemacht. Ich besuchte den Polizeimeister Alexejew, der mich so freundlich aufgenommen hatte, als ich sechs Jahre früher nach Tschita gereist war. Am Erfreulichsten war mir das unerwartete Wiedersehen mit meinem Unglücksgefährten W. N. Licharew, mit welchem ich ein Jahr in Tschita verlebt hatte, der dann in Kodinsk angesiedelt gewesen war und später nach Kurgan übergeführt wurde. Auch mit dem Grafen Moszinsky, einem polnischen Verwiesenen von 1827, traf ich zusammen; bei ihm fand ich einige seiner wegen des Aufstandes von 1830 verwiesenen Landsleute, unter diesen den Fürst Sanguschko, der im sibirischen Linienbataillon als gemeiner Soldat diente, und den Obristen Krzyzanowsky, einen feingebildeten Militär, der mit vieler Auszeichnung in der Napoleonischen Armee in Spanien unter dem General Chlopicki gedient hatte und dessen bei Besprechung der polnischen geheimen Gesellschaft Erwähnung geschehen ist. Im Kreise dieser Männer brachte ich mehrere höchst interessante Tage zu, dann setzten wir unsere Reise fort.

Jenseit Tobolsk lenkten wir vom großen Wege nach
Süden ab und nächtigten anderen Tages in der Kreis=
stadt Jalutorowsk. Hier besuchte ich zwei meiner Kame=
raden, mit denen ich in Tschita gelebt hatte: A. B.
Jentalzow und den Baron Tiesenhausen; der erstere lebte
daselbst mit seiner Frau und klagte über Kränklichkeit
und unthätiges Leben, — Tiesenhausen, der schon 1815
in Frankreich im Besatzungskorps des Grafen Woronzow
ein Regiment kommandirt hatte, war mit dem Bau
eines großen Hauses beschäftigt, das er zu vermiethen
gedachte. Kaum war das Gebäude fertig, so wurde es
durch Bosheit eines Arbeiters ein Raub des Feuers.
Noch zwei Mal baute der rüstige Alte sein Haus von
Neuem auf, aber auch zum zweiten und dritten Male
wurde es ein Opfer des Feuers. Aus den Ueber=
bleibseln der abgebrannten Wände zimmerte er sich dann
ein kleines Häuschen, arbeitete fleißig in seinem Garten,
zog Früchte und Beeren, die früher in dieser Gegend
nie gereift waren, und wurde endlich im Jahre 1853
auf Fürsprache des edlen General=Gouverneurs von
Liv=, Est= und Kurland, Fürsten Suworow, aus der
Verbannung befreit. Er zog nach Narwa, wo er seine
Gattin, seine Tochter und zwei Söhne nach 28jähriger
Trennung wiedersah.

Von Jalutorowsk aus konnte ich Kurgan nicht in

einer Tagereise erreichen, ich nächtigte darum auf der
letzten Station vor meinem neuen Bestimmungsort, in
Belojersk, einem großen Kirchdorfe. Der Posthalter
theilte mir bald nach meiner Ankunft mit, daß der Bei=
sitzer des Landgerichts mich zu sprechen wünsche — es
war Iwan Gerassimow, der uns vor sechs Jahren im
Auftrage der Obrigkeit von Tobolsk bis Irkutsk be=
gleitet hatte. Ich freute mich ihn wieder zu sehen
und erkundigte mich, wie es ihm gehe. — „Ich bin
Titulärrath und besitze ein eigenes Haus!" —
Diese Worte wurden mit einer solchen Selbstzufrie=
denheit ausgesprochen, daß ich dem alten Mann nur
wünschen konnte, recht bald Kollegien=Assessor zu
werden.

Die letzte Station fuhren wir einige Werst in
tiefem Sande, durch einen Wald, dann über eine
weite Ebene, die zu beiden Seiten des Weges mit
Dörfern besetzt war; endlich zeigte sich der Kirch=
thurm von Kurgan am Tobol. Die Stadt liegt
auf dem linken Ufer dieses Flusses und hat drei
lange Straßen mit fünf Quergassen, die sämmtlich
mit Gebäuden aus Holz besetzt sind; des einzigen
Steingebäudes am Ort thut Kotzebue in seinem Werk.
„Das merkwürdigste Jahr meines Lebens" ausdrückliche
Erwähnung — es ist das Gerichtshaus. Der Gedanke:

„Hier wirst Du Dein Leben als Verwiesener be=
schließen, hier sollen Deine Frau und Deine Kinder
leben," preßte mir das Herz zusammen, als ich das
Ziel unserer weiten Reise erreicht hatte.

IX. Die Jahre der Ansiedelung in Kurgan.

Am 19. September 1832 waren wir in Kurgan angekommen. Ich meldete mich sogleich beim Polizeimeister,
Obristlieutenant F. J. Burzinkewitsch, und nahm dann
im Hause meines Kameraden M. A. Nasimow Wohnung, wo ich in J. F. Vogt einen alten Bekannten aus
Tschita wiederfand. Beide fanden selbigen Tages eine
gute Wohnung für mich, in welche ich nach einigen
Stunden übersiedelte. An eine Einrichtung und
Möblirung unseres Hauses war vor dem nächsten Jahr-
markt nicht zu denken, da in Kurgan selbst weder brauch-
bare Möbels noch Hausgeräth zu haben waren. Alles
was wir nöthig hatten, mußte uns der dienstfertige
Hauswirth borgen. — Unser neuer Aufenthaltsort besaß keine Merkwürdigkeiten: die Stadt hat ihren Namen von einer alten Burg, die fünf Werste weit entfernt
neben einem hohen Hügel (russisch Kurgan) lag, auf
welchem vor hundertvierzig Jahren ein von einem tiefen
Graben umgebenes Wachthaus als Schutz gegen An-

fälle der Kirgisen gestanden hatte. Kurgan hatte zwei tausend Einwohner und eine Kirche. Man zeigte mir das Haus, in welchem Kotzebue als Verbannter während der Regierungszeit des Kaisers Paul gelebt hatte und ich begegnete mehreren Personen, die sich seiner noch erinnerten und in seinem bekannten Werk erwähnt waren. Selbst von diesem Buch hatten Einzelne gehört und ein Kaufmann K. war mit demselben höchst unzufrieden, weil seinem Vater vom Verfasser Schuld gegeben war, beständig nach Zwiebeln gerochen zu haben. Ich habe gefunden, daß die höhere Gesellschaft Kurgans bis zu meiner Ankunft diese Gewohnheiten und ihre sonstige frühere Lebensart völlig beibehalten hatte. — Die Kaufleute sind nicht reich, sie handeln meist mit fremdem Gelde und als Kommissionäre reicher Häuser. Einige hatten jenseit des Tobol Gerbereien, Seifen- und Talgsiedereien angelegt. — Handwerker konnte man unter den Städtern und unterm Landvolk für alle Branchen finden. — Die Kreisschule zählte 50 Schüler und hatte sehr fleißige Lehrer, von deren Tüchtigkeit ich mich durch die Fortschritte der Schüler, die ich bei dem öffentlichen Examen kennen lernte, überzeugen konnte. Auch der Geistliche Snamensky war ein achtungswerther und anständiger Mann.

So lange wir im Gefängniß und als Zwangsarbeiter gelebt hatten, war die Summe Geldes, die uns unsere

Verwandten zukommen ließen, nicht beschränkt gewesen; auf der Ansiedelung, wo wir das Geld baar in die Hände bekamen, durfte ein Unverheiratheter jährlich nur 300 Rubel Silber, ein Verheiratheter nicht mehr als 600 Rubel Silber erhalten. In Kurgan war diese Summe ausreichend, weil die Lebensmittel sehr wohlfeil waren: das Pud Roggenmehl kostete 7 Kopeken, Waizenmehl 14 Kopeken, das Pfund Fleisch ¹/₂—1 Kopeken, das Fuder Heu 30 Kopeken, ein Tschetwert Hafer 60 Kopeken*). — Nur Sonntags, später auch Sonnabends brachten die Bauern aus der Umgegend ihre Produkte zur Stadt. Ich war in allen naheliegenden Dörfern, fand überall fleißige Ackerleute, die wegen der niedrigen Preise zwar keine Kapitalien sammeln konnten, aber doch eine auskömmliche Existenz hatten. In den abgelegenen Winkeln der großen Dörfer bemerkte ich einige besondere kleine Häuschen, die eine Gasse bildeten; hier lebten die neuangekommenen Ansiedler, die kein Geld, sondern nur die Hoffnung mitgebracht hatten, sich welches zu erwerben — verwiesene Groß=, Klein= und Weißrussen, Tataren, Zigeuner und Juden bunt durcheinander.

Kurgan wurde drei Mal jährlich durch Jahrmärkte,

---

*) 3 Kopeken = 1 Silbergroschen.

die am 18. März, 27. Oktober und 20. December
stattfanden, in seiner gewöhnlichen Monotonie unter=
brochen. Nicht nur aus Irbit, Tobolsk, Schadrinsk
und Tjumen, sondern auch aus Kasan fanden sich zu
diesen Messen Kaufleute ein. Vom frühen Morgen
bis zum späten Abend war Alles in Bewegung; fast
jeder Käufer war zugleich Verkäufer, und während der
Festtage, zu denen diese Messen sich gestalteten, waren
die sonst so öden Gassen des Städtchens von munterem
Getümmel erfüllt, das oft bis spät in die Nacht dauerte.
Auf den Straßen waren Theemaschinen aufgestellt, um
welche sich zahlreiche Konsumenten drängten, — neben
ihnen sammelten sich andere Gruppen um einen Vir=
tuosen, der Tänze und Lieder auf dem Accordion spielte.
Viele trugen ihre eigenen Handarbeiten: Stiefel, Hand=
schuhe, hölzerne Geschirre, geflochtene Körbe u. s. w.
zum Verkauf umher. — Eine stehende Figur war der
Verkäufer von Beinkleidern aus Gems= und Renn=
thierleder, deren er mehrere Paar auf der Schulter trug;
um die Verkäufer anzulocken, zog er jedes Mal selbst
ein Paar dieser Kleidungsstücke vor dem versammelten
Publikum an. — Am Ufer des Tobol wimmelte es unter=
dessen von Reitern und Pferden: Russen, Kirgisen,
Zigeuner feilschten um die kleinen, aber muthigen und
starken sibirischen Pferde. Fragte man nach dem Preise

eines Pferdes, so bekam man zur Antwort: „Es kostet zwei oder drei Säcke". — In Sibirien kommen sehr wenig Gold- und Silbermünzen im Verkehr vor, es giebt fast nur Papiergeld und Kupfermünze; dieses ist in Säcken zu 25 Rubel fertig abgezählt, und die Ehrlichkeit der Leute ist so groß, daß man sicher ist, mit diesen Säcken nicht betrogen zu werden. — Nach Sonnenuntergang wurden die Buden geschlossen, die Bauern zogen in die naheliegenden Dörfer, um des anderen Tages mit Sonnenaufgang in die Stadt zurückzukehren; ein Theil verbringt die Nacht unter freiem Himmel um ein Wachtfeuer gelagert.

In jeder sibirischen Kreisstadt besteht die Gesellschaft der Beamten regelmäßig aus 13 Personen: dem Polizeimeister, dem Landrichter (Isprawnik) mit drei Assessoren, dem Kreisrichter mit drei Assessoren, dem Kreisfiskalen, dem Postmeister, dem Kreisrentmeister und dem Kreisarzt. Sie bilden die Aristokratie und sind nicht selten durch Familienzwiste oder Amtshändel entzweit; aber die Abgeschiedenheit von jeder anderen Gesellschaft, die weite Entfernung der Städte, die Nothwendigkeit des Verkehrs zwingen sie immer wieder zur baldigen Aussöhnung, die gewöhnlich an den Festtagen stattfindet. Jeder von ihnen feiert seinen eigenen Namenstag und die Namenstage seiner Familienglieder.

Zwei Tage zuvor sendet der Gastgeber seine Einladungen umher: N. N. läßt grüßen und bittet Sie an dem und dem Tage zum Frühstück, zu Mittag und zum Thee nebst Gemahlin zu erscheinen. Diese geselligen Vereinigungen sind von einer Gründlichkeit, die Nichts zu wünschen übrig läßt und geradezu unvergleichlich ist. Morgens versammeln die Gäste sich zum Frühstück, um 2 Uhr kommen sie zu einem gut servirten Diner wieder; Nachmittags fährt man nach Hause, um zu schlafen, und Abends um 8 Uhr ist man wieder beisammen, um Thee, Tanz und Abendessen zu genießen und sich erst gegen 2 Uhr in der Nacht zu trennen. Während des Tanzes werden Limonade, getrocknete und eingemachte Früchte verabfolgt. Die Damen sind sehr gut gekleidet, und wegen der Nachbarschaft des Ural reich mit Edelsteinen geschmückt; sie tanzen gut und gern. Ein Violoncello, zwei Geigen und eine Klarinette oder Flöte bilden die Tanzmusik. Die Männer, die nicht tanzen, spielen mit unverwüstlicher Geduld Whist oder Boston. Die russische Gastfreiheit wurde auch auf uns politische Verbrecher in liebenswürdigster Weise ausgedehnt. Alle Beamte luden mich und meine Kameraden zu ihren Festen ein, obgleich ich mich auf einen Besuch im Hause des Polizeimeisters beschränkt hatte; meine Frau verließ nie das Haus, da sie mit ihren Kindern unaufhörlich beschäftigt war; demungeachtet hörten die Beamten nicht auf, uns bis zum letzten Tage unseres Aufenthaltes in Kurgan zu jeder festlichen Gelegenheit einzuladen. Außer ihren Namenstagen feierten die Beamten von Kurgan jährlich ein gemeinschaftliches Fest am letzten Sonntage der Butterwoche (Fastnachtswoche). Zu dieser Gelegenheit wurde ein enormer, aus sechs gewöhnlichen Bauerschlitten bestehender Schlitten hergestellt; an den vier Ecken waren vier Pfosten angebracht, die an den obersten Enden mit kreuzweis gelegten Latten befestigt waren, in der Mitte des Kreuzes lag ein horizontales Rad, auf dem ein Harlekin sich drehte und Gesichter schnitt; über dem Rade wehte eine Fahne. Auf der bretternen Diele saßen die Beamten und Musikanten auf Bänken; sechs Pferde mit einem Vorreiter mußten diese Equipage fortziehen. So fuhr man in Prozession durch alle Straßen von einem Bekannten zum andern; in jedem Hause empfing die Wirthin mit Pfannkuchen und Wein, in jedem Hause umarmte und küßte man sich, indem man sich gegenseitig, als Vorbereitung zu der großen Fastenzeit, für angethanes Unrecht um Verzeihung bat. Eine Unzahl von Schlitten, mit drei, mit zwei, mit einem Pferde bespannt, folgten dem Riesenschlitten mit Glockenschall und Gesang bis zum späten Abend. — Die Sibirier lieben das Schlittenfahren leidenschaftlich; auf dem Tobol wurde im Winter stets Rennbahn gehalten. — Im Frühling und am Tage der heiligen drei Könige, wenn der Fluß geweiht wird, versammelten sich stets zahlreiche Reiter; im Frühling schwemmten sie die Pferde im geweihten Wasser, im Januar tränkten und begossen sie dieselben damit, dann ging das Rennen an. Der Glaube an die Kraft der Wasserweihe war so groß, daß sich nicht selten nach Beendigung derselben, bei 25 Grad Kälte, mehrere Männer auskleideten und einige Mal in das ausgehauene Eisloch tauchten. Drei Wochen nach Ostern, also immer noch bei kalter Witterung, wenn die Frühlingsweihe stattgefunden, war dieses Baden allgemein. — Die trefflichen sibirischen Pferde kommen in der Regel nie in einen Stall, sondern stehen Winter und Sommer im Freien unter einem hölzernen Dach.

Am 4. December zogen wir aus unserm gemietheten Quartier in unser eigenes Haus, das ich für 800 Rubel Silber von dem Kreisrichter, der nach Tobolsk zu einem höheren Amte befördert worden war, gekauft hatte. Unsere Nachbarn sandten uns sogleich Salz und Brod mit Segenswünschen ins Haus. Das Haus war geräumig und warm, hatte einen zwei Morgen großen Garten, der mit einer Akazienallee und mit schattenreichen Birken geschmückt war. Hier lebten wir

ruhig und glücklich, es fehlte uns nur unser ältester
Sohn, der unter der Aufsicht seiner Tante dem Gesetz
gemäß in Europa geblieben war. Der gesellige Verkehr, der sich bis dahin auf meine Schicksalsgefährten
M. A. Nasimow und J. F. Vogt beschränkt hatte, wurde
bald auf eine unerwartete Weise für uns Alle auf das
Angenehmste erweitert.

Im Herbst 1832 wurde in Anlaß der Geburt des
Großfürsten Michail Nikolajewitsch die Zwangsarbeit
unserer in Petrowsk zurückgebliebenen Kameraden verkürzt, so daß die vierte Kategorie der Staatsverbrecher,
die noch zwei Jahre lang hätte im Gefängniß bleiben
müssen, sogleich zur Ansiedelung überging. Nach Kurgan waren Lohrer und Naryschkin bestimmt, die im
März 1833 eintrafen und unsern Aufenthalt wesentlich
belebten und verschönerten. — Jeden Montag brachte
ich einige der angenehmsten Stunden bei Naryschkin zu,
dessen unter reichen Verhältnissen aufgewachsene, schöne
und elegante junge Frau die Leiden des Exils und einer
ärmlichen Existenz körperlich nur schwer ertrug.

Der wichtigste Tag der Woche war für uns der
Donnerstag, der Posttag; Freitags fertigten wir unsere
Briefe ab, sie gingen durch unsern Polizeimeister in
die Kanzlei des Civil-Gouverneurs von Westsibirien,
von dort in die dritte Abtheilung der Kanzlei des Kaisers,

wo sie nach geschehener Durchsicht an die Adressen be=
fördert wurden. Freitags theilten wir uns regelmäßig
die Nachrichten und Neuigkeiten aus der Kulturwelt
mit; obgleich wir nicht mehr so viel ausländische Zei=
tungen und Monatsschriften wie in Petrowsk und Tschita
halten konnten, so fehlte es doch an den wichtigsten der=
selben nie ganz. — Da wir keinerlei Verpflichtungen hatten
(sogar jeder Dienst bei einer Privatperson und im
Fabrikwesen war uns untersagt), so blieb uns viel Muße
übrig, die Jeder nützlich anzuwenden suchte. Da es in
Sibirien nur sehr wenig Aerzte (nur Einen in jedem
Kreise auf 40,000 Menschen, die auf 500 Werst zer=
streut leben) giebt, so suchten wir uns nach Kräften zu
Naturärzten und Krankenpflegern auszubilden und durch
die Lektüre medicinischer Schriften zu bilden.

Unser Kamerad V. N. Licharew, der noch einige
Monate in Tobolsk zurückgeblieben war, kam später
auch nach Kurgan. Kurz nach seiner Ankunft erhielt er
die traurige Nachricht, daß seine schöne Frau, die er
eben erwartete, von dem ihr durch das Gesetz gebotenen
Rechte Gebrauch gemacht und sich mit einem Anderen
in Odessa verehelicht habe; dadurch war sein Leben
vollständig zerstört, er suchte fortwährend Zerstreuungen,
wo doch keine zu finden waren; sechs Jahre später endete
eine Tscherkessenkugel im Kaukasus sein Leben. — Ich

selbst benutzte meine Zeit vorzüglich, um mich zum Er=
zieher und Lehrer meiner Kinder auszubilden; nebenbei
übersetzte ich die „Stunden der Andacht", die „Ge=
schichte der Deutschen", die „Geschichte der Italienischen
Freistaaten von Sismondi" u. s. w. ins Russische.

Außer uns Decemberverschwörern lebten in Kurgan
noch einige verwiesene Polen, welche an dem Aufstande
von 1830 Theil genommen hatten: Waszinsky, Ra=
jewsky und Fürst Woronetzky; zwei Jahre später kamen
Kletschkowsky mit seiner Frau, Sawizky und Tscher=
minsky hinzu, letzterer wegen einstündiger Beherbergung
eines Emissärs. — Woronetzky war ein Greis von
80 Jahren, dessen Gesicht von Säbelhieben bedeckt war,
aber von so ausgezeichneter Gesundheit, daß seine
narbengezierten Wangen förmlich glühten, und daß er
zu seinem Abendessen regelmäßig zehn hartgekochte Eier
verzehrte. — Oft hörte ich in den Gassen polnische Lie=
der singen und pfeifen, besonders häufig das National=
lied: „Noch ist Polen nicht verloren". — Jährlich am
3. Mai versammelten sich alle anwesenden Polen, um
das Andenken Kosziusko's zu feiern. — Zu derselben
Zeit erschienen in unserer Stadt mehrere Soldaten und
Bauern, die wegen Theilnahme an dem Aufstande in
den Militär=Kolonien bei Staraja=Russa verschickt waren.
Soldaten und Bauern hatten den entsetzlichen Zustand

nicht aushalten können, in welchem sie durch das un=
glückliche Araktschejewsche System der Militärkolonien
versetzt worden waren; sie empörten sich und verfuhren
dann nach Sklavenart mit schrecklicher Grausamkeit
gegen ihre Vorgesetzten, die gespießt und gepfählt wur=
den. Der Erzählungen von den Leiden, später von den
Ausschweifungen dieser Militärkolonisten kann ich noch
heute nicht ohne Grauen gedenken.

In demselben Gouvernement mit uns, nur etwas
nördlicher, in der Stadt Pelym, war unser Kamerad
A. F. von der Brüggen angesiedelt. Ein Jahr hatten
wir mit ihm in Tschita verlebt, von wo aus er zur An=
siedelung verschickt worden war. Sechs Jahre hatten
wir uns seitdem nicht gesehen, als er zu unserer all=
gemeinen Freude nach Kurgan versetzt wurde. Brüggen
hatte im Ismailowschen Garderegiment als Obrist ge=
dient, dann seinen Abschied genommen und wollte 1825
ins Ausland reisen, als er, bereits mit einem Paß ver=
sehen, durch die Krankheit seiner Frau noch einen Winter
lang zurückgehalten und während dieser Zeit arretirt
und verurtheilt wurde. An der eigentlichen Verschwörung
war er nicht betheiligt gewesen, sondern, wie ein großer
Theil meiner Unglücksgefährten, für seine „Denkungs=
art“ und seine „Aeußerungen“ bestraft worden. Seine
Frau konnte ihm wegen der Minderjährigkeit ihrer Kinder

nicht folgen. — Ich habe einige sehr interessante Briefe
von ihm aufbewahrt, die er mir aus Pelym geschrieben; in
einem derselben beschreibt er mir die Lebensweise, welche
der berühmte Münnich geführt hatte, als er in dieser
Stadt 21 Jahre lang (während der gesammten Re=
gierungszeit der Kaiserin Elisabeth) gelebt hatte. Die
Details der Lebensweise dieses berühmten Feldherrn
und Staatsmannes hatte er von den Kindern der Augen=
zeugen gehört — sie sind noch heute nicht ohne Interesse.
Münnich lebte in demselben Hause, welches er nach
einem von ihm selbst entworfenen Plane für seinen
Feind Biron hatte erbauen lassen, als er diesen stürzte
und ins Exil sandte. Biron wurde ein Jahr später
nach Jaroslaw versetzt, an seine Stelle kam Münnich,
der nach der Absetzung der Regentin Anna all' seiner
Würden und Orden verlustig erklärt und als Verbannter
nach Pelym gesandt worden war, wo er nie sein Haus
verlassen und nur auf dem flachen Dache desselben auf=
und niedergehen durfte. Am Tage beschäftigte er sich
mit Zeichnen von Schlachtplänen und Festungsrissen,
mit der Ausarbeitung eines (später der Kaiserin über=
sandten) Memoires über die Reorganisation der Ver=
waltung von Sibirien und mit der Lektüre von Zei=
tungen, Abends spielte er mit dem wachthabenden
Offizier und mit seinem Kammerdiener Boston. Nie

versäumte er den Augenblick, wenn die Heerde von der Weide zurückkehrte; dann trat er auf sein Dach, sah mit Wohlgefallen auf die heimkehrende Stadtheerde und lauschte auf den Schall der Schellen und Glöcklein. Als er beim Regierungsantritt Peter III. zurückberufen und in alle seine früheren Würden wieder eingesetzt wurde, befahl er, ehe er die Stadt, in der er über 20 Jahre, ohne sie je gesehen zu haben, verlebt hatte, verließ, dem ihn fahrenden Postillon, drei Mal um Pelym herumzufahren und dann erst die Reise anzutreten. Seine Lebenskraft war ebenso ungewöhnlich, wie die Stärke seines Geistes. Nach seiner Rückkehr aus Sibirien lebte er noch vier Jahre in Petersburg und auf seinen Besitzungen in Kurland. —

Gegen das Ende des Jahres 1834 hatten Denuncianten eine Anklage gegen die Polen eingereicht, die beschuldigt wurden, in Sibirien eine neue Verschwörung unter Leitung Pulawsky's geschmiedet zu haben. In dieser Veranlassung wurde ein General von der Suite des Kaisers, Mussin-Puschkin, glücklicherweise ein edler und rechtlicher Mann, nach Sibirien gesandt. Auch einige meiner Kameraden waren angeklagt worden, aber die Sache wurde aufgeklärt und alle Beschuldigte freigesprochen. Am meisten litt Graf Moschinsky unter den Folgen dieser ungerechten Anklage: der Kaiser hatte

schon in seine Begnadigung eingewilligt, ihm den Grafen=
titel und sein Vermögen wiedergegeben, als Anklage wider
ihn erhoben und diese Veranlassung dazu wurde, daß er
noch zwei Jahre in der Verbannung bleiben mußte, die
sein Glück vollends zerstörten: in dieser kurzen Zeit
verheirathete seine Frau sich mit einem Husaren=Offi=
zier. — Den General Muffin=Puschkin, der den Befehl
erhalten hatte, sich aller Orten nach dem Verhalten der
Staatsverbrecher von 1825 zu erkundigen, sowie etwaige
Klagen und Gesuche derselben in Empfang zu nehmen,
führte sein Weg auch nach Kurgan; er ließ uns in seine
Wohnung kommen, wo er seinen Auftrag, nach unsern
Beschwerden und Wünschen zu fragen, mit sichtlicher
Erregung ausführte. Ich übergab ihm ein schriftliches
Gesuch um die Erlaubniß, ein Stück Land kaufen und
mich mit Landwirthschaft beschäftigen zu dürfen. —
Nach einigen Monaten erfolgte die Entscheidung, daß
jedem von uns in der Nähe der Stadt 15 Dessätinen
Ackerland angewiesen werden sollten. In Folge dessen
kam ein Gouvernements=Revisor nach Kurgan und be=
sorgte die Zutheilung. — Mein Acker grenzte an die
Landstücke Nasimows, Lohrers und Vogts. Die Grund=
stücke Naryschkins und Licharews lagen weiter von der
Stadt entfernt und enthielten Weiden und Wiesen, was
sehr zweckmäßig war, da Naryschkin zur Anlage eines

Gestüts aus Moskau einen schönen Hengst und einige theure Zuchtstuten verschrieben hatte. — Die Grundstücke, die an meinen Acker grenzten, wurden mir von meinen Kameraden zur Nutznießung überlassen. Mit dem Frühling 1835 fing ich die Landarbeit an: 60 Dessätinen Acker boten mir ein großes Feld der Thätigkeit. Von der Stadtseite her war mein Grundstück von dem Ufer des kleinen Boschniakowschen See's begrenzt. Den sandigen und unfruchtbaren Uferboden ließ ich mit Asche düngen, die aus einer benachbarten großen Seifensiederei kostenlos und in beliebiger Quantität zu beschaffen war; nach zwei Jahren war der Boden fruchtbar geworden. Die übrigen Grundstücke waren es von Hause aus gewesen; der Boden bestand, wie der der Ukraine, aus kräftiger Modererde; in dem größten Theile des Kurganschen Kreises war kein einziger Stein zu finden, was der Ackerwirthschaft wesentlich zu Gute kam. Ein solcher Boden verträgt gleich dem südrussischen keine Düngung. Von Ackerbaugeräthen gebrauchte ich den dem belgischen ähnlichen zweispännigen sibirischen Pflug, der sehr zweckmäßig für den Boden eingerichtet ist. Nachdem ich den Gebrauch des Exstirpators, der Walze und der eisernen Egge eingeführt hatte, verwandelte ich die Dreifelder-Wirthschaft in eine vielfeldrige und Wechselwirthschaft. Einige

Versuche gelangen gut, nur die Himalaya=Gerste und die Kartoffeln wollten nicht gedeihen. Auch legte ich ein kleines Gestüt an. Mit Hilfe eines Stallknechtes und eines, im Sommer zweier Arbeiter konnte die nöthige Arbeit bewältigt werden. Die Ernte und das Dreschen wurde durch gemiethete Leute oder durch „Einladungen zu einem Feste" fertig gebracht. Für Geld Arbeiter in der Erntezeit zu bekommen, war der dünnen Bevölkerung wegen sehr schwierig. Wollte man dennoch Arbeiter haben, so mußte man außer dem Arbeitslohn ein Fest versprechen, wie es den Ansprüchen des vergnügungssüchtigen Sibiriers entsprach. Dann erschien die nöthige Anzahl von Männern, Weibern und Mädchen — jeder brachte außer den Arbeitswerkzeugen noch seine Festkleider mit. Vom frühen Morgen bis zum Abend wurde fleißig gearbeitet. Unterdessen ließ meine Frau Pasteten backen, Kohlsuppe und Brei kochen, und inmitten des Hofes wurde der Tisch gedeckt. Um 7 Uhr Abends wurde die Arbeit geschlossen und das Personal versammelte sich unter dem Klange zweier Geigen und einer Flöte, um sich zu waschen und umzukleiden. Dann begrüßten die Leute die Hausfrau, setzten sich zu Tisch und aßen mit einem Appetit, der der 14stündigen Arbeit entsprach. Nach der Tafel begann der Tanz, der bis zum Sonnenaufgang fast

ununterbrochen fortdauerte. Wo die Kräfte dazu her=
kamen, ist mir stets unbegreiflich geblieben: selbst wäh=
rend die Musikanten ausruhten, trat keine Pause ein,
da die Männer und Weiber dann abwechselnd sangen.
Bier und Branntwein waren freilich reichlich vorhanden.
Die Mädchen bekamen Pfefferkuchen und Nüsse.

Der niedrigen Kornpreise halber war an einen be=
deutenden Gewinn vom Ackerbau nicht zu denken, aber
die von dem Feldbau unzertrennliche Viehzucht war
ziemlich einträglich. Ich baute besonders viel Erbsen,
weil diese in den Fabriken zur Fastenzeit sehr
gesucht waren; außerdem gab das Erbsenstroh ein
gutes Futter für Pferde und Rindvieh. Meine Heerde
vermehrte sich rasch, meine Einnahmen wuchsen und
die Beschäftigung mit der Landwirthschaft hatte außer=
dem den Vorzug, meine erschütterte Gesundheit zu kräf=
tigen. — Aus Kurgan hatten wir den leibeigenen Diener
und die Magd, die meiner Frau gefolgt waren, in ihre
Heimath zurückgeschickt; da wir selbst kein Ende unserer
Verbannung absehen konnten, wollten wir unsere Diener
nicht des Vaterlandes berauben. Gemiethete Leute,
natürlich aus Europa verschickte Verbrecher, dienten uns
gut, eifrig und ehrlich. Mein Kutscher, ein grund=
ehrlicher Kerl, war gebrandmarkt Die Besoldung war
nicht hoch: ein Diener bekam 1½ Rubel Silber, eine

Dienerin 80 Kopeken Silber monatlich; diese geringen Summen reichten dazu aus, daß die Leute sich gut kleiden konnten.

Eines Tages arbeitete ich im Garten, wo meine Kinder Blumen begießen halfen, als der Kutscher eiligst mit der Nachricht gelaufen kam, daß ein General in meinem Hause auf mich warte. Es war der General-Lieutenant Petersen, Chef der 23. Infanterie-Division und des Omskschen Militärbezirks; er inspicirte seine Truppen, die in den Kreisstädten vertheilt waren, und kam bei dieser Gelegenheit nach Kurgan. Er hatte meinen Vater persönlich gekannt und wünschte mich zu sehen. Der General war im Begriff seinen Abschied zu nehmen, weil er sich außer Stande fühlte, der Unredlichkeit der Unterbeamten gehörig zu steuern und dadurch alle Freude an seinem Amt verloren hatte. Er besaß das volle Vertrauen der obersten Behörden, hatte vom Kaiser zur Reise nach Sibirien ein Geschenk von 7000 Rubel Silber erhalten, nahm aber, seinem Gewissen folgend, seinen Abschied. Im Laufe eines einzigen Jahres waren 10,000 Papiere, darunter viele Klagen und Prozesse, die Hunderte von Bogen ausfüllten, bei ihm eingegangen, ohne daß er an seinen Unterbeamten irgend eine zuverlässige Hilfe besaß oder nur auf die Unbestechlichkeit derselben rechnen konnte.

Zahllose Mittel waren angewandt worden, um ihn selbst zu bestechen; als sich direkte Versuche zwecklos erwiesen, hatten die Bittsteller ihre Zuflucht zur List genommen. Am Tage einer allgemeinen Audienz, nachdem der General alle an ihn gerichteten Gesuche und Klagen entgegengenommen hatte, berichtete der Diener, daß im Vorzimmer ein versiegelter und in Wachstuch ein= genähter Kasten mit der Adresse des Herrn Generals stehe. In demselben befanden sich ein Schlafrock aus Goldbrokat und ein Pelz, der mehrere tausend Rubel werth war. Man befragte die Ordonnanz, die Schild= wache, wer mit diesem Kasten eingetreten wäre. Nie= mand vermochte Auskunft zu geben. Die Polizei stellte vergebliche Nachforschungen an, und endlich wurden diese Sachen öffentlich zum Besten der Armen verkauft. — Als die Leute die Ueberzeugung gewonnen hatten, daß der General nicht zu bestechen sei, versuchten sie es mit seiner Gemahlin. Als diese einst in der Stadt im Schlitten spazieren fuhr, bemerkte sie ein Weib an der Ecke stehen, das kostbares Pelzwerk aus Zobel und schwarzem Fuchs verkaufte und ihr diese Waaren anbot; die Händlerin mußte diese Waare in die Wohnung des Generals zu bringen und dann zu verschwinden. Auch diese Sachen wurden öffentlich zum Besten der Armen versteigert.

Weitere Einzelheiten unserer stillen, eng abgegrenzten Existenz übergehe ich; die Vergrößerung unserer Familie durch die Geburten meines vierten Sohnes und meiner Tochter füllten mein Leben und das meiner Frau allmälig vollständig aus, da die Sorge für die Erziehung und Ausbildung dieser Kinder ausschließlich von uns selbst bestritten werden mußte. Eine Unterbrechung unseres Stilllebens fand regelmäßig statt, wenn einer der lutherischen Prediger der Provinz, der General-Gouverneur und der Chef des Gensd'armerie-Bezirks der Stadt Kurgan ihre jährlichen Besuche machten und uns aufsuchten. Wir waren in der glücklichen Lage, die genannten höheren Beamten, die vorschriftsmäßig danach fragten, ob wir über Bedrückungen zu klagen hätten, niemals mit Klagen oder Gesuchen belästigen zu müssen, da wir, wie die übrigen am Ort lebenden Staatsverbrecher, mit den Lokalbeamten auf dem besten Fuße lebten und von ihnen in humanster Weise behandelt wurden. Zu erwähnen wäre noch, daß wir die Freude hatten, zuweilen auch Gäste aus der Kulturwelt bei uns zu sehen: ein Mal besuchte uns die Wittwe des verstorbenen Bezirkschefs Generallieutenant de St. Laurent, ein anderes Mal der mit topographischen Messungen beschäftigte Astronom Feodorow, dessen Besuch mir besondere Freude machte, da er mehrere Jahre

lang in Dorpat ſtudirt hatte, vortrefflich deutſch ſprach
und die Zuſtände meiner fernen baltiſchen Heimath
kannte.

Ein plötzlicher Unfall, der mich traf, unterbrach die
ernſte und eintönige, aber relativ ſorgenfreie Exiſtenz
(natürlich die Sorge um die Zukunft meiner Kinder
abgerechnet), deren ich mich bis dahin erfreut hatte.

Am 22. December 1836, dem Geburtstage meiner
Frau, war eine ſehr ſtarke Kälte, ſo daß ich die Kirche
allein beſuchte; nachdem ich gebetet und den Armen
einige Almoſen vertheilt hatte, kaufte ich einige Dutzend
kleiner Wachskerzen, um damit den Weihnachtsbaum
zu ſchmücken, der bei uns am erſten Weihnachtstage
angezündet werden ſollte, weil bei den Ruſſen die Faſten
bis zum Morgen des 25. December dauern.

Auf dem Heimwege, unweit meines Hauſes, glitt
ich auf den glatten mit Eis bedeckten Planken, welche
über den Hof gelegt waren, ſo heftig aus, daß ich nieder-
ſtürzte und vor Schmerzen nicht mehr aufſtehen konnte.
Das Fenſter des Schlafzimmers meiner Frau war ſo
gelegen, daß ich befürchten mußte, ſie könne meinen Unfall gewahr werden und ſich erſchrecken; ich nahm daher
alle meine Kräfte zuſammen, um aufzuſtehen. Aber
kaum daß ich mit dem rechten Fuß auftrat, ſo verſagte mir
das Bein, das keine Haltung in der Hüfte hatte — ich

stürzte zum zweiten Mal nieder und verlor die Be=
sinnung. Dienstleute trugen· mich herein und legten
mich auf ein Divan; zur Besinnung gekommen, konnte
ich mein rechtes Bein nicht bewegen, die Schmerzen
waren so heftig, daß ich, als man meinen Stiefel auf=
schnitt und mich auskleidete, unwillkürlich bei der
geringsten Berührung aufschreien mußte. Man schickte
nach dem Kreisarzte, der in Dienstgeschäften abwesend
war; als er endlich zu mir kam, sagte er sofort, daß er
nicht Chirurg sei, und nicht einmal wisse, worin die Be=
schädigung bestehe. Die Hüfte war stark angeschwollen
und entzündet, man setzte eine Menge Blutegel an,
machte später warme Umschläge aus Kräutern und Lein=
saat, aber Alles war vergeblich. Die Schmerzen ließen
mich keinen Augenblick schlafen. Man kann sich den
Schrecken meiner Frau und meiner armen Kinder denken.
Meine Kameraden wachten abwechselnd an meinem
Krankenlager und leisteten uns nach Kräften Beistand.
Am ersten Weihnachtsfeiertage wurde ich zur Ader ge=
lassen; um mich etwas durch Schlaf zu stärken, gab
man mir Opium ein: dieses Mittel brachte nur eine
Lethargie hervor, aus der ich erst erwachte, als meine
Kräfte beträchtlich abgenommen hatten. Ab und zu
kamen freundliche Menschen zu mir, um mit Kräuter=
decocten, sympathischen Mitteln, Besprechungen u. s. w.

zu helfen; Einige behaupteten, daß der Beinknochen ge=
brochen sei, noch Andere, daß das Bein schon austrockne.
Niemand hatte die geringste Kenntniß von Anatomie
oder Chirurgie.

Bis zum April lag ich im Bett; mein ganzes
Nervensystem war furchtbar zerrüttet. Das kranke Bein
mit den Händen unterstützend, konnte ich beide Füße
aus dem Bette heben, und als ich mich auf die Schul=
tern zweier Diener stützte, um mich auf den gesunden
Fuß zu stellen, kam es mir vor als ob mein krankes
Bein wie an einem Zwirnsfaden in der Hüfte hinge.
Allmälig konnte ich mich auf zwei Krücken bewegen, — das
kranke Bein, in der Biegung des Schenkels zusammen=
gezogen, hing schlaff zu Boden, so daß der Fuß bis auf
vier Zoll den Fußboden nicht berühren konnte. Be=
wegung und Luft waren doch nothwendig; jeden Tag
fuhr ich auf der Brettdroschke spazieren oder schleppte
mich im Hofe auf Krücken, wobei die aufgezogene Hal=
tung der Schultern mir Brustschmerzen verursachte.
Meine Gesundheit war vollständig gebrochen. Der
Krankheitszustand fesselte mich vollständig an meinen
Sessel und zwang mich zu einer sitzenden Lebensart, von
der ich wußte, daß sie mir schädlich sei.

Während meine körperlichen Leiden fortwährend zu=
nahmen und mit ihnen die schwere Sorge für die Zu=

kunft meiner zahlreichen, vielleicht schon in Bälde vater=
losen Familie, die dem Gesetz nach an Sibirien ge=
bannt war und alle Standesrechte eingebüßt hatte, ver=
breitete sich in den ersten Wochen des Jahres 1837 das
Gerücht, daß der Großfürst Thronfolger (jetzige Kaiser)
Alexander Nikolajewitsch eine Reise nach Sibirien unter=
nehmen und auch Kurgan berühren werde. Im April fuhr
man für ihn Pferde ein und dressirte man die Vorreiter;
für den Fall, daß der Thronerbe Nachts die Stadt pas=
siren sollte, wurden die Pferde daran gewöhnt, vor den
erleuchteten Laternen und angezündeten Fackeln, mit
denen mehrere Reiter auf beiden Seiten des Weges neben
den angespannten Pferden einhersprengen sollten, nicht
zu erschrecken. Diese Vorbereitungen belustigten viele
Zuschauer, nur nicht die Mütter der Vorreiter und der
Fackelträger, welche jeden Augenblick Gefahr liefen von
ihren unbändigen Rossen zu stürzen und den Hals zu
brechen. Diese Vorbereitungen bildeten Wochen lang
den Hauptgegenstand aller Gespräche in Kurgan. Im
Kreise meiner Kameraden wurde die Frage aufgeworfen:
Sollen wir die Gelegenheit benutzen und um unsere
Rückkehr in die Heimath bitten? — Aber welche Zu=
kunft konnten Männer erwarten, die zum bürgerlichen
Tode verurtheilt waren? — Was für einen Trost wür=
den unsere Verwandten davon haben, uns ohne Stel=

lung, ohne bürgerliche Rechte, ohne Beschäftigung unter
Aufsicht der Polizei verkümmern zu sehen? — Außerdem
mußten wir uns sagen, daß, wenn die Vermittelung des
Thronfolgers auch Einige von uns aus der Verbannung
befreite, nur ein geringer Theil unserer Unglücksgefährten
dieser Gnade theilhaftig werden könne und die Uebrigen,
ja die Meisten, in allen Richtungen Sibiriens zerstreut
werden würden und in eine noch üblere Lage gerathen
müßten. — Als die Nachricht kam, daß der Thronfolger
schon in Tobolsk sei, daß er nur den westlichen Grenz=
strich Sibiriens berühren, über Jalutorowsk und Kurgan
nach Orenburg reisen und den 6. Juni in unserer Stadt
eintreffen werde, wuchs meine Unruhe täglich. Für
mich selbst hatte ich Nichts zu bitten, aber für die Zu=
kunft meiner Kinder, meiner treuen Gattin mußte ich
sorgen, da meine zunehmende Kränklichkeit mir den Ge=
danken nahe legte, nicht mehr lange ihr Beschützer und
Rathgeber zu bleiben. — In einem solchen Kampfe
wurde es mir nicht schwer mich zu entschließen. Drei
Tage vor der Ankunft des Thronfolgers fuhr ich zu
meinen Kameraden und that ihnen meinen Entschluß
kund, eine Audienz bei dem Thronfolger zu erbitten,
um ihm mündlich die Zukunft meiner Familie an=
zuvertrauen, wenn ich selbst nicht mehr sein würde. Ich
hätte es mir nie verziehen, wenn ich eine solche Gelegen=

heit verabsäumt hätte, um meinen Kindern, wenn auch nicht sogleich, doch mit der Zeit, einige Erleichterung zu verschaffen.

Den 5. Juni Nachmittags strömte das Volk in festlicher Tracht dem Thronfolger entgegen, den man zur Nacht erwartete. Außer den Einwohnern der Stadt kam eine Menge Landvolk aus den umliegenden Dörfern und besetzte Werste weit beide Seiten des Weges, auf dem er kommen sollte. Die Sonne ging unter, doch die Sommernächte im Norden werden nie dunkel; dessenungeachtet fand sich ein listiger Spekulant, ein unbedeutender Lichtfabrikant, der eine Masse Lichter in Vorrath hatte und dem Volke einredete, wenn der Thronfolger in der Nacht eintreffe, müsse er mit brennenden Kerzen bewillkommnet werden. Das Volk saß an beiden Seiten des Weges mit angezündeten Lichtern in der Hand. Endlich um Mitternacht, als Alles wieder finster geworden war, kam ein Feldjäger angesprengt, dem nach einer Viertelstunde der hohe Gast mit seiner Suite folgte. Im Hause des Kreisrichters nahm der Thronfolger seine Wohnung; die Reisenden begaben sich sofort nach ihrer Ankunft zur Ruhe, das Volk aber stellte sich vor der Wohnung seines künftigen Herrschers auf der Straße auf, um das Erwachen abzuwarten und ihn dann zu sehen. — Um vier Uhr Morgens fuhr ich an

das Haus, das den Thronfolger beherbergte, ließ die
Brettdroschke inmitten eines dichten Haufens halten und
schleppte mich auf meinen Krücken bis vor die Thür.
Von Weitem kam mir der Polizeimeister entgegen und
bat mich, ihn doch keiner Verantwortung auszusetzen,
da der Adjutant des Generalgouverneurs ihm streng
vorgeschrieben habe, Niemand von den Staatsverbrechern
zum Thronfolger zuzulassen. Ich bemerkte ihm, daß
ein solcher Befehl mir zweifelhaft erscheine und daß,
wenn eine solche Maßregel für unumgänglich nothwendig gehalten worden wäre, die Behörde ihn wohl schon
früher davon benachrichtigt und uns entweder eingesperrt
oder doch verboten hätte, an diesem Tage das Haus zu
verlassen. Ich mußte aber doch der ängstlichen Bitte
des guten Polizeimeisters nachgeben und suchte die
Wohnung des Gensd'armen-Stabsoffiziers auf, der den
Thronfolger begleitete; es war ein Obristlieutenant
Hoffmann, der mir auf der Straße begegnete. Ich
ersuchte ihn, mir die Gelegenheit zu einer Audienz zu
verschaffen. Diese Bitte mußte der Obrist mir abschlagen; er äußerte aber seine Bereitwilligkeit, eine
von mir zu verfassende Bittschrift zu überreichen. Als er
erfuhr, daß ich gar keine Bittschrift aufgesetzt hätte, bat er
mich einen Augenblick auf ihn zu warten, er wolle sich über
die Möglichkeit der Erfüllung meines Wunsches instruiren.

Während ich auf den Obristlieutenant Hoffmann
wartete, kam ein stattlicher Mann in einen Militärmantel
eingehüllt gerade auf mich zu und sagte: „Gewiß sind
Sie der Baron R. Mein Freund Krutow hat mir auf
die Seele gebunden, Sie, wenn ich über Kurgan reisen
sollte, zu besuchen und Ihnen zu helfen; ich bitte Sie
bei mir einzutreten." Es war J. V. Jenochin, der
Leibarzt des Thronfolgers, der diese Worte zu mir
sprach. Einen Augenblick später hatten mich zwei geschickte Feldscherer ausgekleidet; ich lag auf einem Divan, und nachdem Jenochin mein krankes Bein unter-
sucht hatte, erklärte er sogleich, daß es eine „halbe Verrenkung nach vorn" sei, die mir die Schmerzen ver-
ursacht habe. Die Unwissenheit des Kurganschen
Kreisarztes hatte aus einer an sich unbedeutenden Ver-
letzung ein förmliches Uebel werden lassen, das nur allmälig gebannt werden konnte. Da schon ein halbes
Jahr seit der Verrenkung verstrichen war, so konnte man
mir nicht augenblicklich helfen. Während ich mich an-
kleidete, trat Hoffmann ein und holte mich in die Wohnung des Thronfolgers, wo mich der Generaladjutant
Kawelin empfing. Als ich ihm meinen Wunsch mitgetheilt hatte, erklärte er mir, daß es unmöglich sei
denselben zu erfüllen, da seine Instruktion ihm Solches
verbiete; ich möchte ihm (Kawelin) meine Bittschrift

überreichen, er werde dieselbe Sr. Kaiserl. Hoheit mit=
theilen. Da ich bemerkte, daß ich keine Bittschrift ab=
gefaßt hätte, fragte der General mich: „Was wünschen
Sie zu erbitten?" — „Für mich selbst kann ich gar
Nichts verlangen, weil ich in meinem hilflosen kranken
Zustande von gar keiner Gnade Gebrauch machen kann;
ich wollte den Thronfolger bitten, daß für meine Gattin
und für meine Kinder im Fall meines Todes gesorgt
werde." — General Kawelin gab mir den Rath, so=
gleich eine Bittschrift aufzusetzen und sie ihm eine halbe
Stunde vor der Messe abzugeben, weil man nach der
Kirche sofort die Reise fortsetzen werde. Im Vorhause
befahl er dem daselbst anwesenden Geistlichen, die Messe
um 6 Uhr anzufangen und sie eiligst zu vollenden, da=
mit der hohe Reisende an demselben Tage zur Nacht
Slatoust erreichen könne, einen 200 Werst (29 deutsche
Meilen) entfernten Ort. Auf der Treppe begegnete
ich dem Flügeladjutant S. A. Jurjewitsch, der mich bat,
Frau von Naryschkin die Grüße ihrer Brüder, der
Grafen Gregoire und Alexis Konownitzin, abzustatten.
Beim Weggehen bemerkte ich den Thronfolger am Fen=
ster stehend: der Ausdruck seiner Gesichtszüge schien
mir zu sagen, daß er mein Beschützer sein werde.

Vor meiner Hausthür stand ein Wagen. Auf
meine Frage, wer zu mir gekommen sei, antwortete der

Kutscher „ein General" (das russische Volk nennt bekanntlich alle Excellenzen, ob dieselben Professoren, Aerzte oder Richter sind, Generale). — Zu meiner unaussprechlichen Freude war es der edle unvergeßliche Wassily Andréjewitsch Shukowsky, der rühmlich bekannte Dichter und Lehrer des Thronfolgers; er tröstete meine Frau, liebkoste meine kaum vom Schlaf erwachten Kinder und küßte sie, obschon sie sich blöde abwendeten und weinten. Als ich ihm meine erfolglosen Bemühungen, den Thronfolger persönlich zu sprechen, mittheilte und hinzufügte, daß General Kawelin mir den Rath gegeben, sogleich eine Bittschrift aufzusetzen, sagte er mir: „Sie haben jetzt keine Zeit dazu, wir reisen sogleich ab; Sie können aber ganz ruhig sein, ich werde Sr. Kaiserlichen Hoheit Alles vortragen. Seit dreizehn Jahren bin ich täglich um ihn, und ich habe mich schon längst davon überzeugt, daß sein Herz an der rechten Stelle schlägt: wo er Gutes thun kann, da thut er es gern." — Nicht lange konnte ich mich an der Unterhaltung des liebenswürdigen Dichters erfreuen. Er wunderte sich, daß wir in Sibirien schon sein neuestes Werk „Undine" gelesen hatten; mit großem Lobe erwähnte er der Dichtungen unseres Odojewsky und bedauerte innig, daß er in Jalutorowsk meinen Kameraden Jakuschkin nicht habe sprechen können. Auch über den

künftigen Erben der russischen Krone konnten wir einige
Worte wechseln; Alles was Shukowsky vom Gemüthe
des Thronfolgers sagte, schien mir ein Pfad für das
künftige Wohl Rußlands zu bieten. — Der Thronfolger
war über die Strecke Sibiriens, die er gesehen hatte,
höchst verwundert gewesen; anstatt verfallener Hütten,
großer Armuth und Niedergeschlagenheit hatte er Zufriedenheit, einen gewissen Wohlstand und hübsche Dörfer
gefunden. Dieses Volk von Verbannten hatte den
Großfürsten, wie dieser selbst gesagt, in Tjumen und
Tobolsk empfangen, wie man ihn in Rybinsk und
Jaroslaw nicht besser hätte empfangen können.

Während Shukowsky noch bei mir war, wurde zur
Kirche geläutet; der Cesarewitsch hatte dem Gensd'armen-
Stabsoffizier anzuordnen befohlen, daß diese Herren
(unter dieser Benennung meinte er uns Staatsverbrecher)
in die Kirche kommen sollten; „nur dort kann ich sie
sehen." — Die aus Petersburg mitgegebene Instruktion
hatte einen solchen Fall nicht vorgesehen. Der Polizeimeister schickte sogleich Boten in unsere Wohnungen,
damit wir uns sofort in der Kirche versammeln sollten.
Der Thronfolger mit seinem ganzen Gefolge stand vor
dem Hauptaltar, rechts an der Seitenmauer standen meine
Kameraden, links Frau von Naryschkin; die Beamten und
das Volk standen im Hintergrunde, längs der Seiten-

altäre, der größte Theil des Volkes drängte sich außer=
halb der Kirche um die Equipagen. — Während der
Liturgie sah der Thronfolger mehrmals meine Unglücks=
gefährten an und hatte Thränen in den Augen. Ich
konnte nicht zur rechten Zeit zur Kirche gelangen und
als ich mit meinen Kindern aus dem Hause trat, kün=
digte ein lufterschütterndes Hurrah bereits die Abreise
des Cesarewitsch an, des einzigen hohen Gastes, dessen
Erscheinen an einem Verbannungsort Freude und Hoff=
nung einflößen konnte. Das Volk jauchzte, seinen künftigen
Herrscher gesehen zu haben, einzelne furchtsame alte
Weiber aber bekreuzigten sich und sagten laut: „Gott
sei gedankt, daß wir am Leben geblieben sind!“ — Dem
ihn begleitenden Obristen Nasimow, der ihn um Erlaubniß
gebeten, einen meiner Kameraden zu besuchen, hatte der
Großfürst gesagt: „Ich freue mich, daß Du Gelegenheit
hast, einen Verwandten zu besuchen, der im Unglück
ist.“ — Auf seiner Rückreise berührte der Thronfolger
Saratow; daselbst stellte ihm der General Arnoldi alle
anwesenden Artillerie=Offiziere vor, und als der Name
meines jüngeren Bruders genannt wurde, fragte der
Cesarewitsch ihn, ob er nicht einen Verwandten in
Sibirien habe? Als mein Bruder geantwortet hatte,
daß er dort einen leiblichen Bruder habe, äußerte der
Thronfolger in Gegenwart aller Umstehenden: „Ich

freue mich, Ihnen mitzutheilen, daß ich Ihren Bruder gesehen habe; obgleich er auf Krücken geht, kann seine Gesundheit doch wiederhergestellt werden, und ich habe den Kaiser bereits um Milderung seines Looses ge= beten."

Der Tag der Abreise des Thronfolgers aus Kurgan, der 6. Juni, war der Pfingsttag und zugleich das Kirchen= fest unserer Stadt. Das Volk feierte diesen Tag außerhalb der Stadt, ungefähr vier Werst bei dem großen Hügel, von welchen die Stadt ihren Namen erhielt. Dort, in einem den Ufern des Tobol nahen Wäldchen, wandelten die Fröhlichen, tranken Thee, Bier und Branntwein, knackten Nüsse, sangen und tanzten nach einem Accor= dion. Gegen Abend fuhr ich mit meinen Kindern dahin; Städter und Landbewohner umringten mich mit Fragen, die Theilnahme verkündeten. „Haben Sie den Thron= folger gesehen? was hat er Ihnen gesagt? hat er Ihnen Befreiung versprochen? Gott gebe Ihnen Trost und Befreiung!" — Den 8. August erfuhren wir, daß der Großfürst aus der Slatoust'schen Fabrik, seinem nächsten Nachtlager, einen Courier mit einem Brief an den Kaiser abgefertigt habe, in welchem er um unsere Befreiung und Rückkehr in die Heimath gebeten. Der Kaiser Nikolaus hatte nach Empfang dieses Schreibens geäußert, daß für „diese Herren" der Weg nach Ruß=

land nur über den Kaukasus führen könne, und sodann
befohlen, und als gemeine Soldaten in das abgesonderte
kaukasische Korps überzuführen. Wir erhielten diese
Nachricht zu gleicher Zeit durch unseren Generalgou=
verneur und durch den nach Kurgan gekommenen Ka=
pitän des finnländischen Garderegiments Grafen Gre=
goire Konownitzin, der um die Erlaubniß nachgesucht
hatte, seine Schwester, Frau von Naryschkin, zu ihrer
Mutter zu begleiten. Von diesem Befreiungsakte, der
sich auf sämmtliche in Kurgan lebende politische Ver=
brecher bezog, war allein unser Kamerad A. F. von der
Brüggen ausgeschlossen, und zwar ohne allen Grund,
da er, wie erwähnt, nie zu den Verschworenen gehört
hatte; fast ein Jahr nach unserer Abreise wurde er als
Kanzlist im kurganschen Kreisgerichte angestellt und nach
zehn Jahren erhielt er den ersten Klassenrang. — Da
der kaiserliche Befehl sofort ausgeführt werden mußte,
reisten meine Gefährten schon nach einigen Tagen über
Tobolsk, Kasan und Rostow an unsern neuen Bestim=
mungsort ab. Meiner Krankheit und meiner Familie
wegen hatte der Generalgouverneur Fürst D. T. Gor=
tschakow mir gestattet, gerade über Orenburg und Sara=
tow zu reisen und einige Tage lang Reisevorbereitungen
zu treffen.

Am 6. September reisten wir in dem Wagen, mit dem

meine Frau aus Moskau gekommen war, nach Europa
zurück, dankbar des wackern deutschen Meisters gedenkend,
der dieses solide Fahrzeug gebaut und Wort gehalten
hatte, als er meine Frau versicherte, sie werde in dem=
selben wieder nach Moskau zurückkehren können. —
Aus dem Lande der Verbannten scheidend, gedachte ich
meiner Kameraden, die zurückgelieben waren; mein
Segen ruht auf ihnen, wie auch auf diesem Lande,
welches mit der Zeit aufhören wird, ein Mittel des
Schreckens und der Strafe zu sein, weil es alle Aus=
sicht hat, wenigstens zum großen Theil ein Land des
Wohlstandes zu werden. Vielleicht hat die Vorsehung
viele meiner Unglüsgefährten und der vaterlandslosen
Polen dazu ausersehen, die Begründer einer besseren
Zukunft Sibiriens zu werden. Als Pfänder einer
günstigen Zukunft dieses Himmelsstrichs dienen jetzt
schon drei Umstände: dieses Land hat keine privilegirten
Stände, sehr wenig Beamte, und ein Volk, das sich
selbst zu regieren versteht.

X. Aus Sibirien nach Grusien.

In Kurgan wurde mir in der Person des Polizei-
aufseher Timofei Timaschew, eines verabschiedeten
Lieutenants. der sich vom Rekruten aufgedient hatte, ein
Begleiter mitgegeben. Er hatte bei Austerlitz gefochten,
war bei Friedland gefangen genommen und nach
Frankreich geführt worden, von wo aus er als Volon-
tär nach Spanien ging, mit den Franzosen Saragossa
belagerte, und sich mit seinem Bajonette tapfer gegen die
Messer von Palafox wehrte. Sein Gedächtniß war
ihm auf diesen Irrfahrten völlig abhanden gekommen,
er hatte nur behalten, wo er das schäumendste Bier,
den stärksten Branntwein, den besten Schinken und
die süßesten Trauben genossen. Ein Spaßvogel wie
jeder alte russische Soldat, sprach und raisonnirte er
über jeden beliebigen Gegenstand. Wenn meine kleine,
noch an der Mutterbrust liegende Tochter bisweilen zu
weinen anfing und er solches auf dem Kutschbock hörte,

so bat er um die Erlaubniß, zur Beruhigung der Kleinen ein spanisches Lied singen zu dürfen; statt des Bollero heulte er dann regelmäßig ein Tyrolerlied. — Er hatte vom General-Gouverneur Fürsten P. D. Gortschakow eine besondere Instruktion erhalten, nach welcher mir im Fall einer Krankheit gestattet war, mich unterwegs aufzuhalten. Es war mir unmöglich mich mit meinen Krücken in die Kalesche zu setzen, bequemer saß ich in einer offenen niedrigen Tarantas, auf einem großen ledernen Kissen. Die Reise mit Postpferden ging in gewohnter Eile vor sich, auf den Poststationen war kein ruhiges Nachtlager zu finden, denn die Reisenden trieben Einer den Anderen vorwärts. Am schwersten hatte es meine Frau: sie sorgte für mich, für drei Söhne und nährte außerdem unsere kleine Tochter. Da der Herbst bereits vorgerückt war, hatten wir meist schlechtes Wetter, meine Frau wurde krank, unsern Dienstboten, die nie gereist waren, erwiesen sich als höchst unbehilflich — kurz, die Reise war sehr schwierig und strapaziös.

Unweit der Stadt Tschiliabinsk überschritten wir die Grenze Sibiriens, um nach Europa in das Gouvernement Orenburg zu gelangen. Der erste Eindruck war wenig erfreulich. Ein anhaltender Regen erlaubte den Schnittern nicht das Korn einzusammeln; auf unabsehbaren Feldern lag der Roggen auf dem Halm,

um zu faulen und die Luft zu verpesten. — Wir
waren schon mehrere Stationen bergan zum Ural ge=
fahren, ohne irgend eines Streifens am Horizont, ge=
schweige denn eines Bergrückens gewahr zu werden; wir
rückten immer im Trabe vorwärts, bis wir endlich
nach hundert Werst das durch seine Gewehrfabriken
berühmte Slatoust und damit den Fuß des Gebirges
erreicht hatten. Hier blieben die Pferde ermüdet
stehen, bis man uns von der Station andere Pferde
entgegenschickte, die uns immer bergan längs einem
weit und breit bebauten Dorfe in ein warmes und
bequemes Gasthaus führten. Die Stadt liegt auf der
Anhöhe und ist nur von Fabrikmeistern und Arbeitern
bewohnt. Die Schläge des Eisenhammers schallen Nacht
und Tag. Der metallreiche Ural ist ein höchst reiz=
loses Gebirge, — weder sind seine Berge imposant,
noch zeichnet er sich irgend durch seine Vegetation aus.
Die Landbewohner an der großen Straße unterscheiden
sich wenig von den Sibiriern, es sind meistentheils
angesiedelte Verbrecher — ihre Dörfer und Häuser
schienen mir ärmer und schlechter zu sein als die Sibiriens.
Im Orenburgschen Gouvernement wurde uns der seit
Jahren ungewohnte Anblick großer Herrengüter zu
Theil, die man in Sibirien nicht findet. — Die Gouverne=
mentsstadt Ufa zeichnet sich durch eine schöne Lage am

Zusammenfluß zweier Ströme aus und ist gut und regelmäßig gebaut. Nachdem wir noch zwei Städte dieser Provinz, Bugulmá und Buguruslan, passirt waren, kamen wir in das Simbirsksche Gouvernement, welches dem reichen Wolgagebiet angehört.

Dieser Fluß, der dem größten Theile Rußlands reiche Nahrung zuführt, hat im Volk seit lange den Beinamen der Amme Rußlands. Die Stadt Samara, welche wir zunächst berührten, bot durch die unzähligen Masten großer und kleiner Fahrzeuge, die am Ufer lagen, ein durchaus neues, zu dem asiatischen Rußland kontrastirendes lebensvolles Bild. — Samara treibt wie die meisten Wolgastädte einen sehr bedeutenden Kornhandel. — Wir setzten auf einem Fahrzeuge an einem warmen schön beleuchteten Abende über die Wolga; von mehrtägigem anhaltenden Regen war der Strom aus seinem Bette getreten — die Biegungen der Ufer vermehrten seine hohe Schönheit. Die Uferbewohner sind industriös und wohlhabend; der Boden sehr fruchtbar; jede anliegende Stadt, jedes Kirchdorf hat seinen Hafen, daher diese ganze Gegend während der Schifffahrtszeit äußerst belebt ist.

Wir berührten an der Wolga die Städte Sysran, Ekwalynsk, Wolsk und Saratow. In der Umgegend von Wolsk, wie in dem ganzen Saratowschen Gouverne=

ment befindet sich außer den deutschen Kolonisten eine
sehr beträchtliche Zahl von Sektirern aller Art, die
übrigens von dem Unterschied zwischen ihrem Glauben
und dem der griechisch=orthodoxen Kirche nur sehr unklare
Vorstellungen haben, obgleich sie sich von den Bekennern
derselben grundsätzlich fern halten.

In Saratow erwartete mich eine große Freude,
ich sah meinen jüngsten Bruder nach zwölfjähriger
Trennung wieder. In einem Gasthause erfuhr ich,
daß mein Bruder mit seiner Artillerie=Abtheilung in
Saratow stehe und daselbst vor Kurzem geheirathet
habe. Sogleich ließ ich ihm sagen, daß ein Ver=
wandter aus Reval angekommen sei und ihn zu
sprechen wünsche; nach einer halben Stunde lag ein
Mann in meinen Armen, den ich kaum noch wieder=
kannte; ich hatte meinen Bruder als Schüler des
Kadettenhauses verlassen. — Unser Wiedersehen konnte
leider nur ein flüchtiges sein, die vorgerückte Jahreszeit
trieb mich zum Ziele meiner Reise und verlangte Eile;
doch mein Begleiter, der Polizei=Offizier, hielt mich
noch einen ganzen Tag in Saratow zurück: er hatte
unser Familienwiedersehen mit einem so tüchtigen
Trunk und einer so reichlichen Mahlzeit im Hause
meiner neuen Schwägerin gefeiert, daß er erkrankte und
wir unsere Reise erst am dritten Tage fortsetzen konnten.

Der gerade Weg nach Kaukasien führte aus Sara=
tow über Zaryzin und Kamyschin nach Astrachan; wir
wünschten über Charkow zu reisen, um dort den Bruder
meiner Frau zu sehen. Das war ein großer Umweg,
und um meinen Begleiter willig zu machen, überredete
ich ihn über Woronesch zu reisen, um daselbst die Reli=
quien und das Grab des neusten aller russischen
Heiligen, des St. Mitrophan zu sehen. Der Alte, ein
streng orthodoxer Christ, freute sich dieser Entscheidung
und willigte ein; mein Bruder gab uns zu Pferde einige
Werst weit das Geleit.

Aus dem Saratowschen Gouvernement reisten wir
über die Städte Balaschow und Nowochopersk nach
Woronesch; zwei Hauptstraßen dieser Stadt sind, was
in dieser steinarmen Gegend eine seltene Ausnahme
bildet, mit großen steinernen Häusern besetzt. Das
Gasthaus am großen Marktplatze bot uns allen mög=
lichen Komfort, der ganze Ort machte den Eindruck
aufstrebenden Wohlstandes. Die Einwohner erzählten
mir, daß Woronesch seit einigen Jahren sich merklich
vergrößert und verschönert habe, und zwar seitdem die
Reliquie des heiligen Mitrophan so viele Wallfahrer
dahin lockten. Andern Tags hörten wir, unserem Ver=
sprechen gemäß, die Messe am Sarge dieses neuen
Heiligen. Die demselben geweihte Kirche ist mit

einem reich vergoldeten Altar, mit weiß und blau
marmorirten Säulen und vergoldeten Gesimsen und
Kapitälchen verziert; rechts neben einem Fenster steht
der von einer karmoisinsammtnen Decke mit goldenen
Fransen und Quasten bedeckte Sarg des Heiligen. An
der Wand, zu den Füßen des Heiligen, hängt ein großes
Bild der h. Jungfrau, reich mit Edelsteinen und Perlen
eingefaßt. Nach Beendigung der Messe kam ein
Priestermönch mit einem Schlüssel, hob die sammtene
Decke ab und öffnete einen goldenen Sarg, in welchem
wir den „unverwesten" Leichnam des Heiligen, umringt von allen Seiten mit wunderthätigen Mützen,
Handschuhen, Spencern und Fläschchen, sahen. Die
Pilgrime näherten sich und Jeder erhielt für eine
freiwillige Gabe an Geld etliche dieser Effekten. Mein
Begleiter Timaschew hatte einen ganzen Sack mit
wunderthätigen Sachen gefüllt. Das beste Geschäft
hatte natürlich die Geistlichkeit gemacht, denn die Geld-
spenden waren reichlich geflossen.

Andern Tags setzten wir unsere Reise fort. Auf
allen Stationen des Gouvernement Woronesch waren
die Pferde vorzüglich gut. Der Kutscher fuhr rasch und
gleichmäßig 17 Werst die Stunde im Trabe und ich bemerkte ihm, daß seine Pferde werth wären den Czaren
zu fahren. — „Ja, sie werden auch den Czaren fahren,"

antwortete der Kutscher, „wir erwarten ihn täglich aus
Tiflis zurück: die Pferde haben schon eine Woche ge=
standen, daher mußten wir ihnen heute Bewegung
geben." — Ich erschrak nicht wenig, denn die Reise
über Woronesch war gegen die Instruktion meines Be=
gleiters unternommen worden. — „Nun, Timaschew!"
fragte ich denselben, „wenn wir dem Kaiser begegnen
und er dich fragt, weshalb wir über Woronesch reisen
— was wirst Du antworten?" — „Ich werde sagen,
wir hegten den Wunsch am Grabe des heiligen Mitro=
phan zu beten, das kann uns Niemand verweigern."
— Hinter der nächsten Station begegneten wir der
Großfürstin Helene Pawlowna, die aus Wosnessensk
von den großen Manövern zurückkehrte; 16 Pferde
dampften vor ihrem enormen Wagen, der bis zur
Are im Kothe stak. — Mit Sonnenuntergang er=
reichten wir Charkow; noch blieben uns 130 Werst
bis Kamenka, dem Gute meines Schwagers; wir hatten
die Absicht die ganze Nacht durch zu reisen, aber der
Posthalter hielt uns auf, indem er meiner Frau keine
Pferde geben wollte, weil sie keinen Reisepaß für diese
Route besaß. Als er aber sah, daß ich mich ruhig ver=
hielt und gesonnen war auf der Station zu bleiben,
bis er sich bedacht hätte, so befahl er endlich anzu=
spannen. Er war der einzige Posthalter, der etwas

von der Geographie Rußlands wußte und mir die Be=
merkung machte, daß der gerade Weg aus Sibirien
zum Kaukasus nicht über Woronesch und Charkow
gehe.

Der Besuch im Hause meines Schwagers konnte
nur flüchtig sein — wenige Tage später gelangten wir
an die Ufer der Don, wo wir keinen Aufenthalt
erlitten, weil eine zeitweilige Brücke für die Passage
des Kaisers aufgeschlagen worden war, der einen
Tag vor uns aus Tiflis kommend, durchgereist war.
Das erste Nachtlager im Lande der donischen Kosaken
nahmen wir in einem kleinen Dorfe, im Hause des
Geistlichen: zwanzig Stunden vor uns hatten der
Kaiser und der Graf Orlow daselbst genächtigt. Der
Geistliche konnte das Glück dieses hohen Besuchs nicht
genug preisen; er erzählte, daß er seinen hohen Gast
mit Thee bewirthet habe, und bedauerte nur, daß die
Unterredung mit demselben eine kurze gewesen sei, weil
der Kaiser an heftigen Zahnschmerzen gelitten.

Katerinograd, wo wir einige Tage lang aufge=
halten wurden, war in jener Zeit (1837) mit der
105 Werst entfernten Stadt Wladikawkas nur sehr
mangelhaft verbunden. Die Post, die Reisenden,
sowie die Proviant= und Kriegsmunitionstransporte
wurden auf der unsicheren Militärstraße nur zweimal

wöchentlich und zwar stets unter bewaffneter Bedeckung
befördert, — diese seltene Reisegelegenheit wurde
„Occasion" genannt. Früh Morgens schleppten
Ochsen einen Zug Wagen mit Proviant vor die Stadt
und hielten auf einer Ebene an; dahin folgten unsere
Equipagen, der Wagen eines Apothekers, ein Postillon
mit Brieftaschen, endlich eine geladene Kanone mit
brennender Lunte, ein Kommando Infanterie, und zu=
letzt sprengten zehn Kosaken herbei. Die Kosaken ver=
theilten sich auf beide Seiten des Transports. Die
Infanterie schickte eine Vorhut ab und ließ eine Nach=
hut zurück; der Trommelschläger gab das Signal zum
Aufbruch, und Schritt vor Schritt rückte die lange
Reihe von Wagen und Menschen vorwärts. Nach
einer halben Stunde zerstreute sich der Nebel, der über
der Landschaft gelegen hatte, und unserm Auge bot sich
ein wunderbares Bild der kaukasischen Gebirge dar. —
Wie dichte weiße Wolken erstreckten sich am Horizonte vom
kaspischen bis zum schwarzen Meere himmelanstrebende
Bergketten, die von der Sonne beleuchtet, wie polirter
Krystall glänzten; wellenförmig gestaltet wechselten
die weißen Bergrücken mit silberglänzenden Gletschern,
die in Gold und Purpur spielten; die ganze Berg=
wand war nur an zwei Punkten von den ungeheuren
Riesengipfeln des Elbrus und des Kasbek unter=

brochen. Es war ein Anblick, dessen Großartigkeit sich
schlechterdings nicht beschreiben läßt. Bei heiterem
Wetter sieht man das Gebirge schon aus Georgjewsk,
unweit Stawropol. Für uns, die wir während unseres
gesammten Aufenthalts in Katerinograd nur Nebel ge=
habt und nichts geahnt hatten, war der wunderbare
Anblick doppelt überraschend.

Die Ebene, über welche unser schwerfälliger, nicht
einer Reisekarawane, sondern einer Kriegerschaar ähn=
licher Zug sich bewegte, heißt die Kabarda und besteht
aus den schönsten Wiesen und Weideländereien, die
aber beständig der Plünderung jener tollkühnen Reiter
ausgesetzt sind, die Beute suchend und Reisende plün=
dernd aus den Schluchten der benachbarten Berge auf=
tauchen. — Wir rückten so langsam vorwärts, daß ich
dem Zug einige Werst weit auf meinen Krücken folgen
und die Soldaten in ihren Gesprächen belauschen
konnte. Jeder Werstpfahl, den wir passirten, war eine
Warnung: hier hatten die Tscherkessen die Post über=
fallen, hier einen Reisenden geplündert, dort einen
Offizier verwundet, einen Soldaten getödtet, immer die
Pferde geraubt. Ich hörte ferner, daß unsere Zug=
Ochsen zweimal wöchentlich den Weg von einem Fort
zum andern machten und auf Rechnung der Krone von
den Linienbataillonen unterhalten würden, die in diesen

Forts die Wache bilden. — Auf der Hälfte der Sta=
tion wurde Rast gemacht. Gegen 5 Uhr Nachmittags
näherten wir uns der Festung Prischibinsk, in welcher
wir nächtigen sollten. Der Ausdruck Festung war für
das Fort, welches wir betraten, übrigens nur ein Euphe=
mismus. Ein Erd= und Rasen=Wall mit vier Bastionen,
die eine Kaserne, einige Häuser und einen Duchan
(Schenke) einschließen, — das ist was auf dieser Mili=
tärstraße, „Festung" genannt wird. An der Ein= und
Ausfahrt stehen Palissaden, auf den Wällen Kanonen
und aufmerksame Wachen, die sich wenig auf ihren
Wall und ihre Kanonen, sondern hauptsächlich auf
ihre Bajonette verließen. Die Garnison bestand aus
einer oder zwei Kompagnien Soldaten, einigen Offi=
zieren und einem Arzte. Zweimal die Woche hatte
diese Besatzung die Durchreisenden zur Nacht zu be=
herbergen nnd dann bis zum nächsten befestigten Punkt
zu geleiten.

Andern Tags setzten wir unsere Reise in derselben
Ordnung fort. Der Weg führte noch immer über die
ausgedehnte Ebene, deren Vegetation von ungewöhn=
licher Höhe und Saftigkeit ist. Nachmittags kamen wir
zu unserem Nachtlager, dem Fort Uruch. — Den dritten
Tag gelangten wir nach Ordon, einer Festung, die geräu=
miger als die ersten beiden war. Dann ging es über

Drabas nach Wladikawkas. Ungefähr zehn Werst vor
dieser Stadt ließen wir das Geleit und die Frachtwagen
zurück und fuhren im Trabe voraus. Links vom Wege
sahen wir die Höfe sogenannter „friedlicher" Tscher=
kessen, d. h. solcher, welche russische Unterthanen ge=
worden waren. Ich befahl dem Fuhrmann zu halten,
und ging in eines der am Wege liegenden Häuser, wo
ein Tscherkesse als Ackerbauer lebte; seine Kleidungs=
stücke, seine Fußbekleidung, sein Gang, seine Haltung
waren echt tscherkessisch; aber sein Haus, die Umzäu=
nung desselben, das ganze Hausgeräth bildete bereits
eine, wenn auch schwache Nachahmung der russischen
Bauernhöfe. Das Mißtrauen der Russen gegen diese
neuen Unterthanen ihres Kaisers war damals noch so
groß, daß mein Begleiter mich warnte, in das Haus
einzutreten, und ich ihn mit der Aeußerung beruhigen
mußte, daß ich mich auf die Tapferkeit des Helden von
Saragossa verlasse. Eine Stunde später kamen wir
bereits in Wladikawkas im Hause des Kommandanten,
Obristen Schirokow, an, dem wir durch einen Brief
meines Schwagers angekündigt waren.

Am 6. November reisten wir aus Wladikawkas
längst dem linken Ufer des ziemlich breiten und ruhig
.strömenden Terek weiter in das Land hinein. Der
Weg schlängelte sich hügelauf und hügelab. — Gegen

Abend, als wir uns dem Gebirge genähert hatten, bot
sich uns ein eigenthümliches Bild dar: unzählige
Feuer strömten bald geschwind, bald langsam, je nach=
dem sie vom Winde bergan getrieben wurden, dahin; die
Landesbewohner, die Osseten, hatten ihre Weideplätze
und Heuschläge angezündet, um sie zum nächsten Früh=
ling zu reinigen und zu düngen. Rechts dieses Feuer=
meer, links den schäumenden, immer wilder werdenden
Terek zur Seite, langten wir erst spät Nachts in
Lans an.

Entlang dem Lauf des Terek setzten wir jetzt unseren
Weg fort, um in das eigentliche Hochgebirge zu kommen.
Am linken Ufer des wildschäumenden Flusses führt eine
treffliche Chaussée den Reisenden zwischen Felsen von
schwindelnder Höhe in das Innere des Landes. Unter
uns schäumte der wilde Gebirgsfluß, über uns schienen
die Felsen sich so eng aneinander zu schließen, daß von
dem Himmel nur ein schmaler Streif in die Schlucht
Dargel zu blicken schien, welche wir jetzt betraten.
Hie und da war die treffliche Chaussée, welche sich längs
dem Flusse zog, durch herabgestürzte Felsstücke oder plötz=
liche Windungen des Flusses unterbrochen; all' diese
Punkte waren überbrückt und führten den Reisenden auf
das linke Terekufer, von welchem er übrigens immer
wieder auf das rechte zurückkehrte. Jede dieser hin=

und herführenden Brücken war von einem Soldatenpiket bewacht; wegen der weiten Entfernung von dem nächsten größeren Ort befanden sich neben jedem Wachtposten eine kleine Kaserne und ein Krankenhaus.

Es war ein unbeschreiblich großartiger Eindruck nach dem jahrelangen Aufenthalt in dem zumeist flachen und reizlosen Sibirien, in diese romantische Gebirgswelt von wesentlich südlichem Gepräge versetzt zu sein. Trotz der Glut der Sonne athmeten wir, so lange wir uns in der Schlucht befanden, würzige und erfrischende Kühle, denn nur mühsam und spärlich kann die Sonne ihre Pfeile in den schmalen Einschnitt senken, welchen der Terek in das Gebirge gemacht hat.

Erst spät am Abend langten wir in dem Flecken Kasbek an, folgenden Tages ging es wieder weiter ins Gebirge, dieses Mal bergab, immer den Windungen des Terek entlang. Von der Station Kobi aus wurde der Weg noch enger und gefährlicher. Da hier eine einzige Lawine im Stande war den ganzen Weg zu sperren, so war man eben damit beschäftigt einen neuen Weg anzulegen, der nicht mehr dem Terek folgte. Auf Befehl des damaligen Kommandeurs der kaukasischen Armee, Baron R., eines entfernten Verwandten von mir, wurden wir von der Station Kobi an von einem Offizier und 36 Leuten begleitet; der Weg war so gefährlich, daß man diese Bedeckung für nöthig hielt. Mittags um ½ 12 Uhr waren wir in Kobi an= gelangt; dem Offizier, der uns hier in Empfang nahm und weiter geleiten sollte, zeigte ich meine Uhr; er be= hauptete, daß, wenn wir unsere Reise sogleich fortsetzten, wir noch vor Einbruch der Dunkelheit zur nächsten Station gelangen könnten, wo meine Frau und meine Kinder besseres Nachtquartier und reichlichere Nahrung finden würden, als in den ärmlichen Erdhütten von Kobi. Wir machten uns sogleich auf den Weg; der Offizier, ein liebenswürdiger, alter Stabs=Kapitän, der sofort mit meinen Kindern Freundschaft schloß, ritt, stets dicht am Abhang und ohne Rücksicht darauf, daß die von den Fußtritten seines Pferdes aufgerissenen Steine die furchtbare Höhe hinabstürzten, ruhig neben unserem Wagen, die Soldaten folgten im Sturmschritt. Der Weg war so gefährlich, daß längs dem Abgrunde ein kleiner Wall aus aufeinander gehäuften Steinen gebaut war, um dem Herabstürzen der Wagen vorzubeugen: auf diesem Wall ritt der Kapitän. Nachdem wir einige Stunden langsam fortmarschirt waren, brach die Dunkel= heit ein und mit ihr ein Schneegestöber. Verwundert zog ich meine Uhr, der Zeiger zeigte noch immer auf ½ 12; durch das plötzliche Stillstehen der Uhr waren wir schon in Kobi getäuscht worden, und liefen jetzt Ge=

fahr, die gefährlichſten Stellen des Weges bei völliger
Dunkelheit zu paſſiren.

Bei vollſtändiger Finſterniß ging es jetzt die ſteilen
Abhänge des Berges von Guttagora herunter. Die Paſſage
war hier ſo gefährlich, daß die Soldaten nicht nur einen
Hemmſchuh an den Wagen gelegt, ſondern Stricke und
Ketten an der Hinteraxe befeſtigt hatten. Der Weg
ging faſt ſenkrecht ins Thal, auf der einen Seite von
einer ungeheuren Felswand, auf der andern durch einen
furchtbaren Abgrund eingeengt. Der ſchmale Pfad war
durch tagelange Regengüſſe ſo ſchlüpfrig geworden, daß
der Wagen jeden Augenblick herabgleiten konnte; die
Finſterniß und das Schneegeſtöber wurden immer dichter,
ſo daß die Soldaten, welche den Wagen zurückhielten,
ja an einzelnen Stellen förmlich trugen, kaum den Weg
ſehen konnten. Mit verhaltenem Athem ſchritt ich neben
dem Wagen einher, in welchem ſich meine Frau und
meine Kinder befanden, die ſich nur mühſam davor
ſchützen konnten, nicht nach vorn herauszufallen. Endlich
waren wir unten, aber das kleine Stationsgebäude, zu
dem wir jetzt gelangten, war nicht im Stande unſere
Geſellſchaft aufzunehmen; unſer Kapitän nahm aus
demſelben noch 12 Soldaten mit, in deren Geleit wir
unſere Reiſe, trotz der nächtlichen Finſterniß, fortſetzten.
Es ging immer noch bergab und der Weg, den wir zu

machen hatten, war nicht weniger steil und gefährlich, als der Abhang des Guttagora. Als wir uns eben an einer höchst gefährlichen Stelle befanden, riß die starke Kette, mit welcher die Soldaten die Hinterräder meines Wagens gefesselt hatten; nur mit Mühe und großer Aufopferung gelang es den Soldaten, die durchschlis= sene Kette durch Stricke zu ersetzen: noch eine peinliche halbe Stunde und wir waren glücklich in dem Thal Kaischaur angelangt, wo uns der Kreischef in Empfang nahm, der übrigens kaum glauben wollte, daß wir diese durch ihre Gefährlichkeit berüchtigte Strecke mit einem schweren Wagen tief in der Nacht zurückgelegt hätten.

Als wir andern Morgens erwachten, lag eine von den Strahlen der klaren Herbstsonne beschienene reizende Gebirgslandschaft vor uns; obgleich es schon Novem= ber war, prangten die Bäume, Sträucher und Rasen= teppiche, welche die Argwa, an deren Ufer wir uns befanden, einfaßten, im schönsten, dichtesten Grün. Besonderen Eindruck machte es auf uns, die mächtigen, himmelanstrebenden Bäume von Wein umrankt zu sehen. Es waren von da noch zwei Stationen bis nach Tiflis. Meine Ungeduld und die meiner Frau nahmen stündlich zu, denn wir wußten, daß im Hause unseres Verwandten, des Generals Wolkowski, unser ältester Sohn, den ich vor 12 Jahren als Säugling zurück=

gelassen hatte, harre. Spät in der Nacht trafen wir
ein. Der Vorsicht wegen nahm ich meinen Aufenthalt
nicht in dem Hause unseres Verwandten, sondern in
dem Hotel eines Italieners, der schon lange in Tiflis
lebte. Schon in Tschita hatte ich erfahren, daß ein
gleichfalls in Tiflis stehender General Rajewsky mit
mehrtägigem Arrest in der Hauptwache bestraft worden
war, weil er einen meiner Schicksalsgefährten, den
gleichfalls zum gemeinen Soldaten degradirten ehe=
maligen Züchtling Grafen Zacharias Tschernytschew,
zu Tisch geladen hatte. Ich wollte unserm Verwandten,
der als Chef des Stabes besondere Rücksichten zu nehmen
hatte, gleiche Unannehmlichkeiten ersparen.

Ich übergehe die Freude des Wiedersehens, welche
mir durch meinen kräftig aufgeschossenen zwölfjährigen
Sohn und die liebreichen Verwandten meiner Frau be=
reitet worden. Am andern Morgen durchwanderte
ich an einer Krücke die Straßen von Tiflis, um mich
bei meinem Korpskommandeur, Baron R., vorschrifts=
mäßig zu melden; durch meinen Schwager hatte ich
bereits erfahren, daß ich dem Mingrelischen Jägerregi=
ment zukommandirt sei, meiner leidenden Gesundheit
wegen übrigens fürs Erste in Tiflis bleiben dürfen
würde. Der Korpskommandant empfing mich freundlich,
rieth mir übrigens, mich möglichst bald in die Garnison

meines Regiments zu begeben, und fügte hinzu, daß er
möglicherweise selbst nicht mehr lange in seiner gegen-
wärtigen Stellung bleiben werde.

· Daß Tiflis eine vollständig orientalische Stadt ist,
in der namentlich vor dreißig Jahren das asiatische
Element das vorherrschende war, wird den meisten
Lesern dieser Blätter bekannt sein. Fast alle Häuser
haben flache Dächer, auf den Straßen sieht man mehr
Armenier und Grusier als Russen, Kameele eben so
häufig wie Pferde und Esel. Wie allenthalben im
Orient sind auch in Tiflis Frauen nur sehr selten sichtbar und immer mit dichten Schleiern verhüllt; der
Kaufhof und die berühmten Bäder von Tiflis waren
vollständig auf asiatischem Fuß eingerichtet und wurden
ausschließlich von Orientalen bedient. Nach viertägigem
Aufenthalt in der grusischen Hauptstadt setzten wir
unsere Reise fort, um nach Biely-Klutsch, dem Stabs-
quartier der Mingrelischen Jäger, aufzubrechen; meinen
ältesten Sohn nahmen wir nach schwerem Abschied, den
er mit seinen Pflegeltern gemacht, mit, damit er sich
sogleich an uns und die Verhältnisse, in welche wir
treten mußten, gewöhne. Da es während der vier
Tage, welche wir in Tiflis zugebracht, fast ununterbrochen geregnet hatte, waren die schlechtgehaltenen
kaukasischen Landstraßen so vollständig aufgeweicht, daß

21*

wir nur mit qualvoller Langsamkeit vorwärts kamen; die in Grusien gewöhnliche Art der Reise zu Pferde war für uns unmöglich, und so mußten wir uns bequemen, unser schwerfälliges Fuhrwerk durch den endlosen Koth fortschleppen zu lassen. Am zweiten Tage blieben die Pferde schon eine halbe Meile von der Station, wo sie gemiethet worden, so ermüdet stehen, daß an ein Weiterkommen nicht zu denken war und wir uns entschließen mußten, fast 24 Stunden lang unter freiem Himmel zu kampiren. Erst am Abend des dritten Tages langten wir in Biely-Klutsch an, wo wir uns sofort eine Wohnung mietheten, die übrigens wie alle Häuser jenes Orts leicht gezimmert war und nur mit Hilfe von Teppichen wohnlich gemacht werden konnte.

Das Mingrelische Jägerregiment, dem ich nunmehr als Invalide angehörte, bestand aus sechs Bataillonen, von denen abwechselnd je zwei in Biely-Klutsch standen, während die übrigen zu Expeditionen gegen die feindlichen Bergvölker ausgesandt wurden. Merkwürdiger Weise bestand dieses fast immer im Angesicht des Feindes liegende Regiment zum großen Theil aus Leuten, die ihrer politisch-unzuverlässigen Gesinnung wegen verschickt worden waren. Unter den Soldaten befanden sich zahlreiche junge Polen, die sich an dem Aufstande

von 1831 betheiligt hatten und nach Beendigung desselben mit Einstellung in das kaukasische Korps bestraft
worden waren. Unter den Offizieren traf ich einen ehemaligen Regimentskameraden, den Kapitän Dobcinzky; da
derselbe im Verdacht stand, zur geheimen Gesellschaft gehört zu haben, war er aus der Garde entfernt und unter
Beibehaltung seines Ranges in diese romantische Ein-
öde versetzt worden. Er schien übrigens recht zufrieden
zu sein, da er sich mit einer Grusierin verheirathet
hatte und eine sorgenfreie Existenz führte. Wie in dem
eisigen Tschita, so hörte ich in dem malerisch gelegenen
kaukasischen Biely-Klutsch beinahe ebenso viel polnisch
wie russisch reden, und die Klänge polnischer National-
gesänge tönten oft noch spät in der Nacht an die Fenster
unseres stillen Hauses. — Unser Leben spann sich hier
ebenso still ab wie in Sibirien, meine ganze Zeit wurde
durch den Unterricht, den ich meinen Kindern ertheilen
mußte, in Anspuch genommen, zumal es ernster Anstrengung von meiner Seite bedurfte, um denselben die
ihrem Alter entsprechenden Kenntnisse beizubringen.
Das Leben meiner Frau war vollständig durch die Sorge
für die kleineren Kinder und durch die Ansprüche der
Hauswirthschaft ausgefüllt.

Desto bewegter sah es in unserer Umgebung aus,
wenn auch nicht der nächsten. Aus Tiflis erfuhren wir,

daß der Besuch, welchen Kaiser Nikolaus der kaukasischen
Hauptstadt abgestattet hatte, die Veranlassung zu einer
Reihe tiefgreifender Veränderungen in der Oberver-
waltung gegeben hatte. Bald nach unserem Eintreffen
in Biely-Klutsch wurde der Oberkommandeur des kaukasischen Korps, wie er bereits bei meinem Besuch vor-
hergesehen, seiner bisherigen Stellung enthoben und
zum Mitglied des Senats ernannt, eine Veränderung,
die einer Degradation sehr ähnlich sah; unser Schwager,
der Stabschef, verlor gleichfalls sein Amt und wurde
Brigadechef. Die Umstände, welche diese Veränderungen
begleitet hatten, waren dazu angethan gewesen, allenthalben das größte Aufsehen zu machen. Am Tage nach
seiner Ankunft in Tiflis hatte der Kaiser mit dem Eri-
wanschen Kavallerieregiment Wachparade abgehalten,
plötzlich den zu demselben gehörenden Flügeladjutanten
Fürsten Dadian (ein Schwiegersohn des Korpskomman-
deurs Baron R.) vor die Fronte rufen, ihm die goldenen Achselbänder abreißen und ihn arretiren lassen.
Dem Kaiser war auf seiner Reise nach Tiflis denuncirt worden, der Fürst habe mit den Soldaten
seines Regiments in eigennütziger Weise Mißbrauch
getrieben und dieselben für seine Rechnung zu Arbeiten
vermiethet, die mit dem Dienst Nichts zu thun hatten.
Dieser Denunciation war die Strafe auf den Fuß ge-

folgt und zwar ehe die formelle Untersuchung begonnen
hatte. Ein anderer Regimentskommandeur und Flügeladjutant, Graf Oppermann, von dem angegeben worden
war, er habe seine Soldaten als Fuhrleute vermiethet,
wurde von dem Kaiser in öffentlicher Versammlung mit
den Worten empfangen: „Ich hatte bisher geglaubt,
daß es Ihnen ehrenvoller erscheinen werde, die goldene
Chiffre mit meinem Namenszuge auf der Epaulette zu
führen, als den Tiflisschen Marktfuhrmann zu spielen."
— Durch diese Vorgänge war die Stellung des Korps-
kommandanten, der für einen durchaus ehrenhaften und
unbescholtenen Mann gegolten hatte, so heftig erschüttert
worden, daß derselbe nicht im Amt bleiben konnte; um
seinen Untergebenen das Beispiel strengen und unbe-
dingten Gehorsams zu geben, hatte Baron R. übrigens
demuthsvoll die Hand geküßt, welche so eben das Zeichen
zu schimpflicher Degradation seines Schwiegersohnes
gegeben hatte. Obgleich dem Kaiser während seines
Aufenthalts in Tiflis keine weiteren Klagen zugegangen
waren, machte derselbe aus seiner Unzufriedenheit mit
dem bisherigen Verwaltungssystem kein Hehl. Eine
neue, den Einrichtungen im übrigen Reich angepaßte
Ordnung der Dinge sollte in Kaukasien Platz greifen,
straffere Centralisation und größere Abhängigkeit der
lokalen Chefs von den Reichsbehörden eingeführt werden.

Kaukasien wurde in eine Anzahl Gouvernements ge=
theilt, welche von zahlreichen aus dem Innern des Reichs
verschriebenen Civilbeamten administrirt werden sollten;
an der Spitze derselben stand der neuernannte Gouver=
neur, Geheimrath und Senateur Baron Paul Hahn,
ein geistreicher Kurländer, der früher Gouverneur in
Liv= und Kurland gewesen war, und trotz seiner und
seiner Beamten Fremdheit mit den kaukasischen Zustän=
den ein vollständig ausgearbeitetes Projekt für die Orga=
nisation dieses Landes mitgebracht hatte.

Es war mir von Interesse, das Urtheil der Offiziere
unserer Garnison über die bisherige Verwaltung und
die dem Fürsten Dadian zur Last gelegten Vergehen zu
hören. Sie waren ziemlich Alle der Meinung, daß
es unter Verhältnissen wie die kaukasischen nicht nur
verzeihlich, sondern in gewissem Sinne gerechtfertigt sei,
wenn die Offiziere ihre Soldaten zu anderen als den
eigentlich militärischen Dienstleistungen benutzten. Die
Zahl der nicht zum Militär gehörigen Russen war in
dem damaligen Kaukasien eine außerordentlich geringe,
außerhalb der größeren Städte kamen sie eigentlich gar
nicht vor. Den Landeskindern galt jede Thätigkeit,
welche sich nicht auf den eigenen Bedarf bezog, für ein
Schimpf; sobald sie den nothwendigsten Lebensbedarf
hatten (und derselbe war in der Regel nicht allzuschwer

zu beschaffen), ergaben sie sich einem Müssiggang, aus dem sie sich schlechterdings nicht aufrütteln ließen. Für alle einigermaßen civilisirten Bedürfnisse, namentlich für die Beschaffung derjenigen Artikel, welche in der übrigen Welt von Handwerkern, als Schmieden, Schustern, Schneidern beschafft werden, bleibt dem in das Innere Kaukasiens verschlagenen Offizier kein anderes Auskunftsmittel übrig, als die Beihilfe von Soldaten, welche sich auf diese Dinge verstehen. Die Trägheit und Unbrauchbarkeit der Landeseingeborenen geht aber so weit, daß dieselben auch für niedere Dienste, und wenn dieselben noch so hoch bezahlt werden, nicht zu haben sind. Außerhalb der Poststraßen ist es z. B. in der Regel nicht möglich, Leute ausfindig zu machen, welche Fuhrmannsdienste übernehmen; da die Grusier fast immer ihre Reisen zu Pferde machen, ihre Lasten durch Ochsen fortschleppen lassen, gibt es unter ihnen nur sehr selten Leute, welche, wenn sie sich zur Arbeit verstehen, als Fuhrleute brauchbar wären. Was bleibt denn nun den Offizieren, namentlich den Verheiratheten und Wohlhabenden unter ihnen, unter solchen Verhältnissen zu thun übrig? Wenn sie nicht auf alle Lebensbequemlichkeiten verzichten und ebenso anspruchslos und primär wie die Grusier leben wollen, sind sie genöthigt, ihre Zuflucht zu den Soldaten zu nehmen. Die Wohl-

habenderen unter ihnen lassen sich Möbel und dergleichen
allerdings aus Tiflis kommen, für Reparaturen und
andere Handwerkerdienste ist die Soldatenarbeit unent=
behrlich. Obgleich die Offiziere in der Regel billig
genug sind, die Soldaten für diese außerordentlichen
Dienstleistungen einigermaßen zu entschädigen, so läßt
sich nicht leugnen, daß Mißbräuche und Erpressungen
sehr häufig vorkommen, und daß das Subordinations=
verhältniß die Soldaten, namentlich der entfernteren
Garnisonen, der Willkühr und Begehrlichkeit ihrer Vor=
gesetzten Preis gibt. Werden die Soldaten einmal zu
Dienstleistungen herangezogen, so ist kaum möglich, die
Grenzen zwischen dem Erlaubten und Unerlaubten zu
ziehen. Da alle Dienstleistungen außerordentlich hoch
bezahlt werden, liegt für ärmere Offiziere überdies die
Versuchung nahe, ihre Leute zu hohen Preisen zu ver=
miethen.

Ob der Kaiser, dessen lebhafter Zorn über die will=
kührliche Ausbeutung seiner Soldaten höchst begreiflich
und gerechtfertigt erscheint, jemals mit diesem Zusam=
menhang der Dinge bekannt gemacht worden ist, war
mir ebenso unbekannt wie den Offizieren, die mich über
dieselben unterrichteten. Aller Wahrscheinlichkeit nach
ist dies nicht geschehen, denn der stete Begleiter des
Kaisers, Graf (später Fürst) Orlow war gleichfalls zum

erſten Mal in Kaukaſien und mit den Verhältniſſen
ebenſo unbekannt wie ſein Gebieter. — Erwähnt ſei
noch, daß die ungünſtigen Eindrücke, welche der Kaiſer im
Kaukaſus empfing, weſentlich dadurch verſtärkt wurden,
daß ihn, bald nachdem er Tiflis verlaſſen, in der Um=
gegend dieſer Stadt ein Unfall traf: der kaiſerliche
Wagen, der in Tiflis einen neuen Kutſcher erhalten hatte,
ſchlug an einer ſehr gefährlichen Stelle um, nachdem die
Pferde durchgegangen waren. Ein Denkmal bezeichnet
noch heute den nahe an einem Abgrunde belegenen
Punkt, an welchem der Kaiſer der Lebensgefahr ent=
gangen iſt. Das Fahren war ihm fortan ſo verleidet,
daß er den Reſt der Reiſe reitend auf einem Koſaken=
pferde zurücklegte, und erſt jenſeit der kaukaſiſchen
Grenze wieder in den Wagen ſtieg. —

Im Januar des Jahres 1838 wurde meine Lage
plötzlich und in unerwarteter Weiſe zum Beſſeren ver=
ändert. An einem melancholiſchen Nachmittag hörten
wir Poſtglocken: ein von meinem Schwager geſandter
Offizier ſtieg aus dem Wagen und überreichte mir eine
ſchriftliche Ordre des Kriegsminiſters, durch welche
unſer Regimentskommandeur beauftragt wurde, mich
zu Wiederherſtellung meiner Geſundheit nach Pjätigorsk
zu ſenden.

Obgleich der Winter ein ziemlich harter war,

machten wir uns schon im Februar auf den Weg, um über Tiflis an unsern neuen Wohnort zu gehen. In dem Hause meines Schwagers Wochowsky blieben wir mehrere Wochen; die mir zu Theil gewordene Gnade hatte ich dem edlen Shukowsky und seinem Besuche in Kurgan zu danken. — Erwähnen will ich, daß ich während dieses Besuchs durch Wochowsky in den Besitz einer Waffe kam, welche als seltene historische Merkwürdigkeit allgemeines Interesse erregen dürfte. In einer Bergschlucht hatte ein Tscherkesse eine Klinge gefunden, welche den Namen und das Wappen des Herzogs Leopold von Oesterreich trug, desselben, der mit Richard Löwenherz gemeinschaftlich St. Jean d'Acre belagert hatte und später zum Todfeind dieses Helden geworden war. Ein Soldat des Mingrelischen Regiments hatte dieses seltene Stück dem Finder im Gefecht abgenommen und von ihm den Ursprung erfahren. Der Fundort, die Art der Arbeit und die erwähnten Zeichen schließen jeden Zweifel an die Echtheit dieser Waffe aus. Wie sie aus Palästina nach Grusien gerathen, ist freilich nicht zu erklären.

In Tiflis kam mir damals die Kunde von dem ruhmvollen Tode meines sibirischen Unglücksgefährten Alexander Bestushew zu, desselben, der unter dem Namen Marlinsky als einer der talentvollsten Schriftsteller seiner Zeit bekannt ist. Auch er war als ge-

meiner Soldat aus Sibirien in den Kaukasus geschickt
worden, hatte aber Gelegenheit gehabt, sich schon bald
darauf zum Offizier aufzubienen; im Jahre 1837 war
er in einem Vorpostengefecht gefallen.

Pjätigorsk ist das heilkräftigste und bekannteste der
kaukasischen Mineralbäder. Auf dem linken Ufer des
Flusses Podkumok gelegen, versammelt diese Stadt jährlich eine große Anzahl von Offizieren, Beamten und
Soldaten Kaukasiens, welche hier Heilung ihrer Wunden oder Wiederherstellung ihrer durch Strapazen er-
schütterten Gesundheit suchen. Unweit der Stadt ent-
springen auf einem Berge zahlreiche Schwefelquellen, von
verschiedener Temperatur (21 — 37 Grad Réaumur).
Der mineralische Gehalt dieser Quellen ist so bedeutend, daß die Luft gewöhnlich stark nach Schwefel riecht
und fast alle Metallsachen, die man mit sich führt, an-
laufen; die silbernen Epauletts und Stickereien der sich
jährlich hier versammelnden Offiziere sehen gewöhnlich
schon nach kurzem Aufenthalt gelblich aus, ebenso fast
alle Silbermünzen, welche im Course sind. Pjätigorsk
hat nicht nur den großen Vorzug, selbst ein außerordentlich
kräftiges Heilbad zu sein, sondern in seiner Umgebung
eine Anzahl trefflicher Quellen von anderer Zusammen-

setzung zu besitzen. In der Regel bleiben die Bade=
gäste, welche sich im April versammelt haben, nur bis
zum Ende des Junimonats in Pjätigorsk, nm dann die
nahe gelegene Eisenquelle von Schelesnowodsk, den
Sauerbrunnen von Kislowodsk oder die Laugen= und
Sodaquellen von Sentuki aufzusuchen. Auf diese Weise
ist es möglich, während eines Sommers ohne Reise=
strapazen und ohne allzugroße Unkosten verschiedene
einander ergänzende Bäder aufzusuchen.

Es ist ein eigenthümliches Leben, das in diesen
asiatischen Bädern und namentlich auf den romantischen
Höhen von Pjätigorsk sein Wesen treibt. Die Bade=
gesellschaft ist aus europäischen und asiatisch=kaukasischen
Elementen bunt zusammengewürfelt; da sehr zahlreiche
Offiziere des kaukasischen Korps den tscherkessischen ähn=
liche Trachten tragen, scheint dem Fremden der asiatische
Typus vorzuherrschen. In der breiten Lindenallee,
welche den Hauptspaziergang der Badegesellschaft bildet,
schallen französische, russische, polnische, tscherkessische
und gelegentlich auch deutsche Laute bunt durcheinander;
hier gehen ein Paar nach der neuesten Pariser Mode
gekleidete Damen auf und nieder, während einige
Schritte weiter der orientalisch aufgeputzte tscherkessische
Diener eines Offiziers sein Roß tummelt. Die an=
wesende Regimentsmusik macht das Publikum gewöhnlich

mit den neuesten im westlichen Europa üblichen Tanz-
und Opernweisen bekannt und versammelt den gesünderen und kräftigeren Theil der Gesellschaft wöchentlich
zu einem eleganten Ball im großen Saale des Kurhauses.
Die Schönheit der Gebirgslandschaft, welche den Ort
umgiebt, ladet zu reizenden Spaziergängen ein; einer
der beliebtesten derselben führt in die nahe gelegene
Schottische Kolonie, wo der Badegast wiederum auf ein
neues und fremdes Element trifft.

Nachdem es mir anfangs mit der Quelle, welche
mir empfohlen worden, nicht recht geglückt war, hatte
ich das Glück, auf einen deutschen Arzt, Herrn Dr. Roscher,
einen geborenen Stuttgarter, zu treffen, der in Dorpat
studirt hatte, sich meiner in liebreichster Weise annahm
und sich ein wesentliches Verdienst um meine Wiederherstellung erwarb.

In Pjätigorsk traf ich nicht nur eine Reihe Militärs, deren Namen in der kaukasischen Kriegsgeschichte
oft genannt worden sind, sondern auch mehre meiner
Kameraden aus der Peter-Pauls-Festung und den sibirischen Gefängnissen; Naryschkin, Fürst Odojewsky und
Nasimow waren gleich mir als gemeine Soldaten anwesend, Fürst Valerian Galitzin, Kriwzow und Zebrikow
hatten sich bereits zu Offizieren aufgedient und konnten
an allen Freuden der Geselligkeit Theil nehmen. Wir

Uebrigen mußten uns zurückhalten; mir wurde es außerordentlich schwer, die mir begegneten Offiziere mit entblößten Haupte zu salutiren, da meine Hände immer noch durch die Krücken, an denen ich mich schleppen mußte, in Anspruch genommen waren.

Unter den anwesenden militärischen Gästen erregten die Generale Saß und Welljaminow das meiste Interesse. Saß stand damals auf der Höhe seines Ruhmes, und war wegen seiner eigenthümlichen Einfälle und der wunderlichen, aber höchst praktischen Art, in der er die Tscherkessen behandelte, Gegenstand des allgemeinen Gesprächs. Soldatennaturen, wie Saß eine ist, kommen in unserer Zeit wohl nur noch selten vor. Die Aufregung des Gefechts und die Gefahren kühner Streifzüge in die Berge waren ihm so zum Bedürfniß geworden, daß ihn jede längere Ruhezeit krank und schwermüthig machte. Die Tscherkessen haben keinen anderen russischen Heerführer so gefürchtet und so viel besprochen, wie diesen originellen Kurländer. Seine List war eben so außerordentlich und bewundernswerth wie seine Tapferkeit, und mit eigenthümlichem Geschick der Natur und den Anschauungen der kaukasischen Bergvölker angepaßt. Es war vorgekommen, daß er Vormittags eine Tscherkessendeputation als angeblicher Kranker und mit Arzneigläsern umgeben, im Bette

empfangen und in der darauf folgenden Nacht für un=
einnehmbar geltende befestigte Dörfer und Burgen ge=
stürmt hatte. Ein anderes Mal, als ihm daran gelegen
war, den Feind aus einer stark befestigten Position
herauszulocken, hatte Saß sich für todt ausgegeben und
einen mit seinem Namen geschmückten Sarg versenken
lassen. Durch seine Unerschrockenheit und Großmuth
war er bei dem Feinde ebenso populär wie bei seinen
Leuten, die ihm mit unbedingtem Gehorsam anhingen.
Zwei Vorfälle hatten besonders dazu beigetragen, den
Namen Saß bis in die entferntesten Tscherkessendörfer
bekannt zu machen. Der plötzliche Tod eines Tscher=
kessenhäuptlings, mit dem Saß eben verhandelt hatte,
erregte bei den Bergvölkern den Glauben, derselbe sei
in treuloser Weise von dem General vergiftet worden.
Um dieses Gerücht niederzuschlagen und dem Feinde
Vertrauen in seine Redlichkeit einzuflößen, begab Saß
sich ohne alle militärische Bedeckung und einzig von
einem Dolmetscher begleitet in das Dorf des Verstor=
benen; von Stund an wurde sein Name von den Tscher=
kessen förmlich gefeiert. Ein anderes Mal hatte er
mitten in wildem Gefecht einem tapferen Tscherkessen,
der die Leiche seines Bruders retten wollte, nicht nur
Leben und Freiheit, sondern auch eine Summe Geldes
geschenkt. — Wenn der tapfere und dabei heitere und

liebenswürdige Mann (der sich trotz seiner zahlreichen
Wunden ungezwungen bewegte) in den Promenaden
von Pjätigorsk sichtbar war, so war er der Gegenstand
allgemeiner Aufmerksamkeit von Männern und Frauen.

Für mich hatte die erwähnte, in der Nähe von
Pjätigorsk gelegene Schottische Kolonie ein ganz beson=
deres Interesse; in ihr lebten mehre von der englischen
Missionsgesellschaft erhaltene Missionäre, mit denen ich
näher bekannt wurde und die sich durch die Opferfreu=
digkeit, mit der sie ihrem schweren Beruf unter den
wilden Söhnen des kaukasischen Gebirges nachgingen,
allgemeine Achtung erwarben. Besonders lieb wurde
mir ein Pastor Lange, Mitglied der Baseler Missions=
gesellschaft, der sich besondere Verdienste dadurch er=
warb, daß er der Branntweinvöllerei, die das Haupt=
laster der Schottischen Kolonie war, und wesentlich
dadurch genährt wurde, daß die Kolonisten ein Bren=
nereiprivilegium besaßen — mit vielem Erfolg bekämpfte.
Dieser würdige Mann lebte in einer Beschränktheit, die
richtiger Armuth genannt werden muß; trotz der hohen
Preise in Kaukasien betrug sein gesammtes ihm von der
Missionsgesellschaft gezahltes Gehalt nur 250 Rubel.
Eine andere, sehr interessante Erscheinung war der Mis=
sionär Zaremba, ein polnischer Graf, der in Dorpat
studirt, dann seinen Rang und sein Vermögen auf=

gegeben hatte, um sich vollständig der Missionsthätigkeit zu widmen; er war eben im Begriff, Grusien aufzugeben, um auf Befehl der Gesellschaft nach Konstantinopel zu gehen und dort auf weitere Ordre zu warten. Inmitten der bunten und lebenslustigen Gesellschaft, welche sich in Pjätigorsk versammelte, um sich für die Kriegszüge des nächsten Winters zu stärken, nahmen sich die ernsten Gestalten dieser ehrwürdigen Männer, die weder die Lockungen des Ehrgeizes, noch Freude am leichten Genuß kannten, merkwürdig genug aus.

Nach Beendigung der Kur in den Schwefelquellen ging ich für einige Zeit nach Kislowodsk; als die dortige Saison zu Ende ging und die gesammte Gegend von der bunten Gesellschaft verlassen wurde, welche sie einige Monate lang belebt hatte, kehrte ich nach Pjätigorsk zurück, um daselbst im Schooße meiner Familie und hauptsächlich mit dem Unterricht meines ältesten Sohnes beschäftigt, einen einsamen Winter zu verbringen. Mein Umgang beschränkte sich ausschließlich auf meinen trefflichen Arzt, den Dr. Roscher, und den Kommandanten des Orts, Simbowsky. Es fiel mir auf, daß der Letztere mir fortwährend und in dringender Weise den Rath gab, um meine Verabschiedung aus dem Militärdienst zu bitten. An eine wirkliche militärische Thätigkeit war für mich allerdings

nicht mehr zu denken; zwar besserte sich der Zustand
meines kranken Beines allmälig, die Strapazen des
sibirischen Aufenthalts aber, die jahrelange, schmerzvolle
Krankheit, endlich der Gebrauch der sehr angreifenden
kaukasischen Bäder hatten mein Nervensystem so voll=
ständig ruinirt, daß mir jede Thätigkeit zur Qual
wurde und ich den Unterricht meines Sohnes nur in
Ansehung der gebieterischen Nothwendigkeit und mit
Aufwendung meiner ganzen Kraft fortsetzen konnte.
Obgleich ich des guten Simbowsky Drängen nicht recht
verstand und mir die Erhörung meines Gesuchs höchst
unwahrscheinlich erschien, beschloß ich, seinem Rath zu
folgen und ein Abschiedsgesuch einzureichen. Ich
wandte mich zu diesem Behuf an den kaiserlichen
Generaladjutanten Grafen Benkendorff, der meiner
Frau so großmüthigen Beistand geleistet hatte, und
dessen ritterliche Gesinnung ich kannte. Benkendorff
legte mein Gesuch wirklich dem Kaiser vor, und nach=
dem dieser noch durch den edlen General Grabbe um
Gnade für meine Kinder gebeten worden war, erfolgte
am 10. Januar 1839 meine Entlassung aus dem
Militärdienst. Ich erhielt die Erlaubniß, fortan in
meiner Heimath unter Aufsicht der Polizei als Privat=
mann zu leben. Mit dem Rathe des Kommandanten
Simbowsky, möglichst bald meinen Abschied zu nehmen,

hatte es aber folgende Bewandtniß gehabt. An Stelle
des Baron R. war jener General E. A. Golowin zum
kaukasischen Korpskommandeur ernannt worden, der
während meines Dienstes in der Garde unser Brigade=
chef gewesen war und von dem ich berichtet habe, daß
er bei der Exekution vom 13. Juli 1826 (vergl. Ab=
schnitt III, „Verurtheilung und Exekution") befehligte.
Dieser Golowin war während der Saison des vorigen
Sommers in Pjätigorsk gewesen, wo man ihm zu
Ehren einen großen Ball veranstaltet hatte. Auf
diesem Balle hatte er sich bei Simbowsky nach den
Namen mehrerer der anwesenden Offiziere erkundigt,
und von diesem erfahren, daß einzelne derselben bei
dem Aufstande von 1825 betheiligt gewesen, zur
Zwangsarbeit verurtheilt worden, nach Kaukasien ge=
schickt und hier wieder zu Offizieren avancirt seien.
„Sind noch mehr von diesen Herren hier?" fragte
Golowin. Simbowsky nannte Naryschkyn, den Fürsten
Odojewsky und mich, indem er hinzufügte, daß ich
meiner Kränklichkeit und meiner zahlreichen Familie
wegen besonderes Mitleid verdiente. „Was für ein
Baron R. ist das?" fragte Golowin. „Wahrscheinlich,"
setzte er dann selbst hinzu, „ist es derselbe, der bei den
Finnländischen Gardejägern gedient hat. Der hätte
eigentlich aufgehängt werden müssen." — Von diesem

Gespräch habe ich erst nach meiner Entlassung aus dem Militärdienst Kunde erhalten und eingesehen, wie vollständig Recht der wackere Simbowsky gehabt hatte, als er mich zur Einreichung meines Abschiedsgesuchs drängte. Unter einem solchen Chef zu dienen, wäre für mich allerdings ein großes Unglück gewesen*).

Mit welchen Empfindungen ich das Reskript in Empfang nahm, welches mir nach 14jähriger Unfreiheit und Gefangenschaft die ersehnte Freiheit und das Recht zur Rückkehr in die Kulturwelt wiedergab, brauche ich dem Leser nicht zu sagen. Vor Allem war es die Aussicht darauf, den Entbehrungen meiner Frau ein Ende gemacht und meine Kinder der bürgerlichen Gesellschaft wiedergegeben zu sehen, welche mich mit namenlosem Glück erfüllte. Aber wie es oft im Leben zu geschehen pflegt, daß sich gerade der reinsten Freude die herbsten Schmerzen zugesellen, so ging es auch mir. Im Mai gedachte ich den Kaukasus zu verlassen, da früher auf praktikable Wege nicht zu rechnen war: bevor dieser

---

*) Wenn ich nicht irre, ist dieser General Golowin derselbe, der sich später als Generalgouverneur von Liv-, Est- und Kurland den traurigen Ruhm erwarb, der Hauptförderer der griechisch-orthodoxen Propaganda unter den lutherischen Esten und Letten gewesen zu sein. Derselbe war übrigens ein genauer Freund des durch seinen Pietismus bekannten königlich preußischen Generals von Gerlach.

Monat anbrach, den wir mit Ungeduld erwarteten, hatte mein ältester Sohn eine schwere Krankheit durchgemacht, und lag meine kleine Tochter im Sarge.

Hier hat die Geschichte meines Lebens, soweit sie mit der Verschwörung von 1825 und den dieser folgenden Ereignissen zusammenhängt, ihr Ende. Nach längerem Aufenthalt in Südrußland durfte ich in meine Heimath Estland zurückkehren.

Inhalt.

Druck von Metzger & Wittig in Leipzig.

Druck von Metzger & Wittig in Leipzig.